# 臺灣歷史與文化 研究輯刊

十一編

第 4 冊

京劇創編在臺灣（1949～1964）
——娛樂藝術、政治宣傳傳統的繼承與失落

黃書瑾 著

花木蘭文化出版社

國家圖書館出版品預行編目資料

京劇創編在臺灣（1949～1964）──娛樂藝術、政治宣傳傳
統的繼承與失落／黃書瑾 著 — 初版 — 新北市：花木蘭文化
出版社，2017〔民106〕
目 2+204 面；19×26 公分
（臺灣歷史與文化研究輯刊 十一編；第 4 冊）
ISBN 978-986-404-937-0（精裝）
1. 京劇 2. 戲劇史 3. 臺灣
733.08                                   106001101

ISBN-978-986-404-937-0

9 789864 049370

臺灣歷史與文化研究輯刊
十一編　第 四 冊　　　　　ISBN：978-986-404-937-0

## 京劇創編在臺灣（1949～1964）
## ──娛樂藝術、政治宣傳傳統的繼承與失落

作　　者　黃書瑾
總 編 輯　杜潔祥
副總編輯　楊嘉樂
編　　輯　許郁翎、王　筑　美術編輯　陳逸婷
出　　版　花木蘭文化出版社
社　　長　高小娟
聯絡地址　235 新北市中和區中安街七二號十三樓
　　　　　電話：02-2923-1455／傳真：02-2923-1452
網　　址　http://www.huamulan.tw 信箱 hml810518@gmail.com
印　　刷　普羅文化出版廣告事業
初　　版　2017 年 3 月
全書字數　182752 字
定　　價　十一編 6 冊（精裝）台幣 12,000 元

# 京劇創編在臺灣（1949～1964）
## 娛樂藝術、政治宣傳傳統的繼承與失落

黃書瑾　著

**作者簡介**

黃書瑾，1987 年生於臺灣省臺北市。現爲國立中央大學中國文學系博士班博士生，國立中央大學中國文學系戲曲碩士班碩士，國立臺南藝術大學藝術史學系藝術史學組學士。研究興趣爲臺灣京劇史，目前致力於考察遷臺初期京劇政策戲之創編與演出，以及在臺的京劇戲考、曲譜出版活動。

**提　　要**

　　本研究以臺灣的京劇創編傳統爲主軸，參酌文藝政策與京劇藝術自身的變革，選定 1949 年遷臺至 1964 年爲界，梳理此間的京劇創編與傳統、產業、市場等諸般因素的關聯性。京劇創編的傳統，向來是藝術規律與政治言說並行的路數，而抗戰的爆發則使政治言說的重要性大幅提升，同時開拓了京劇的展演途徑，遷臺後的京劇創編即源自於兩個傳統當中。在本研究斷限中，京劇由於娛樂風尚改變、環境不再與政策頒定使然，市場逐漸走向衰微，但因此而促成演員、劇團走入體制爲軍方所用，進一步帶給京劇文宣與娛樂的雙重身分，在京劇再度被賦予政治言說責任之餘，還開啓日後以軍方劇團爲商業演出主力的新頁。此間的創編作品中，由於戲迷觀眾抱持著根深蒂固的審美情致，追隨經典與流派，因而使得創編與演出雖然「娛樂藝術」與「政治宣傳」齊頭並進，但大多數皆向傳統審美靠攏，不過因應活動主辦單位訴求而有泛政治性詮釋或貼演政策戲之舉，因此實際上的創編機制／劇作內容／演出場合與劇目傳習並無固定脈絡。整體而言，在此時間斷限中的創編作品並非全部受到歡迎甚至舞臺保留，尤其經歷時間淘洗後，更顯見藝術規律與審美情致的重要性，但正是此間發動創作的實驗特質，已然可爲之後的創編指引方向，也對創作資源與能量有所整合。

# 謝　辭

　　曾經以爲謝辭很好寫，但事實上並非如此。

　　在寫作論文的過程中，偶爾會出現片段的生命回顧，可能想到對戲曲的獵奇印象、學戲的過程、家人的支持、老師辛苦的帶領或是同學之間資源的分享：《莒光園地》裡曾播出阿忠布袋戲，如此運用戲曲以爲文宣，直至今日仍然覺得十分「別緻」；想到十年前在臺南社教館時，馬渝驤老師教我《貴妃醉酒》的【四平調】；家裡固定打電話來，媽媽問我寫得怎麼樣，爸爸問我能不能幫他找機械零件，弟弟在 LINE 裡對工作大吐苦水；想到在與老師討論論文內容時，老師總能隨手從書櫃裡翻出值得參考的論著，恰好給我寫作的提示；又或者，想起跟著同學參與的北管軒社，在大同區的烈日下，走完霞海城隍繞境的過程。這些寫作時掠過的片段，似乎都與本篇論文的完成有千絲萬縷的聯繫，但眞正要下筆的時候，卻是刪刪改改，不知文句該從何組裝起。

　　重看當年提出的研究計劃，終於覺得對自己有了交代：從研究計畫、學位論文到出版稿件，研究內容只有更加豐富，並沒有改弦易轍。不過，我的論文起步晚，隨著時間推進愈感壓力，頗有「抗戰已到最後關頭」的憂慮，不只自己心驚膽戰，同時也對指導老師元皓老師感到萬分抱歉。幸好，最後這一段如同天堂路般的過程，因爲家人、老師與同學朋友的陪伴，尚且不算辛苦，在不斷的交流中，反而使自己的研究更爲豐富且紮實穩固。

　　感謝我的母親、父親、弟弟，這是我最堅實的後盾，無論是形而上的，或是形而下的，感謝你們聽我分享論文與日常生活瑣事，感謝你們願意開解我，陪伴我度過論文的撞牆期。感謝我的恩師元皓老師，我的個性散仙，雖然辦活動、接案子很順手，在研究上卻得加把勁，一切起步都晚，全靠元皓

老師提點，指導如何把發散式思考拉回中心點，讓我更能捉住方向，寫作上更為踏實。此外，也是元皓老師的鼓勵，讓我接下論文出版的挑戰。我必須感謝我的老師馬渝驤：馬老師是國立藝專國劇科二期的畢業生，是我先前參加臺南社教館票房時的指導老師。透過與馬老師的交談，我得以透過一個當時的學生演員的回憶，跟著她走進 1950 年代，使得論文更為立體。感謝國俊老師，尤其是過去提供的多項參考資料，都是研究上必須的工具書，使我省力不少。感謝孫玫老師在開題時候給予的指導。感謝口委亞湘老師的細心審閱與建議。沒有以上老師把關，今天這本論文便不會有如此品質。

在我的碩士、博士生活中，週遭的同學與友人也對我的眼界拓展有莫大助益。感謝我多才多藝的好麻吉哲綸，是他帶我認識戲曲容妝、北管與崑劇，豐富了我的生活。感謝優秀穩重的文婷，有賴她時常與我討論、分享資訊。感謝學姊麗雯，每當我有寫作配當上的疑慮，麗雯總能以過來人的身分為我指點一二。

最後我要感謝的，或許有些矯情：我要感謝一眾參與社會文藝、軍中文藝的京劇劇本創作者，我要感謝此際的所有劇評家與演員。感謝《文藝創作》的作者們，他們告訴我政策與藝術怎麼融合。我要特別感謝《康樂月刊》這些默默無名的官兵作者們，或許《康樂月刊》的劇本看來相對可笑、不具藝術性，但開口隨著它的本子走過一遍後，我是震撼的：數十年後的我們，看過劇本只覺「愚蠢」；但數十年前的他們，究竟是出於甚麼樣的情緒，願意去琢磨出反共抗俄的戲詞並為之安腔，願意寫作與內心支持的傳統審美背道而馳的劇本。在我的角度，我相信獎金是一回事，但寫作的過程又是另一回事：這種書寫是政治參與，或許也是情緒宣洩。

歷史告訴我們：一個年代有一個年代的戲劇，京劇亦然。

2016.09.25 於 雙連坡

目
次

## 表目錄

## 圖目錄

# 第一章　緒　論

## 第一節　研究動機

　　討論京劇創編的意圖，始於筆者對京劇精緻化、年度製作的疑問：在現時公營劇團、民間劇團的創作以前，在京劇團尚存在於軍中的年代，京劇為何創作，在不同的目的下又該如何創作。檢視目前針對京劇創編的探討，往往由藝術的角度出發，視 1979 年郭小莊成立雅音小集為里程碑，反而忽視遷臺以降的京劇創編，或是單純將之賦予「政策戲」或「政策箝制藝術」的標籤，遂使研究中提及遷臺之初時，往往流於空泛的政策梳理，或是偏重於京劇的生態考察。事實上，在郭小莊創辦雅音小集之前，雖然歷經政府遷臺後市場萎縮、京劇團體向軍中整併等過程，但體察娛樂市場與回應政策風向的創作倒是兩不相誤，無論劇團、演員或者政府與黨部機構都曾參與其間，而背後的運作模式正是此前研究中較為缺乏的塊面，也是本文意圖處理的議題。

　　在選擇研究時間斷限時，筆者主要考量文藝政策與京劇藝術體系的變動：遷臺之初的文藝政策，確實促成一批帶有政治言說意圖的劇作產生，分別發生於徵獎或競賽當中；京劇藝術體系的變革，是 1950 初感到市場疲乏，此後多數演員陸續轉投軍中，並且以劇團為單位，不斷精實、整併的過程。職是之故，本研究以兩岸分治帶來的時空更迭為起點，考量京劇演出力量朝軍中整併，並以 1965 年國軍新文藝運動開展，文化康樂大競賽向國軍文金像獎轉型為分野，視 1949 年至 1964 年為臺灣京劇發展的第一個時期，試圖討論此間的創編傳統之繼承與失落。

　　討論此間創編傳統的形構，應當考量藝術本身與外在環境兩個主要影響因素：之於藝術自身而言，包括藝術特質、藝術市場、從業人員等因素；外在環境方面，則包括娛樂環境、時代環境等項。值得注意的是，正是 1949 年的兩岸分治所致，使得此一時代的京劇發展產生了極大的轉折，包括歷史環境中中國國民黨、中國共產黨在政權上的更替，文化方面是大陸、臺灣的抉擇，京劇自身則為娛樂藝術、政治宣傳傳統的消長，都與之緊密關聯。根據於此，本研究擬以此際的京劇創編做為出發點，將之置於娛樂藝術／政治宣傳的傳統中，參照臺灣／大陸的京劇發展歷史，以及國民黨／共產黨的藝術工作脈絡檢視，此外並注重對相關產業體系的描摹，以求能使作品在產業環境中的落實程度有所覺察，俾利給予其較為恰當的價值判斷。

　　針對此一題目蒐集資料時，首先面臨的是資料闕漏的問題：由於時日已遠，無論是劇本或演出相片、錄影都相對缺乏，僅能由新聞報導中拼湊出劇作的演出樣貌與運用途徑。根據於此，資料蒐整中勢必有所取捨，應當轉而尋求此間相對具有持續性、體制化的創編機制。透過查考，目前脈絡較為清晰的創編機制有三：其一是中華文藝獎金委員會（以下簡稱「文獎會」）舉辦之徵獎活動，以及刊載得獎作品之機關誌《文藝創作》；其二為國防部康樂總隊之機關誌《康樂月刊》，也多有「改良平劇」投稿；其三則為國軍文化康樂大競賽（以下簡稱「文康競賽」），是軍中劇團與康樂隊的年度競演，演出劇目帶有幾分「年度製作」的特質；除此之外，零散的劇團創編也可做為參照。可惜的是，無論是前述三項機制，或是零散的劇團創作，假若欲將之置於文學或戲劇發展間檢視，目前尚無任何專著可資參考，而過去可見的相關記載，也僅是以京劇或劇本為主體的研究中寥寥幾句敘述，完全無法體現創編傳統之特質與運作方式。有鑑於此，本研究擬以劇本回顧、競賽資料的考證為核心，運用相對俯瞰性的角度，兼顧京劇史發展與政治塊面，以描摹出此間臺灣京劇創編與演出的樣貌，或能為此年代的京劇發展史補上一塊漏白。

## 第二節　文獻回顧與評述

　　承前所述，此間的京劇創作是藝術自身與時空轉換下的化合物，或是因應藝術規律而生，或是受到政策影響而作，主要體現於上述三個創編機制當中。誠然，目前雖然尚無統合性著作，但值得慶幸的是，此一議題的每個面

向貌散見於前人著述甚多，尤其其中對京劇與歷史、政治面的討論，都有可資參考之處。整體而言，前人著述可資參照者，大致有以下數類：第一類，是對臺灣京劇創作的關懷；第二類，是臺灣京劇史相關著述；第三類，是京劇史的旁證；第四類，爲臺灣戲劇史的旁證；第五類，是臺灣的文藝論述與政策建構；第六類，是大陸時期文藝運動之研究；第七類，是軍方的文藝政策與京劇活動。透過以上資料參照解讀，或能解釋京劇創作與藝術自身產業體系、外部歷史或政治因素的關聯。

## 一、對臺灣京劇創作的關懷

臺灣的京劇創作，主要受到時代影響，具體呈現爲創作與禁戲兩個方面。對此議題有深入挖掘者，或屬以年代爲範圍的探討，也有以政策或劇目爲主軸的研究，包括王安祈《當代戲曲》，韓仁先的學位論文《臺灣新編京劇劇作研究——民國三十八年至九十二年》與《平劇四郎探母研究》，以及邱乙珊學位論文《臺灣戒嚴時期禁戲初探——以國光劇團禁戲匯演劇目爲例》。

王安祈的《當代戲曲》一書，以 1949 年至 2001 年爲時間斷限，以戲曲爲研究範圍，運用全方位的美學觀點，如表演、導演及其他劇場相關因素評析，以劇本／編劇技法爲核心。該書中對大陸在 1949 年至 2001 年間，因政策流變下所產生的劇作創新多有著墨，除能提供海峽兩岸對照中的大陸一端，並且提供評析的良好典範，但在討論臺灣創作時，卻以雅音小集爲開端，此前那些未能於舞臺搬演的劇本，其相關論述便顯得缺乏。

韓仁先的《臺灣新編京劇劇作研究——民國三十八年至九十二年》，爲其博士論文，依照其時間斷限，自遷臺之際的臺灣政治經濟社會背景開始探討，注重各時期藝文風氣與創作的交流。在韓仁先選擇的時間斷限內，本文所欲探討的時間斷限僅能廁身於其分期中的第一章「國府遷臺初期新編京劇概況」，而韓仁先在探討內容中，則聚焦於政治經濟背景造就的藝文風氣，劇作討論中單以齊如山《征衣緣》一齣爲代表評述。韓仁先在其碩士論文《平劇四郎探母研究》中，則以《四郎探母》爲主軸，側重於劇作本身的探討，兼及劇情與場次分析等項，可惜在討論歌劇改良研究委員會改編時，將顧正秋回憶與日後國防部振興國劇研究發展委員會修改中的「獻圖」說加入，似乎有張冠李戴之虞。有鑑於此，此中兩篇論文，皆僅能做爲此際的臺灣京劇創作旁證而已。

邱乙珊的學位論文《臺灣戒嚴時期禁戲初探——以國光劇團禁戲匯演劇目為例》，是以國光劇團組織的禁戲匯演為出發點，根據國光劇團此番貼演劇目，由劇作藝術價值出發，進一步尋找其中的禁戲緣由，在折射過去時代氛圍下的禁戲政策之外，同時討論觀眾的心理活動。此中與本研究相關者，僅包括《四郎探母》的討論，可惜其間雖然指出大鵬劇團演出分為 18 場，但對於劇本內容則未深入研究。

## 二、臺灣京劇史相關著述

對臺灣京劇史相關著述的整理，是源自於觀察外部環境的需求，此中包括日治時期的臺灣京劇發展，以及遷臺後的京劇發展兩項，或是對時代的觀察，或是對個案的探索。此類著作主要包括：王安祈《臺灣京劇五十年》，徐亞湘《日治時期中國戲班在臺灣》、《客家劇藝留真：臺灣的廣東宜人園與宜人京班》，蘇桂枝《國家政策下京劇歌仔戲之發展》。

王安祈《臺灣京劇五十年》，是目前在臺灣京劇史研究中，最為完整、最具權威的一部著作。上冊之演進篇分為九章，敘述京劇在臺灣五十年來的發展歷史；劇壇篇有七章，自劇團、人物、劇目、劇場、教育、傳播、文化藝術行政體系等面向切入，討論諸因素與劇壇發展的互動。下冊之圖說篇，透過相片為輔助，旁證京劇在臺灣的發展歷史；訪談篇，收錄三十八位京劇老演員的訪談。附件中的戲單與演出記錄，則為筆者提供 1948 年至 1958 年間，劇場／劇團／劇目／演員之關係，尤其其中覓得創作、改編劇目的痕跡，更顯得難能可貴。不過，在王安祈的討論中，仍以演員、舞臺及骨子老戲為主軸，由政治角度觸發的戲劇創作，如文獎會及《文藝創作》，康總及《康樂月刊》，與文康競賽三項，便沒有更深入的挖掘。

徐亞湘對日治時期京劇史的關懷，向來是臺灣京劇史研究中特出的一塊。筆者以為：若說臺灣京劇發展史的下半部，即二十世紀下半葉的部分，由王安祈完成骨幹；那麼二十世紀上半葉的臺灣京劇史主幹，則為徐亞湘將之完成。

徐亞湘著述之《日治時期中國戲班在臺灣》一書，對日治時期中國戲班來臺營業的歷史有所爬梳，並且以當時最大宗的京劇為主，針對此際的戲班組織、市場愛好、劇目創作，及京劇與其他臺灣地方劇種間的交流做考察。而徐亞湘在其《客家劇藝留真：臺灣的廣東宜人園與宜人京班》中，雖以宜

人園及其後的宜人京班爲觀察主體，但其爲臺灣本土劇種輸出教席、在戰後提供日治時期所培養觀衆之娛樂，做爲一個本土扶植的京劇團體，其重要性不言可喻；同時，徐亞湘也指出了本土培植京劇演員與軍中劇隊的關聯，戰後本土京班被劃歸爲「地方戲劇」，較少受到「國劇」得到的榮寵，而漸漸衰退的市場，促使演員投入其他臺灣地方劇種戲班，或搭入大陸演員組建的民營劇團，甚至最後被納入軍中劇團之中。此種遺緒到底有沒有承先啓後的實質力量，至今仍無法判定，但此間體制的認同與轉換卻是值得注意的。整體而言，依靠王安祈、徐亞湘二人著作，已然爲本文開展了可資對照的臺灣京劇發展史軸線。

蘇桂枝《國家政策下京劇歌仔戲之發展》一書，則詳細解析日治時期以來至現今的京劇與歌仔戲消長狀況，指出解嚴前後文化政策的轉變，以及國族主義在此中的弔詭之處，並且以其長期在文化工作第一線的執行經驗，對於藝術、政治、現實與未來展望，都能博採衆家論述，提供精闢見解。不過，蘇桂枝畢竟長時間服務於公家單位，十分仰賴公文書之運用，對政策實行後，戲曲從業人員與公衆反應也未有太多著墨，因此造成官家一言堂的景況。

## 三、京劇史的旁證

京劇史的旁證，主要用以釐清京劇創編傳統的來由，以及其間的創作特質。此批著述主要爲李浮生《中華國劇史》，毛家華《京劇兩百年史話》，以及馬少波等人編著的《中國京劇史》。

李浮生《中華國劇史》出版於 1969 年，是臺灣的京劇史出版中，起步較早的一本著述。李浮生既是票友也是戲劇評論家，常年爲《民族晚報》寫作談戲文章，親歷京劇的大陸時期與遷臺後發展，在書寫《中華國劇史》時選擇皮黃爲切入點，結合戲劇源流、演員與教育、表演藝術與劇作特質等面向，足以帶給閱讀者對京劇樣貌的特定想像。可惜的是，由於李浮生以藝術層面爲主要討論對象，且受到觀劇經驗所影響，遂使其如同許多早期的文學史寫作者一般，選定大陸時期爲歷史發展起點，隨著政府遷臺而關注京劇在臺發展，具備維護正統、回憶過往的特質，但此前臺灣的京劇發展則未能顧及。

毛家華《京劇兩百年史話》，分上、下兩卷，計五篇二十二章：以一、二篇記錄京劇淵源、形成及成熟與流布，自清末而民國，抗日戰爭前與後；三、四篇分別記錄五○年代以後臺灣、大陸的戲曲發展；第五篇則由海峽兩岸研究

者合作完成，收錄龔雲甫、蕭長華、梅蘭芳以降，歷代京劇名家傳記，也包括大陸著名的青壯年演員小傳。整體而言，該書以京劇史為骨幹，因而走向起源——臺灣／大陸分流——名家的敘述路數，參酌記錄 1949 年前與後的上海票界以及臺灣、美國的票界活動，以及電視京劇、京劇書刊的發展，蒐整資料十分多元。不過，毛家華在書寫抗戰時期京劇活動時，未能注意到此間中共力量如何運作，因此稍顯缺憾。此外，毛家華在寫作之間透露的審美趣味與政治抉擇，連帶使得章節安排與寫作出發角度頗為令人玩味，或可窺見世變下的京劇票友抉擇之一斑。

馬少波等人編著的《中國京劇史》為大陸出版品，從京劇之孕育、成熟到當代發展皆有鉅細靡遺的記敘，在外在環境與內在條件都詳加考察，關切社會變遷與藝術本身的相互交流。此間之於本次研究最為受用者，即是抗戰時期的國、共兩黨京劇活動，但出於大陸出版品中根深蒂固的意識形態，該著作中對國民政府與國民黨的京劇活動紀錄較為鬆散，在判讀上需要特別留意。

## 四、臺灣戲劇史的旁證

除了前開各類京劇史、對京劇創作關懷的資料可供參照，也有許多戲劇史的著述，能夠為之提供歷史方面的旁證。

對日治時期戲劇的觀照，首先應該討論邱坤良《舊劇與新劇：日治時期臺灣戲劇之研究（1895～1945）》，是深刻結合日治時期戲曲內部、外部因素，俯瞰性地探討社會條件如何影響臺灣菊壇的著作，討論範圍涵蓋歷史、劇場、劇團與演員。雖然京劇在其中的探討，篇幅僅是一個小節的六分之一，但其中以戲劇內、外部因素相結合討論，說來嚴絲合縫，由社會環境——戲曲活動——變遷與發展——劇團與演員——戲劇與政治的思路，也使筆者在寫作上獲益良多。

其次，徐亞湘《日治時期臺灣戲曲史論——現代化作用下的劇種與劇場》，雖然未直接觸及創作與改編，但其勾勒出日治時期京劇在臺奠基的各種面向，足以與 1949 年後的臺灣京劇環境做對照，了解此間劇場生態如何變化，對劇團／市場／演員有何影響。

《臺灣電影戲劇史》為呂訴上著作，針對光復前、後，臺灣的電影與戲劇，包括新、舊劇等各種類，做歷史考察與記錄，屬於 1960 年代時，較為全

面的臺灣戲劇通史類書籍。不過，由於呂訴上的寫作出發點在臺灣的戲劇電影發展歷史爬梳，加上當時臺灣各劇種發展，除了已發展鼎盛的京劇之外，幾無專書可資參考，因而多以訪談、演出文宣、報刊為臺灣各劇種歷史之參考資料，難免未能全面。也或許出於呂訴上的著作為第一部臺灣電影、戲劇專書，因而在分類上標準不一致，需要小心以對。尤其呂訴上在寫作中，頗有稱頌當局藝文政策之意味，帶有展示性、嘉年華性質的既視感，又嘗以京劇為國粹，在解讀上不免要留下幾分餘地。

《臺灣戰後初期的戲劇》原為葉振富（焦桐）之碩士論文，後出版為專書。其寫作時間斷限由光復前後開始，深入挖掘終戰前後的戲劇活動，以及光復以後的本土劇運，乃至於反共抗俄劇的勃興與沒落。就筆者而言，葉振富著作的珍貴之處在於其參考報刊資料，對影響創作的社會環境有了更加深刻的描摹，而非單純資料的堆砌與推定，十分值得學習運用；加以其整理的〈戰後臺灣戲劇年表〉、〈四十年來的戲劇書目〉，皆是文藝風向的最好旁證。不過，葉振富以臺灣的戲劇發展為該書討論主軸，本文探討的京劇創作與改編，只是整體發展的一小部分，遑論拿出文本，就著歷史與政治仔細分析了。

## 五、臺灣的文藝論述與政策建構

以 1949 年至 1964 年間的文學運動發展與論述建構而言，計有：胡芳琪《一九五○年代臺灣反共文藝論述研究》、黃怡菁〈《文藝創作》（1950～1956）與自由中國文藝體制的形構與實踐〉、林果顯《一九五○年代反攻大陸宣傳體制的形成》。

胡芳琪的《一九五○年代臺灣反共文藝論述研究》，對一九五○年代的反共文藝論述建構做出回顧，足以使人了解當時以柔性理論引導創作的期待，提示此際論述在國父思想、總裁言論與作者個人意志混雜下，使作品最終招致「反共八股」之譏。

黃怡菁〈《文藝創作》（1950～1956）與自由中國文藝體制的形構與實踐〉，屬直接觸及筆者討論材料之作。黃怡菁在論述中對文獎會明確定義為官方代言者，深入發掘其起源、主持人與運作模式，繼而針對機關誌《文藝創作》的編輯群、刊載作品之趨勢進行討論，並且以反共議題、臺灣現實與女性議題、文藝論述與民族文化論述、外來理論與本土創作的火花為切入點，陳述《文藝創作》中反映出的自由中國文藝體制形構與實踐。不過，黃怡菁在分

類之中，將時稱「平劇」的京劇列為「其他」類，是「無法歸類的作品，多為以中國傳統題材為創作主軸的戲劇劇本：如平劇、鼓詞等」，分析也著重在小說、劇本與詩歌類，對京劇作品僅是聊記一筆。

林果顯《一九五〇年代反攻大陸宣傳體制的形成》一文，探討反攻意識形態在臺灣戰後歷史中所扮演的角色。透過該文能瞭解反攻與反共抗俄的連結，足將內戰地位提升，帶入美、蘇冷戰的層級，透過國際陣營的選擇以確認自身地位，是以戰爭為中心的思考。換言之，林果顯揭示了此際的所有宣傳行為、政治言說，其根源、內容與目標都在於「反攻大陸」的想望。

曾慶華《國軍新文藝運動之研究》，以 1965 年至 1981 年間的國軍新文藝運動為材料，欲探討以下四個面向：國軍新文藝理念建構與時代文藝思潮之異同，實踐上的適應情形；推行內容、範圍與項目；功能、影響與輿論；發展途徑、阻礙與因應之道。持平而論，該論文探討重點與本文關心的年代相去甚遠，不過其以 1949 年至 1965 年為國軍新文藝運動之「轉型期」，為思索與嘗試的時期，由此積累方能擘劃「國軍新文藝運動」，此「轉型期」概念恰與筆者所探討的時間斷限有異曲同工之妙。因此，方有難能可貴的，國軍新文藝運動轉型期間，關於戰鬥文藝相關活動的列表可資參考，得以一窺軍中如何響應戰鬥文藝的風潮。

## 六、大陸時期文藝運動之研究

探討大陸時期文學運動與論述建構的文獻，計有：傅學敏《1937～1945：「抗戰建國」與國統區戲劇運動》；文天行《國統區抗戰文學運動史稿》與《國統區抗戰文藝運動大事記》；朱獻武、王俊芳《國統區的文化與文化人》；藍海《中國抗戰文藝史》；鄭士榮《抗戰前後中央文化宣傳方略之研究（1928～1945）──中國國民黨中央宣傳部功能之分析》。

傅學敏《1937～1945：「抗戰建國」與國統區戲劇運動》，雖以話劇在抗戰時期的勃興，及話劇運動為主軸，京劇及其他戲曲劇種的發展僅有一章以為參照，但其間針對戲劇政策的討論，已然描摹出抗戰時期戲劇發展的政策概況，可做為遷臺後的政策對照。

文天行《國統區抗戰文學運動史稿》一書，針對抗戰時期的國統區（即國民政府文獻中的「大後方」）文學運動做考察，以抗戰時期的文藝論述建構為主軸，特別關注左翼文人如何參與國統區的文學運動，並且在其間起思想

領導作用，以及對國民黨當局文藝體制的衝撞。持平而論，即便中共中央在此際確實對國統區文學運動具有很大影響，但文天行的論述係以中共為本位，使人懷疑有政治正確的顧慮，因此書中多能見中共中央的指示，而國民黨當局的宣傳體制書寫則相對不夠細緻，著重國民黨當局的制度壓迫，頗有中共／國民黨為進步／頑固的二分法疑慮。同樣的情況，也發生在《國統區抗戰文藝運動大事記》一書，但此書係編年史寫法，雖則擔心史料選編不夠豐富，但在閱讀之中已能描摹出文藝運動的發展概況。可惜的是，兩書皆以文學為主要討論範疇，其餘各種文藝形式則相對邊緣化。

藍海《中國抗戰文藝史》，屬通史類書籍。《中國抗戰文藝史》一書，對抗戰時期的新文藝發展走向，以及通俗文藝、新型文藝都有所關注，如報告文學、小說、戲劇、詩歌、文藝理論等。尤其是文藝理論一章，根據抗戰時期的幾個重要文學發展議題編列小節，在理解文藝界如何回應時局時，起了顯著的概覽作用。不過，藍海的探討中，京劇的發展僅廁身於戲劇一章的一個小節，探討不夠深入。

《抗戰前後中央文化宣傳方略之研究（1928～1945）── 中國國民黨中央宣傳部功能之分析》，為鄭士榮在國立臺灣大學三民主義研究所的碩士論文。該論文以國民黨當局的文化宣傳方略為探討對象，以 1927 年中央宣傳部擬定〈中國國民黨宣傳方略〉為指導宣傳工作的基礎教本始，至抗戰勝利而終。鄭士榮在論文中對中央宣傳部宣傳工作的規劃與執行的探討，即是影響國民黨當局文化運動與政策推出的指導方針。等同於在文天行的社會主義鬥爭觀點外，呈現並補足抗戰時期國統區文藝政策的另一個面向。

朱馥武、王俊芳二人合著的《國統區的文化與文化人》，則以俯瞰角度回顧國統區文化發展，因而囊括新聞業、教育工作等面向，文學運動雖擇其重點探討，但卻不夠深入，之於京劇活動亦然。

## 七、軍方的文藝政策與京劇活動

由於在此一年代中，演員與劇團持續不斷地向軍中整併，因而使得軍方的文藝策略與京劇活動分外重要。此中相關文獻可分為兩類：第一類為政策的紀錄，用以了解文藝活動發展方向，如國軍政工史編纂委員會編《國軍政工史稿》，國防部總政治部編《國軍政工概況》；第二類為活動研究，可為本研究之旁證，高美瑜《戰後初期來臺上海京班研究 ── 以「張家班」為論述

對象》，劉先昌《論軍中劇隊在臺灣京劇史上的影響 —— 以陸光國劇隊為析論範圍》，吳佩芳《軍中歌仔戲之研究 —— 以康總歌仔劇隊為例》，曾志誠《被遺忘的痕跡：軍中話劇團隊發展史》，周世文《國軍一九五〇年後音樂發展史概述》皆屬於此類。

《國軍政工史稿》一書，處理黃埔建軍至 1960 年間的國軍政治工作，尤其注重制度面的介紹。透過此書，或能折射出抗戰時期至 1960 年間，京劇之於部隊的地位與期待。國防部總政治部編《國軍政工概況》，係針對遷臺以後政工改制以降的政治工作發展做一概覽，該書大量運用圖表，看來一目瞭然，能夠迅速掌握文化康樂工作目標，並反映出活動概況，間接了解京劇活動之於此際國軍文藝發展的地位。

京劇在此間被納入軍中成為文康活動之一環，但是如何將國軍藝術宣傳傳統，結合戲劇走進軍中做為歷史事件論述，則需要高美瑜、吳佩芳、曾志誠、周世文等人的著作以為參考。

高美瑜為復興劇校畢業生，本工老生，在中國文化大學之碩士論文為《戰後初期來臺上海京班研究 —— 以「張家班」為論述對象》。論文以 1948 年來臺跑碼頭，並在臺灣落地生根的「張家班」其歷史為考察對象，採用訪談與新聞資料並行，根基於戰後臺灣社會環境與演劇生態，深入挖掘張家班從上海到臺灣的生命史，了解其組織經營與演員訓練、海派色彩濃烈的演劇風格，描摹出上海京班在此時代轉捩點中，如何與京朝派匯流，又如何以上海京班的型態，漸次為軍中劇隊吸收。對筆者而言，雖然該論文未直接與本文題目相關，但其爬梳戰後臺灣社會環境與演劇生態，以及劇團如何為軍中劇隊吸收，都使本文應當處理的外部環境與藝術工作路線更為明朗。

此外，京劇身為藝術工作的一環如何運作，或可由劉先昌《論軍中劇隊在臺灣京劇史上的影響 —— 以陸光國劇隊為析論範圍》知其一二。劉先昌曾為陸光藝工大隊隊長，親身經歷劇隊行政，著作中提供的劇隊形成背景、組織型態，已然提供京劇演劇團體整併進入軍中之後的生活樣貌。

吳佩芳《軍中歌仔戲之研究 —— 以康總歌仔劇隊為例》一書，試圖爬梳歌仔戲發展歷史當中，為人所遺忘的，由地方戲曲過度為政治戲曲的一段歷史，與本文研究目的頗有異曲同工之妙。出於反共抗俄年代已過半個世紀，吳佩芳研究中，與筆者一樣面對了演出與劇本的缺乏，但是透過國家檔案、報紙、期刊、論文與書籍，並且進行多次口述歷史訪談，分析軍中歌仔戲存

在意義與目的，勞軍任務、海外巡演之功效，進而省思軍中康樂團隊式微緣故。吳佩芳提出的、獨樹一幟的政治戲曲運作，以及此間與社會環境、民間劇團所產生的交流等現象，對反思京劇站在時代的交叉點緣何走入軍中，如何蛻變為政治戲曲，怎樣政治、為何戲曲，都做了可資參照的解答。

《被遺忘的痕跡：軍中話劇團隊發展史》由曾志誠所撰，為國立藝術學院戲劇研究所理論組碩士論文。曾志誠的著作，有助於釐清清末以來的教宣傳統，且以海光藝工大隊為研究對象，探討其運作模式、美學向度、政治向度，對戲劇走入軍中並如何結合教宣傳統有了很好的提點。

周世文為前聯勤軍樂隊隊長，其論文《國軍一九五○年後音樂發展史概述》由軍樂發展角度出發，進一步探討藝術工作部隊的組建，雖然因而囊括軍樂、國樂、歌劇戲曲，但是其對京劇發展、劇校體制的記錄，尤其是文康競賽實行辦法與各屆競賽資訊的提供，都顯得彌足珍貴。

# 第三節　研究方法與章節規劃

## 一、研究方法

本文探討係由劇本出發，運用歷史、政治背景以為參照，注重京劇藝術體系與相關產業的發展，是將京劇創編置於展演實務中的考察。因此，在創編傳統與實際運用的前提下，本研究擬以文獻分析與訪談法參酌使用，希望透過文本與個人回憶，描摹此際的京劇發展樣貌。

在文獻分析法的實行中，將以劇作為核心，運作機制為旁證。因此規劃以《文藝創作》、《康樂月刊》中所刊載的京劇劇本為主要分析對象，以中華文藝獎金委員會、國防部康樂總隊、國軍文藝運動等項為次要對象，並且以與前開事件相關之新聞報導為佐證資料，在綜合整理各類資料後，參酌分析與判讀。在訪談法操作上，目前僅能完成京劇展演環境的部分，而政策創作方面則無法達成。在多數演員、票友間，其回憶中往往執著於傳統劇目，而對政策創編不置可否；在創作者方面，由於時日已久、筆名難辨，在尋找受訪者、聯絡受訪者、排定受訪時間與地點、擬訂問題、訪談實行及訪談內容整理分析，變得難以施作。職是之故，本研究之研究方法配當如下：以文獻為主，提供創編傳統與產業概況；以演員為輔，勾勒當時的演出樣貌與戲迷喜好。

## 二、章節規劃

在本次研究的規畫中，論文分爲六章，兼及此前創編傳統流變，此際創編傳統與作品產出，乃至於作品之運用，務求照顧到創作方法與展演途徑等多個面向。職是之故，本研究章節安排如下。

第一章爲緒論，是提出問題並初步解題的過程，在統整資料之餘指出研究走向。本章中安排「研究動機」爲第一節，針對題目解題，定位爲：考察 1949 年至 1964 年間京劇創編作品，了解其與自身產業體系及外在環境之關係。第二節「文獻回顧與評述」，是針對本研究論題拆解，由京劇創編、京劇史、文藝論述與軍方文康活動等角度切入，回顧過去學者專家討論中，臺灣的京劇藝術、京劇劇本創作與文藝政策分別有何發展，初步描摹出題目的歷史背景。第三節爲「研究方法與章節規劃」，陳述本論文使用之研究方法、主要材料及其中取捨，並記述研究步驟。

第二章設定爲〈爲娛樂與藝術而演：商業劇場中的臺灣京劇發展與流變〉，是對臺灣京劇演劇傳統的整理。本章以最早進入臺灣的大陸京班及其海派風格爲切入點，由海派京劇在原生地上海之形成、發展與特點，折射京劇藝術發展的特質，並在此基礎上接續討論日治時期臺灣的京劇發展，以及 1949 年中華民國政府遷臺後臺灣京劇娛樂性格的轉變。爲此，本章中設計〈戲出海上——海派風格的形構〉爲第一節，專門處理上海的京劇藝術特質與發展；第二節爲〈上海品牌與臺灣副牌〉，討論上海京班來臺後，如何複製大陸的演出經驗，在臺灣重複使用，又如何影響其他劇種與族群；第三節則爲〈遷臺後體制變革與表演風格流變〉，用以討論遷臺後市場衰微造成的演員整併，與演出風格的消長。

第三章爲〈抗戰時期的政策宣傳模式建立〉，用以梳理京劇發展中，政治言說的意圖如何被強化與規範化。在本章中，第一節爲〈文藝界與京劇界共同的目標——爲抗戰服務〉，用以釐清文藝界、京劇界人士，分別對京劇與抗戰關係有何想像與作爲；第二節〈國共兩黨對京劇經驗的認知與吸收〉，是考察政府與政黨如何接受文藝界、京劇界的成就，並且制定規範與落實；第三節〈繼承與再發展——抗戰時期的京劇發展主要貢獻〉中，則用以探討對後世較具影響力的發展舉措，如創作方式、機關設置或獎勵辦法等面向，相信能對此際「京劇爲政策影響」的命題探其虛實。

第四章設計爲〈臺灣的京劇政策戲指導原則與機制建構（1949～1964）〉，

以文藝政策領導京劇發展爲主軸，討論此間受到政策影響的京劇作品。第一節以政策形構開篇，設計爲〈執政當局發動的文藝反共論述建構〉，探討文藝「反共」的源流與想像；第二節爲〈政府與政黨催生社會文藝、社會教育中的京劇創作〉，選取較具持續性與代表性的制度爲對象，鎖定文獎會與《新四郎探母》，考察政黨徵獎制度與政府個案修編的施行；第三節〈軍中政治工作與軍中文藝催生的京劇創作與改編〉，則是針對文康競賽與《康樂月刊》的考察，藉此折射軍方在文化康樂架構下對京劇創編的運用。

第五章爲〈創作改編與市場影響概覽（1949～1964）〉，依照「創作」與「運用」兩大主軸設計。在第一節中，規劃以俯瞰的角度梳理此際的創編機制與創編方式，設計爲〈創作改編機制與方式〉；第二節則爲〈創作改編之傳演〉，整理劇作展演途徑並檢視其中的選戲原則；第三節〈在臺京劇劇本出版品編輯行爲之研究（1949～1964）〉，則用以考察京劇劇本出版業在此間的發展，了解劇本出版體現出的選戲原則。

第六章爲前文總結之〈結論〉，回顧並統整前述討論內容。在本章中，筆者擬由劇場出發，帶著文本走進時光隧道，了解其背後的京劇發展變革。職是之故，筆者做出以下安排：首先安排時光旅人的角度，嘗試還原各個時代中的戲迷視角，了解京劇在不同時代中的發展，理出歷史軸線；繼之，則由外在環境切入，觀察時空變革下，對京劇整體產業有何影響；其三，則回歸創編作品本身，對合創編傳統的發展，試圖釐清此間創編作品的特質與實際運用；最後，進一步討論此間所得的審美觀，了解此種審美之於臺灣京劇發展的地位。

# 第二章　爲娛樂與藝術而演：商業劇場中的臺灣京劇發展與流變

　　京劇在臺發展的兩個重要時期，分別爲日治前期與 1949 年國民政府遷臺以後，前者爲文化追求下的娛樂輸入，後者則更多是局勢下造就的資源整合。

　　京劇於日治時期首度輸入臺灣，並在日本領臺五十年間，經歷輸入、興盛到衰敗的過程。此時來臺的京班以具備海派表演風格、商業性格濃厚的大陸京班爲主體，並且伴隨著臺灣的娛樂行業成長與硬體設施完備，由此影響臺灣的地方劇種及民眾學習、模仿，同時培養觀眾的戲曲審美，後期更出現京朝派劇目夾雜在京班演出之中做爲點綴。大陸京班給予臺灣地方劇種參考與養分，但也因此逐漸失去優勢。京劇市場在 1920 年代末期爲歌仔戲與客家戲瓜分，京班演員開始寄人籬下、「加演京劇」的合作模式；日治晚期中日戰爭展開後，日本當局出於政策考量對中國文化壓抑，最終亦使京劇消失於舞臺。至 1945 年臺灣光復以後，兩岸文化交流恢復，大陸京班再度來臺跑碼頭，本地京班也因此恢復營生。大體而言，此時向臺灣輸出劇藝的主力，仍屬以海派風格爲號召的大陸京班，但經歷多年的演出交流後，京朝派劇目出現已更爲頻繁，至顧正秋挑班來臺以後，更出現以京朝派的流派劇目爲主要號召的劇團。在 1949 年以後，出於兩岸分治的緣故，大量的大陸演員、票友來臺，菊壇的表演風格已非過去海派多於京朝派的側重，而走向自然整合且以京朝派爲主的樣貌。根據於此可以發現，由二十世紀起算的一甲子內，京劇在臺灣經歷了輸入、移植、衰敗、再次輸入又面臨整合的過程。

　　透過以上考察可以發現，海派風格佔據遷臺以前臺灣觀眾的看戲經驗，

對培養觀眾審美有巨大影響，但此種靈活、求新的表演方式，卻在本文討論的時間斷限中走向衰頹，遷臺後不久，商業劇場中的京劇演出也呈現日落西山之勢。為此，筆者遂產生以下疑問：（一）大陸京班帶來的京劇表演風格為何；（二）此種「海派風格」如何形成、有何特點，與娛樂市場、商業行為關係為何；（三）大陸京班來臺後，如何運用此前經驗經營、開拓市場，又對海派與京朝派表演造成何等影響；（四）在兩岸恢復交流後，尤其 1949 年以降又有大量劇團、演員移入，菊壇看似人才濟濟、資源豐富，緣何出現海派與京朝派的消長，甚至京劇整體的衰頹，此種發展究竟是甚麼樣的舊疾新傷所致；（五）隨著年代推進，京劇的娛樂性格逐漸削減，被淡化的海派風格將如何發展，此前具備大眾娛樂身分的京劇又會產生甚麼變異。

　　為此，本章規劃為：由日治時期大陸京班的海派風格切入，探討其在原生地之形成、發展與特點；繼之討論大陸京班帶來以海派風格為主的演出，對日治時期臺灣京劇發展有何影響；最後以1949年遷臺為核心，討論京劇市場的風格轉變、存續以及娛樂性格的削減，以求釐清臺灣京劇娛樂性格的發展歷程。

# 第一節　戲出海上──海派風格的形構

　　臺灣的京劇觀賞習慣與審美，係由日治時期來臺的大陸京班養成，而這些被組織來臺的演員又多出自徽班或上海京班，遂使在臺演出京班在劇目或技藝上多帶有濃厚的海派色彩。為此，本章第一節擬自海派風格的形成切入，透過考察形構歷程與劇藝特質，藉以了解所謂「海派風格」有何優勢，足以成為京劇向外流播的主力。

　　海派風格的研究，以大陸學者的討論較為豐碩，並在商業、文化激盪而成的基本論調下，針對藝術、現代化等不同面向各有深入論述。于質彬著有專論《南北皮黃戲史述》，單篇論文〈南方京劇史發凡──兼論裏下河徽劇與南派京劇之關係〉、〈南派京劇縱橫談〉，其研究特點在於以聲腔為線索切入，透過聲腔流布與演員研究，完成裏下河徽班與上海的京劇發展關係，等同於為海派京劇補足了「前世」。相較於于質彬寫就了海派京劇的「前世」，更多學者著墨的在於海派京劇的「今生」：上海與海派京劇的關係。謝柏梁〈上海京劇的歷史地位與文化精神〉由上海的特殊性入手，指出上海有南北交流、文化交流的地利之便，由此形成強大的動能促成海派風格形成與流布。蔡世

成〈海派京劇的形成和發展〉，該文注意到政治活動對京劇如何產生影響，嘗試解釋京劇緣何無法由劇團內部提升思想，以及兩岸分治後，大陸的商業環境不再，加上左傾思想指導，遂使海派京劇在大陸衰頹。龔和德〈試論海派京劇〉的寫作緣由，是期望透過討論海派京劇成敗，研議如何提升寫作當下的京劇發展，因而更注重闡釋變因與後果之關聯，認爲商業與文化是海派京劇改革的動力，但此種環境無以維持，最終造成海派京劇的僵化與衰落。朱建明〈海派京劇表演藝術的觀念更新〉，全文著重於海派京劇在表演藝術的變革，包括舞臺、美術、音樂、形體等面向的更新，認爲此間已然奠定當代京劇表演藝術基礎，並成爲地方戲的學習對象。

海派風格成形以後開始向外輸出，討論外埠與海派京劇互動的文章較少，主要爲張曉秋，以及韓明非、徐東兵合作文章。張曉秋〈民國初年昆明的南派京劇〉，透過昆明的社會條件成長與劇種概況綜合討論，提出海派京劇在當地的發展優勢，並且注意到此時滬伶、劇團與地方社團及新思想的合作模式。韓明非、徐東兵合作的〈南派京劇對東北京劇的影響〉以海派京劇在東北爲主軸，討論東北京劇演員的海派背景，以及劇藝輸入及教育紮根現象。

透過研讀以上文獻可以發現，成就京劇海派風格的因素，具備內在與外在兩個面向。所謂內在的因素，係指劇種／戲劇本身的因素，即「相對開放的劇種邊界」。外在的因素，則是前述諸多學者提及的，商業競爭與多元文化衝擊，並因此促成劇種在藝術與思維的翻新。此兩者互爲表裡也互爲因果，並且在此循環下不斷推動上海的京劇發展，促使京劇表演變異且更加豐富，最終成爲今人所謂的「海派京劇」。以下便就兩點分別敘述。

## 一、相對開放的劇種邊界

劇種本身的邊界就是流動的，這是筆者閱讀戲曲史的最強烈感受。誠然，戲曲自有一套表演範式，從聲腔到身段，甚至舞臺美術以及劇團運作，並且出於地方差異有其歧異性存在。不過，這些範式僅做爲一種指導原則存在，演員才是戲曲發展中最爲重要的因素。演員是戲曲的最基本形成單位，藝不壓身的前提下，歷代的各地方劇種演員都在前人所建立的範式基礎之上，因應時代、商業競爭、社會風尚等不同的外在條件下，吸收這些元素化用於此前的範式之內，內化於自身表演之中，並且在不同演員的組合下擦出新的火花。以京劇海派風格的形成而言，做爲「前世」的裏下河徽班，以及「今生」

的、民國初年的上海京劇發展，都具備此種特色。此處要討論的核心議題，便是徽班向海派京劇過度過程中，促成其邊界流動、變異的契機。

將裏下河徽班發展做為材料，用以討論海派風格的形成，本身就是一個劇種轉變、聲腔變異的討論，此中又以于質彬的研究具備權威性，以下便以之為主要材料探討。

于質彬以京劇的主要聲腔西皮、二黃為線索，鎖定做為南方皮黃戲主力的徽班，考證其與北京的關係，以及徽班與其他劇種的互動，藉此討論徽班對海派京劇形成有何重要影響。透過于質彬的研究可以發現，徽班的西皮二黃聲腔，出於時代與社會等因素，以及戲曲藝人本身具備的強烈流動性，在徽班中呈現持續豐富與整合的樣態。以徽班本身而言，其活動地區主要為南方的揚州以及裏下河流域等地，並且受到乾隆青睞而進京獻藝。道光年間，北京的徽班大致上完成徽調皮黃向京調皮黃的轉變，而道光年初徽班春臺班報散，道光七年南府改制昇平署，道光十三年和春班報散，皆促成在北京的徽、崑演員返回原籍，無異於提供北京經驗與裏下河等地徽班的溝通管道，將北方宮廷演劇中不斷精緻化的表演與劇目帶回南方，而這種精緻化的北方京劇表演，即是民國初年所謂的「京朝派」京劇之先聲。

道光末年太平軍興，起義的行伍中包括各省各地方劇種藝人，但在太平天國以地方戲曲為「邪歌」的思想下，這些戲曲藝人因而轉投北京與裏下河等地，等同於為北京與裏下河等地帶來其他地方劇種的養分。太平天國定都南京後修正政策，辦理科班、設置戲班，但在同治三年清兵攻陷南京清剿之際，多數的太平天國戲曲藝人都逃往管制相對鬆懈的裏下河發展。

從乾隆到同治年間，以揚州與裏下河等地演員為主體的徽班，經歷進京、散班、接納其他劇種演員與劇目，不斷地觸發內在質變契機，同時為日後海派京劇培育人才，但劇藝革新的劇烈時期，還有待徽班演員到滬以後展開。

上海成為裏下河徽班劇藝輸出重鎮的緣故，除去徽班流布範圍的因素，尚有戲曲藝人尋找劇種交流中心促進發展的本能：當明清以來南方的戲曲重鎮揚州日漸衰頹，向來逐利而往的戲班，看中了清末以來高度發展的上海，上海的發展條件不但與揚州相似，事實上更勝過揚州。京劇進入上海的途徑主要有兩條，一條是過去諸多學者指出的北京對上海的傳輸，一條是于質彬指出的、裏下河徽班對上海的輸入。無論從北京南下，或是由裏下河區域北上，京劇進入上海並非純粹單一劇種的輸入，尤其裏下河徽班以徽班為主體，夾雜此前戲班

內兼容並蓄的徽戲、崑劇，以及南、北京劇劇目，使當地得到劇種與聲腔的輸入。整體而言，無論是京劇南下上海，或是徽班帶入多劇種劇目與表演，都使上海舞臺各色紛陳、百家爭鳴，在此情況下再度打開了整合、革新的機緣。

根據以上討論可知，營生是戲班的終極目標，求變是劇種演進的常態，在此兩個條件影響下，劇種的邊界向來是開放且流動的，小至藝人帶藝搭班，大到一地之興衰，都可能成爲劇種改革的助力，繼而開啓藝術翻新。探討海派京劇形成的內在因素，即徽班變革與劇種自身的邊界流動性之後，下一段落將聚焦於觸發整合、改革契機後的藝術翻新，即外在呈現的發展樣態。

## 二、商業競爭與多元文化衝擊下的藝術翻新

當徽班或京班進入上海以後，觸發其改革契機的最主要因素莫過於商業競爭與多元文化兩項，正是在兩個條件刺激下，京劇不斷變異與成長，最終造就海派京劇的形成。當徽班與京班人才選擇來到上海發展，眾多班社想在此處獲得最大利益並站穩腳跟，勢必要研究出能抓住觀眾的東西，而此時此地的多元文化便成爲眾多班社的養分。根據前人研究可知，歷經清末啓蒙運動與民初新文學運動的影響，此時代的東、西交流，已不僅是新事物、新學說的輸入與接受，當時的藝人或觀眾對思潮與氛圍都有所感知，並且能夠思考、反芻，已然具有批判性選擇與內化運用的能力。在此外在條件下，京劇漸顯優勢，徽班藝人改唱京劇，京劇班社中也多有改革發生。上海的京劇演出之中，最容易爲人察覺的變革大致有二：一是表演藝術翻新，一是文本創編，以下就兩者分別討論之。

表演藝術翻新觸及的面向廣闊，從藝人本身唱念做打，到外在輔助的化妝、機關、布景、幻術、燈光的設計皆屬之，並且在此間呈現齊頭並進的發展樣貌。上海京班競爭激烈，在以「獲利」做爲最高指導原則的情況下，劇作需求量大、創編演迅速，進而使得聲腔、舞臺美術持續推陳出新，且力求技術與文本上取得統合，以求抓住臺下觀眾。值此之際，上海灘的多國文化、多元娛樂，遂成爲上海京劇的最佳取材對象：民眾所好奇或喜聞樂見者，便能成爲表演中的竅頭。

因此，演員上臺更重視人物形體與形象的塑造，加強舞臺身段運用，吸收話劇與電影的長處，使人物與情節緊密貼合，促成人物立體化，逐漸打破行當分野，促成演員一專多能。舞臺美術，包括人物化妝、造型，以及服裝

設計、舞臺景物，都儘量在美觀、華麗、新奇的訴求下，往方便與寫實的方向邁進。音樂聲腔的改良，出於上海做為流行文化與戲曲發展重鎮，小至板式、曲牌，大到樂器配器皆成為改革對象，新舊聲腔都可能得到改革與提升：在西皮二黃的既有板式上，上海京班藉助人物對唱、加緊節奏，創造出演員對唱的連彈表現；新的京劇音樂發掘，如地方小調、時代歌曲以及地方戲音樂，都進入上海京班的視野。

海派京劇的文本創編特點，主要為連臺本戲高度發展，劇作內容精煉緊湊，以及敘說古今中外新奇故事的改良新戲等項。連臺本戲創作，是將劇作分集推出的方式，有時也以既有的本戲連綴，以情節曲折、表演奇巧使觀眾產生懸念，引誘觀眾持續消費。情節安排上，為使文本更加精煉緊湊，或是摘去表演中可能產生的旁枝末節，使觀眾被演出抓住，由此心無旁騖。改良新戲中，有「時事新戲」一脈專門反映或指涉時事，背後多帶有政治言說或折射社會現況的意圖，但出於京劇被五四以降的新式知識份子視之為糟粕，舊社會文人亦看不起，遂使得創作則多由演員為之，劇作的內涵與藝術成就，亦端看創作演員水平與自覺而定。此外，時事新戲也有專注於呈現社會案件的創作，如《槍斃閻瑞生》即在某種程度上提供新聞性，同時滿足觀眾的窺視慾望。值得注意的是，在商業化極高的上海菊壇，假若時事新戲的政治說理大過戲劇趣味，則很容易被市場淘汰，但此種創作方式卻未因此絕跡於舞臺，且在抗戰爆發後被廣為運用，由於相關創作擬在後面章節探討，此處暫且按下不提。

上海的京劇演出變動如此劇烈，牽一髮而動全身，因此也促成演員必須練就一身隨機應變的本領，並且推舉出劇團中統籌全局的人選。過去京劇科班的教學屬於師徒制、口傳心授，在其中學習傳統老戲與大路子演法，演員往往在此基礎上反覆錘鍊，但上海京班劇目接連翻新、產出迅速，除去援引北方「京朝派」的劇目之外，不乏自行創編劇情前所未見者，演員或拿到戲詞單篇，或在演提綱戲之前集合說戲，不僅準備時間更短，過去學習的武打套路亦不敷使用，需要研究「化學把子」博得彩聲，因此隨機應變能力的培養便十分必要。此外，在此環境中亦催生出戲曲導演制的前身，透過主演或編劇者集合劇中演員統一說戲，以求在最短時間內使演員了解劇情推展、人物形象塑造。〔註1〕

---

〔註1〕朱建明，〈海派京劇表演藝術的觀念更新〉，《黃梅戲藝術》（1991年10月），
　　　　頁24～36。

　　根據以上討論可知，誠如眾多前輩學者所言，京劇的海派風格，是商業經濟與多元文化撞擊下的產物，以改革、變化爲基調，成爲傳統與現代化交融的試作，正如于質彬所言，京劇姓京而不純，〔註2〕且出於上海京班有跑碼頭演出的慣例，與北京名角短期搭班的演出方式相較，反而具備更強的輸出能力。透過以上探討，以及部分學者對「惡性海派」的嘲諷，筆者認爲構成海派京劇大致有三項要素。其一，是藝人創作的自覺，包括接納新思潮、對新文化與新事物的掌握程度，皆屬創作的靈感來源，並且要能恰如其分地設計劇情、寫作故事；其二，是促成演出各個部門的專業化，如設置布景師、美術部門等措施；其三，是舞臺呈現的整體考量，從文本到演出，從幕後到臺前，在構成演出的過程中必須搭配得宜。以這三者爲基礎，或許能夠提供接下來要討論的，海派京劇在臺灣的議題，做出參照對象。

## 第二節　上海品牌與臺灣副牌

　　京劇於日治時期首度大規模傳入臺灣，不僅豐富臺人的消費娛樂選項，同時培養出一批固定的京劇觀眾，尤其遷臺初期的京劇觀眾中仍有部分臺籍人士，日治時期奠基工作之重要不言可喻。因此，本節擬自日治時期臺灣戲曲發展與京劇史切入，先了解京劇來臺以前的臺灣戲曲發展，再針對京劇在臺發展與影響著手，以求描摹出京劇與臺灣娛樂、消費市場的互動。

　　對日治時期臺灣戲曲發展的探討，以邱坤良所做最爲全面，尤其以《舊劇與新劇（1895～1945）──日治時期臺灣戲劇之研究》爲代表。透過邱坤良的研究可以發現，日治時期對臺灣最重要的影響，是異文化統治下帶來社會型態的改變，同時促成近代化的發生，並因此造成城市、商業以及生活水平等面向的提升，連帶提高了消費性娛樂的需求，甚至在新思潮的衝擊下，促成具備強烈政治意識與宣傳性的新劇運動發生。以本節所欲探討的戲曲發展而言，出於社會型態變遷，從事消費性娛樂活動的群眾階層與需求量同步增加，過去依附宗教祭祀、婚喪喜慶的演劇活動已然無法滿足民眾需求，民眾需要更加新穎的娛樂形式與內容，因此打開常態性向大陸請戲的契機。

　　日治時期京劇在臺灣的發展，以徐亞湘所做研究最爲完備。《日治時期中國戲班在臺灣》一書，除梳理京劇引進臺灣的脈絡之外，同時將之置於當時

---

〔註2〕于質彬，〈南派京劇縱橫談〉，《藝術百家》（1990年10月），頁41～46。

娛樂環境成長中探討，並注意到表演特質與對本地劇種的影響。徐亞湘與于質彬一般，皆注意到聲腔共性與流行變遷：在徐亞湘的觀察中，福州徽班帶入皮黃聲腔的意義，不僅是臺灣商業劇場演出的先河，同時也造成皮黃聲腔在臺紮根，使臺灣觀眾日後對京劇更易接受。在其研究中，日本提供的「異文化」娛樂，以及臺灣觀眾的文化認同感，是從大陸引進京劇的契機；此際逐漸完備的劇院建築、交通建設，都提供京劇流播的穩固網絡；藝術成就的高低，則是京劇在臺站穩腳跟的重要因素；而大陸戲班，尤其是京班，其所帶來的表演、技術與劇目，都成為臺灣地方劇種、票房或藝妲的學習及移植對象。至於《客家劇藝留真：臺灣的廣東宜人園與宜人京班》，則書寫一個本地京班的生命史，跨度自日治時期到遷臺以後，透過不同時期的發展樣態，回顧藝術移植以及本地京班的變異過程。

　　透過前人研究，筆者認為日治時期京劇在臺發展可以分為兩個線段，這兩個線段同時並行，但各有長短與特性。線段之一，是大陸京班對臺輸入的過程，由在臺大陸京班對臺灣觀眾做劇藝的第一手展示，此一線段隨著京劇在臺灣的興衰較早落幕。線段之二，是臺灣本地受到大陸京班的刺激之後，在娛樂行業產生的發展樣態，此處包括票房、藝妲、臺灣地方劇種以及輿論迴響等面向，是本地對大陸京班提供材料的二手運用。透過此種解構，相信能對日治時期京劇在臺灣的輸入與接受有更完整的論述，並對日治時期海派京劇在臺發展做出相當的了解。以下便以邱坤良、徐亞湘二人研究為材料，針對前述兩個線段做討論。

## 一、複製與貼上：大陸京班的上海品牌輸入

　　上海京班以其跑碼頭的特性，較京朝派更長期在外營生，且因為原生地商業與文化的衝擊，藝術表現上更為奇巧、華麗，因此成為京劇向各省輸出的主力，臺灣自然也無法置外於這股海派熱潮。根據徐亞湘的研究，京劇輸入臺灣的高峰期發生在 1920 年至 1920 年代末期，此前尚未出現高度競爭打對臺的狀況，此後則多留臺舊伶、本地京班，以及演員與新興劇種歌仔戲、客家戲的合作。綜觀大陸京班在臺灣，雖然具備對地方劇種輸出人才的功能，但戲班完整度較高，除去日後因為風向不再，故而搭入地方劇種「加演京劇」之外，戲班多為大陸伶人組織的特質強烈，而輸入劇目、技術或表演都有其大陸來源，基本上是照本宣科、照舊搬演。換言之，這是一個複製大陸經驗，

在臺灣舞臺貼上，並且因應環境做出縮減的過程。筆者猜測，此種特點或與藝術具備相對完整度，以及觀眾接受度有關。

### （一）具備相對完整性的藝術型態

所謂藝術具備相對完整度之說，係出於表演、技術、劇目等項考量。參酌徐亞湘所做研究可知，相較於臺灣的本地劇種，中國戲班帶來了整齊的演出陣容、精湛的表演藝術、新的舞臺美術觀念、豐富的演出劇目、完整的行當等藝術特色，〔註3〕其中最為大宗的上海京班，亦具備此等特點。

當上海京班進入臺灣，並以相對高層次的表演藝術勾起觀眾好奇、抓住觀眾目光時，它便具備相對的優勢，容易運用過去的演出經驗與劇目，便足以滿足觀眾觀賞慾望。因此，以徐亞湘對中國戲班在臺灣演出劇目考察為材料，如時事戲、清裝戲、洋裝戲、連臺本戲劇目，參酌〈日治時期來臺演出之上海戲班一覽表〉，〔註4〕不難發現京劇演出劇目全然是對大陸作品的取用，在臺則沒有新作出產。此外，出於上海的表演藝術與舞美技術已然相對成熟，兩者在臺也是複製、貼上的過程。以表演藝術而言，上海做為京劇發展重鎮之一，不僅本地的海派風格持續成長，唱腔與表演翻新，在北京、上海的交流下，此際許多京朝派名伶的劇目也隨之傳入上海舞臺，而上海京班在臺演出，除去帶來許多上海革新的表演藝術之外，同時也向臺灣觀眾引介了京朝派的流派劇作，此過程同樣是大陸經驗對臺灣劇場的輸入。在舞臺美術等方面，隨著臺灣的劇場建築完備，大陸流行的舞臺裝置基本上都能移植使用，如燈戲、獸頭、布景、機關、燈光、幻術，〔註5〕皆曾被運用於在臺的京劇演出之中。整體而言，上海建立了一個京劇品牌，上海京班帶著它來臺貿易，但怎麼賣、市場反應好不好，一切各憑本事。

### （二）觀眾的接受度

觀眾接受度之說較為複雜：促成京劇得以單純運用過去積累的表演藝術、劇目與舞臺美術營生的是它，但最終改變了風向、促成京劇衰微的也是它。誠如前面探討，當臺灣民眾的娛樂需求增大，而此前本地地方劇種已無法再入觀眾法眼，因此產生邀請大陸戲班之舉，但上海京班在臺發展最終也

---

〔註3〕徐亞湘，《日治時期中國戲班在臺灣》（臺北：南天，2000 年），頁 25～28。
〔註4〕同註 3 徐亞湘，《日治時期中國戲班在臺灣》，頁 87～90。
〔註5〕同註 3 徐亞湘，《日治時期中國戲班在臺灣》，頁 183～189。

步入此一後塵。透過徐亞湘對大陸戲班在臺營運的考察不難發現，上海京班實際上並無長期營生的優勢，這些弊病根源大致有二：一為上海京班與本地隔閡，一為無法應付觀眾求新的需求。上海京班作為外來戲班，對臺灣本有隔閡，一切營生多需要臺人協助辦理，以求打開戲路，但假若所託非人，則可能下場淒涼。〔註6〕應付觀眾的求新需求也是上海京班一個難題，同樣透過徐亞湘對上海京班如何走向看客日稀的描述，〔註7〕筆者觀察到「演期拖長」對演員與觀眾具備兩種完全不一樣的意義。之於上海京班來說，相較於此前在上海發展，在臺演出，腹地已然縮小，可以參考、切磋的京班更少，上海時期戮力求新的特質在臺已無法彰顯，反而如前所述，多是上海經驗與劇作的「複製、貼上」。因此，當上海京班使盡渾身解數給予臺灣觀眾新意的同時，無異於在消耗自己此前積累的優勢。不過，之於臺灣觀眾而言，每一個上海京班的演出，在無形中都對其審美產生影響，逐漸養大觀眾的胃口。整體而言，上海京班與臺灣觀眾呈現一種不對等的消耗與積累態勢，當上海京班的表演藝術、劇目與舞臺美術為本地劇種移植後，此一天平會更加傾斜，這種情況將在下面討論。

## 二、學習並改造：臺灣本地的選擇性繼承與內化

此處所要討論的，是大陸京班對臺灣其他產業的影響。亦即，京劇在臺發展過程中，除在既有的劇團與營業範疇之外，是否間接參與了其他行業的成長，而臺灣本地如何接受或運用京劇帶來的表演藝術、舞臺美術與劇目。參酌前人所做研究後，筆者認為可以分為三個角度論述：其一，是娛樂相關產業的成長；其二，是對本地職業或業餘演、唱人才的培植；其三，是新媒體中的京劇流布。

### （一）娛樂相關行業一體成長

娛樂相關產業的成長，主要指劇場業、經紀業的發展，報業針對戲曲演出做出因應，以及宣傳中異業合作模式產生。

根據徐亞湘的研究可知，日治初期雖為顧及在臺日人娛樂需求，興築一批日式劇場提供消費娛樂，臺人娛樂需求提升後，亦曾引介中國戲班在日式劇場演出，但日式劇場已有既定的觀眾分眾、檔期，且日式劇場設計無法滿足本地

〔註6〕同註3徐亞湘，《日治時期中國戲班在臺灣》，頁119～121。
〔註7〕同前註。

劇種或中國戲班的需求，都促成興築戲曲劇場之議。﹝註 8﹞此外，爲戲曲演出而設的劇場，其興築、成長與京劇關係也十分密切：這些劇場多數興築於 1930年以前，恰好是京劇在臺風行的時代，同時也以其新穎成爲大陸京班巡演的定點，出於吸引看客的心態，也不乏以京班做劇場開檯演出的事例。﹝註 9﹞

經紀業發展，嚴格來說是概念的翻新。臺灣爲移民社會，因此偶有向原郡邀請當地流行劇種戲班來臺演出之舉，此現象在張啓豐《清代臺灣戲曲活動發展研究》已有提及，﹝註 10﹞在徐亞湘對日治時期的邀戲行爲研究中可以發現，此時投資意味更顯濃厚，且已出現臺灣、大陸的權責劃分。以京劇而言：先由臺灣方面募股合資／商號聘請，再由上海方面邀角組班，繼之臺灣方面負責一切入臺、報關事務與交通費用，在臺演出盈虧則由請戲單位自負，至聘期結束，則聽任該班爲他人邀聘或自營演出。﹝註 11﹞

報業針對戲曲演出做出因應，係指戲訊刊登以及專欄開闢等項。日治時期的報刊，對本地劇種與大陸戲班抱持完全不同的態度。本地劇種雖曾見於新聞之中，但多爲非議與查禁的議論，且本地劇種演出以外臺爲主要場域，報刊之中難覓得戲訊。相形之下，大陸戲班演出訊息見報時，內容豐富且篇幅更大，小自演出訊息、大至觀劇心得，戲訊報導、戲曲評論、戲曲常識等面向不一而足。﹝註 12﹞

異業合作，是業者在營利前提下，以戲班爲資本，聯合其他行業宣傳、行銷的行爲。日治時期的戲院業，最基礎的行銷是戲單派送、演員遊街，部分業者也利用報刊刊載演出相關訊息、招攬看客，更進一級的則在其中置放誘因，以劇裝寫眞、劇目曲譜、商品或抽獎券，吸引臺人進入劇場看戲。﹝註 13﹞

### （二）對本地演、唱人才的培植

筆者所謂對本地演、唱人才的培植，囊括職業與業餘兩個面向。

京劇對職業演、唱人才的影響，包括本地京班形成，以及地方劇種合作兩項。本地京班是京劇在臺灣風行後，臺人見有利可圖而成立或改習者，演

---

﹝註 8﹞同註 3 徐亞湘，《日治時期中國戲班在臺灣》，頁 16〜25。

﹝註 9﹞同前註。

﹝註 10﹞張啓豐，《清代臺灣戲曲活動發展研究》（臺南：國立成功大學中國文學系碩博士班博士論文，2004 年），頁 231〜241。

﹝註 11﹞同註 3 徐亞湘，《日治時期中國戲班在臺灣》，頁 112〜119。

﹝註 12﹞同註 3 徐亞湘，《日治時期中國戲班在臺灣》，頁 51〜61。

﹝註 13﹞同註 3 徐亞湘，《日治時期中國戲班在臺灣》，頁 143〜147。

員多為臺人，有語言、溝通上的優勢。因此，本地京班雖學習上海京班的表演藝術、舞臺美術與劇目，甚至模仿上海的「髦兒班」型制辦理女班，〔註14〕但也曾有戲班如廣東宜人園，能在演出之中因地制宜，適時地抽換念白語言，〔註15〕使觀眾更易了解劇情發展，得以與觀眾拉近距離。地方劇種在上海京班影響下，不僅尋求大陸師資教學，模仿舞臺美術，甚至直接移植聲腔與劇本，在原劇種基礎上不斷豐富。〔註16〕筆者認為，上海京班與地方劇種持續交流之下，無異於打開了京劇人才向地方劇種輸出的管道，並且為京劇知名度加分，是互利互惠的過程。職是之故，1920 年代末期京劇衰微之後，京劇演員仍能做為教師向地方劇種傳授劇藝，或者以「加演京劇」搭入地方戲班謀生。〔註17〕

業餘的演、唱人才培植，包括子弟團改習或兼唱京調，京調票房形成，以及藝妲學戲。子弟團與票房的本質相去無幾，最大的差異在於子弟團更早成立，此前為某地方劇種或音樂的業餘社團，出於京調風行而兼學或改習，票房則純然為京調設立。藝妲學習京調，則與其職業性質有關。藝妲做為官員仕紳送往迎來時邀請陪侍的女性角色，主要作用為場合中的氣氛調劑，性質近似於高級交際花，且具備藝術工作者的特質。因此，藝妲不僅要能侑酒，還需懂得吟詩作對與唱曲，其中唱曲的內容隨著時代變遷，在日治時期以演唱南管與京調為主，〔註18〕且不只在宴席中唱曲，做為臺灣最早一批歌手，也曾灌錄京劇唱片。〔註19〕事實上，子弟團、票房或藝妲，對京劇傳播也是大為加分的，子弟團與票房有其固定的交遊網絡，藝妲做為交際花、藝術工作者也有一定知名度，這三者往往能與京班互相配合、相互拉抬，無論是純為噱頭也罷、或是演出趣味性也好，都有吸引看客、開發潛在觀眾群的效果。

### （三）新興媒體與京劇流布

此處所指新興媒體，主要為唱片與廣播兩項。

日治時期臺灣唱片業中的京劇發展，李元皓已在其〈京劇視聽媒介的演

---

〔註14〕同註 3 徐亞湘，《日治時期中國戲班在臺灣》，頁 29～35。

〔註15〕徐亞湘，《客家劇藝留真：臺灣的廣東宜人園與宜人京班》（桃園：桃園縣政府文化局，2007 年），頁 30～31。

〔註16〕同註 3 徐亞湘，《日治時期中國戲班在臺灣》，頁 226～232。

〔註17〕同註 3 徐亞湘，《日治時期中國戲班在臺灣》，頁 198～210。

〔註18〕同註 3 徐亞湘，《日治時期中國戲班在臺灣》，頁 204～205。

〔註19〕同註 3 徐亞湘，《日治時期中國戲班在臺灣》，頁 257～261。

進——物質文化與非物質文化相遇（以京劇為例之一）〉做過梳理，〔註20〕徐亞湘亦在著作中整理〈日治時期臺灣發行之中國戲曲音樂唱片目錄〉，〔註21〕以下便以兩者做為討論材料。透過研究可知，日治時期臺灣的媒體演進十分跟得上世界潮流，二十世紀初唱片全面取代蠟筒後，1910 年日本蓄音機公司便在臺北設置出張所，不僅零星進口、販售唱片，1914 年以降更開始以臺灣演員、歌手灌錄唱片，壟斷臺灣的唱片工業與市場。京劇在這批唱片中占有 13%，出版來源大致有二：其一是對大陸出版品的販售，其二是邀請臺灣票友、子弟團、藝妲灌錄。在唱片劇目方面，大陸作品較少且有侷限性，臺灣灌錄唱片劇目較多。以翻錄自大陸唱片的劇目而言，多屬梅蘭芳、馬連良的唱片，類別標註為「正音」。臺灣灌錄京劇唱片，分別列為「京音西皮」、「京音二黃」兩類，兼收此前傳統劇目如《徐母罵曹》、《遊龍戲鳳》等，部分連臺本戲如《狸貓換太子》、《慈雲太子走國》等亦有錄音傳世，時裝戲《鎗殺閻瑞生》、流派劇目《天女散花》亦成為臺灣灌錄劇目。

日治時期廣播中的京劇播放，相關論述可見於徐亞湘國科會專題研究計畫《臺灣民間京劇傳統之研究》之中，〔註22〕而謝昌益之《臺灣本地京調票房之研究—兼論其本地化發展的文化意義》亦曾對此做過梳理。〔註23〕日本在臺播音始於 1928 年，京劇是臺灣音樂節目的常態性播送內容，而獲邀的播音人員或是來臺演出的上海京班、福州班演員，或是臺灣的京調票友與藝妲，京調票友具備音樂背景者如李天祿，甚至能為藝妲播唱提供文武場服務。〔註24〕不過，日治後期因為中日戰爭促成「禁鼓樂」政策實施，中國戲曲演出禁止，大陸、臺灣京劇交流停滯，廣播中的京劇播唱也大幅減少，有待臺灣光復以後才逐漸恢復。

整體而言，相較於大陸端較為單純的輸入模式，僅是複製大陸經驗、在臺灣貼上，臺灣對京劇的接受與運用方式更顯複雜。前面所述的娛樂相關行

---

〔註20〕 李元皓，〈京劇視聽媒介的演進—物質文化與非物質文化相遇（以京劇為例之一）〉，《超越文本：物質文化研究新視野》：http://thjcs.web.nthu.edu.tw/ezfiles/662/1662/img/1294/THJCS411-5.pdf（2016.05.09）

〔註21〕 同註19。

〔註22〕 徐亞湘主持，《臺灣民間京劇傳統之研究》，國科會專題研究計畫：http://ir.lib.pccu.edu.tw/retrieve/46794/992410H034042MY2.pdf（2016.08.02）。

〔註23〕 謝昌益，《臺灣本地京調票房之研究—兼論其本地化發展的文化意義》（臺北：國立臺灣藝術大學表演藝術研究所碩士論文，2006 年），頁 37-40。

〔註24〕 同註3 徐亞湘，《日治時期中國戲班在臺灣》，頁 222～226。

業一體成長，京劇不過是參與其中的一個角色，但透過環境逐漸完備與運作
模式構成，事實上給予往後所有劇種朝向商業市場發展一個好的開端。對本
地演、唱人才的培植，使京劇在臺初次紮根，多了一分穩固、長期的發展可
能，同時其本地背景、人脈網絡也可能開發潛在群眾。不過，本地地方劇種
對京劇的學習，卻成為日後京劇在臺衰頹的原因之一。相較於本地京班能夠
因地制宜，透過念白語言拉近與觀眾距離，地方劇種對上海京班的學習並內
化，上海京班發展卻相對保守，或許因為在臺跑碼頭的緣故，反而不見花樣、
劇目的推陳出新，莫怪乎 1920 年代晚期以後，歌仔戲、客家戲瓜分了大部分
的內臺市場，而上海京班來臺日減、看客日稀了。

## 第三節　遷臺後體制變革與表演風格流變

　　歷經日治時期晚期，在中日戰爭影響下催生的禁鼓樂時期，導致中國的
音樂、文字、戲曲多自臺灣社會剝離，兩岸交流近乎禁絕，至中日戰爭結束、
臺灣光復以後，與中國的交流才再度復甦。光復之初，大陸對臺輸入京劇仍
延續日治時期的模式，以上海京班為主力，其後才出現發跡於上海、卻以京
朝派名角指導為號召的顧正秋挑班來臺。至 1949 年，經歷四年國共惡鬥、大
陸情勢逆轉，國民政府播遷來臺以後，帶入大量京劇演員、觀眾，並與此前
在臺劇團及觀眾合流。在 1950 年代初期，出於社會條件與市場轉變等緣故，
此前在臺北較為賣座的顧正秋劇團（以下簡稱「顧劇團」）散班，此後雖陸續
有演員整班，但亦非長期之舉。與此同時，軍中出於文化康樂的考量，也開
始整併、成立京劇團，並且設置訓練班，以相對穩固的薪資、制度，促成民
間藝人向軍中流動。整體而言，市場轉變與團體整併是此間持續發生的過程，
但此種過程對此前建立的表演與審美有何影響，又與日後的臺灣京劇發展有
何關聯，則仍有待討論。

　　筆者論文以 1964 年最後一屆國軍文化康樂競賽為界，係出於民間演員向軍
中劇團初步整併完成的考量，但回顧前人研究可發現，目前針對光復至 1964
年間的臺灣京劇發展研究較為缺乏，多數史事散見於京劇史專著或演員傳記之
中，自大陸來臺的劇評家文集中亦有零散紀錄，報紙中亦不乏針對劇作或政策
的討論。

　　經查考，相關期刊論文包括徐亞湘〈從外江到國劇：論臺灣民間京劇傳統

的形成與失落〉，以及高美瑜〈角力與崢嶸：試論顧正秋與戴綺霞對臺爭勝之意義〉、〈臺灣民間京劇商業演出研究──以周麟崑與麒麟國劇團爲考察對象〉。

　　徐亞湘論文〈從外江到國劇：論臺灣民間京劇傳統的形成與失落〉，[註25] 以臺灣的京劇演劇接受爲基礎，將之與 1950 年代的京劇發展做出對照，認爲有三個值得注意的發展特質：其一，此際本地京班與大陸劇團的包容性不同，尤其是軍中劇團、公立劇團肩負時代意義，更促成背後藝術風格的分歧；其二，京劇做爲大眾娛樂有其時代侷限性，雖然透過政策扶持，但無異於強加排他與對立；其三，日治時期出於文化認同引進京劇，遷臺以後卻因爲政策需求使分化愈見明顯，無形中產生了觀眾群與特定族群的連結及區別。

　　高美瑜〈角力與崢嶸：試論顧正秋與戴綺霞對臺爭勝之意義〉，[註26] 可說是討論此際京劇海派風格與京朝派風格消長的代表之作。高美瑜以 1950 年代初期京劇市場萎縮爲背景，選取實力較爲堅強、並在臺北長期演出的劇團爲對象，以顧劇團爲京朝派風格代表，戴綺霞劇團爲海派風格代表，從藝術本身發展、觀眾輿論及區域喜好切入，就戲言戲地討論日後京朝派成爲京劇舞臺主流的可能原因，但可惜未能對此際外在娛樂環境變遷做出較深入的描述。〈臺灣民間京劇商業演出研究──以周麟崑與麒麟國劇團爲考察對象〉一文，[註 27] 相當於對海派京劇重返商業劇場個案的觀照。該文以具備海派特質的演員周麟崑爲線索，討論其整班在麒麟廳重現海派京劇演出的利弊：麒麟國劇團在向軍中劇團借人的經營模式下，演員無法專注於麒麟廳，而年輕演員所受的京朝派訓練也使演出失色不少；尤其此際多重演上海時期劇目、噱頭縮水，對老戲迷來說並不討巧，劇評主流又屬意京朝派，更是無法入其法眼，年輕一輩置身於中華文化傳統、西洋玩意的風向中，對麒麟廳也不屑一顧。根據於此，麒麟國劇團遂成海派京劇在商業劇場中的迴光返照。

　　透過徐亞湘與高美瑜的研究，以及閱讀其他京劇史著作，如王安祈《臺灣京劇五十年（上）、（下）》、毛家華《京劇二百年史話（上）、（下）》，以及李浮生《中華國劇史》；劇評家文集，如劉嗣、丁秉鐩等人作品；演員傳記，

---

〔註25〕徐亞湘，〈從外江到國劇：論臺灣民間京劇傳統的形成與失落〉，《民俗曲藝》170 期（2010 年 12 月），頁 143～176。

〔註26〕高美瑜，〈角力與崢嶸：試論顧正秋與戴綺霞對臺爭勝之意義〉，《戲劇學刊》20 期（2014 年 7 月），頁 7～37。

〔註27〕高美瑜，〈臺灣民間京劇商業演出研究──以周麟崑與麒麟國劇團爲考察對象〉，《戲劇學刊》16 期（2012 年 7 月），頁 57～88。

如李金棠、顧正秋、戴綺霞等人傳記可知：此際京劇發展的變動，事實上是內、外兼具，相互影響的過程，究其根本，體制的變動更外顯、牽涉更廣泛，且可能更早於藝術內在轉向、更使演員有感。因此，本節擬由「遷臺後劇團體制變革」，以及「京朝派、海派表演風格消長」兩項爲切入點，以解開臺灣京劇商業劇場的最後去處之謎。

## 一、遷臺後劇團體制變革

遷臺以後，兩岸隔絕導致人才交流隨之斷絕，並在此封閉環境中造成人才的匯流，由是聚集了一批京劇劇團或個人演員。在臺京劇團體數量大增，除去本地京班與此前來臺的上海京班外，尚有隨部隊遷臺的專業劇團與業餘康樂隊。演員、票友方面，除零散個人在 1949 年遷臺之際來臺外，此後陸續有輾轉由香港等地進入臺灣者，時稱「反共藝人」，還有部分科班出身的演員，在大陸時期見局勢不穩，藉由考試進入部隊，在此際也隨之來臺。綜觀本文擬定的時間斷限，筆者認爲劇團變革的發生特質在於：前期著重於市場主導下，民營劇團自然整併；後期出於多數演員、劇團進入軍中，遂成政策主導的資源彙整與網絡建立，且因爲民間向軍中的動向，兩者在時間上有所重疊。

### （一）市場主導民營劇團整併

此際的民營劇團來源大致包括：本地京班、此前來臺的大陸劇團，以及此際來臺的演員、票友搭班演出，除去本地京班有其固定的演出模式與場域外，此際受市場影響整併者，以大陸來臺者較爲顯著。整併以劇團或演員個人爲單位，以逐利而去爲動力，促使演員搭班、整班，無利可圖的時節則各尋生路而去。筆者以爲，此處可以顧劇團興衰爲參考點，解釋此種現象的發生。

顧劇團的演員組成，並非單純由顧正秋自大陸帶來，其間較大規模收編其他劇團演員計兩次。來臺之初，顧劇團收編一些張翼鵬、筱劉玉琴的班底，1949 年 11 月初則收編李薔華領導的中國國劇團班底，演出至 1952 年歇夏之際散班。參看王安祈在其著作中所整理的〈民國 35～44 年京劇演出報紙戲單〉可以發現，[註28] 張翼鵬、筱劉玉琴自 1948 年 6 月起搭檔於新世界戲院演出，9 月又轉往協記永樂，並且持續演出至 12 月 19 日。在此間海慧苓一度加入該班，演出至 10 月 9 日，11 月時則離開該班與趙君麟、徐鴻培等人組海昇京劇

---

〔註28〕 王安祈，《臺灣京劇五十年（上）》（宜蘭：傳藝中心，2002 年），頁 198～281。

團於新民戲院演出。張翼鵬、筱劉玉琴等人散班以後，劉玉麟、孫福志、王質彬、王福勝、胡寶亭、陳雯卿、朱世奎、夏玉珊等人都出現在顧劇團戲單之中。中國國劇團於 1949 年 6 月初至 8 月底演出於美都麗戲院，該團演員流動性極大。除去原屬顧劇團的丑角周金福在成班之初轉入之外，劉玉麟、胡少安亦在 6 月中旬轉入該團演出至 7 月中旬，原與張翼鵬搭檔的筱劉玉琴於 6 月底加入該團演出至 7 月底，7 月底前言少朋離團，8 月中旬秦慧芬在該團演出三天、于叔良加入該團演出半個月。假若再細看 11 月之後的顧劇團戲單可以發現，原先中國國劇團的李桐春、李鳳翔等人，都已搭入顧劇團成為要角。整體而言，誠如日治時期上海京班演員的來去模式，劇團演員能夠自由出入於劇團之間，可見此時的市場環境中，還容許劇團競爭、演員選擇。

　　顧劇團最終走向散班，出於收支無法平衡，就如顧正秋在回憶中所言，當包銀等一切支出付清以後，自己這個挑班的角兒反倒是唱義務戲一般，賺不了幾個錢。不過，顧劇團面臨的困境並非其所獨有，放眼 1950 年代，此種陰影始終縈繞在民營劇團之間。因此，筆者擬將時間跨度拉長，討論 1950 年代對戲班經營不利的各項因素，包括顧正秋所反映的審查制度、〔註29〕勞軍戲，以及顧正秋未提及，但影響也十分深遠的義演、勞軍團，以及稅捐、票價等項。

　　審查制度在臺灣，是一個逐漸規範化的過程：1947 年透過公布審核通過劇目列表，要求以之為標準，在劇目、內容相異者，應停止上演並立即送審；〔註30〕至 1953 年時，則要求對過去核准劇本重新整理、編寫劇情說明，並在核發的上演登記證上註記劇情以便查驗。〔註31〕審查制度的施行，無異於給

〔註29〕顧正秋以為，在大陸時期走南闖北，貼演劇目隨演員高興，主要用以展現實力，同時考慮觀眾喜好，但來臺後卻需將劇本送往警總查驗，取得「准演證」後方能上演。筆者以為顧的說法或有謬誤，根據第二章的討論，已知 1940年代有審查綑綁演出的《戲劇劇本審查登記辦法》，其中規定逐年增加、更為細緻，在此不再贅述。顧正秋如此看法，應是 1945 年方才畢業於上海戲校，出科搭班未幾，該辦法即告廢止，感受不強烈所致。顧正秋口述、劉枋執筆，《顧正秋舞臺回顧》（臺北：時報文化，1976 年），頁 220～221。顧正秋口述、季季執筆，《休戀逝水——顧正秋回憶錄》（臺北：時報文化，1997年），頁 238、331。〈劇本毋庸再事審查轉令遵照〉，《臺灣省行政長官公署公報》（1946：春），頁 353。

〔註30〕〈為抄發本會第一批核准上演舊劇（京戲）名稱一覽表〉，《臺灣省行政長官公署公報》（1947：春），頁 334。

〔註31〕〈臺灣省政府教育廳復臺中縣正府關於前頒核准上演舊劇劇目缺乏劇情說明應如何處理〉，《臺灣省政府公報》，（1953：夏），頁 674。

予劇團額外的工作量，自此排定劇目、送驗及劇本文字化與校訂，勢必將劇目搬演的前置作業拉長。不過，文字化與校訂卻仍有幾分可取之處，此舉使劇本跳脫過去管事抱本子、演員拿單篇、市面上戲考版本五花八門的模式，迫使劇團確定一個相對固定的文本與演出模式，或間接成為日後劇校教育的材料，甚至政府編纂戲考的底稿。

　　勞軍戲、義演與勞軍團是對演員額外的消耗，皆為非營利導向的演出。勞軍戲可分為民營劇團與軍中劇團角度討論。民營劇團或可以顧劇團為例，平日演出晚場，週日加演午場，但在國防部規定後，週日還要演出早場勞軍戲，且因為軍中老戲迷反映偏好唱工戲，一點都馬虎不得，遂使排戲比照週日晚場辦理。〔註32〕不過，如此心力交瘁之下，劇團至多領到一點勞軍補助款。〔註33〕之於軍中劇團而言，勞軍戲是其本分，雖然國防部容許在巡演計畫之外安排商業演出營生，但若臨時有國防部追加場次也要隨傳隨到，先前敲定的商業演出則要另外聯繫劇團頂替。〔註34〕義演與勞軍團具備異曲同工之處：演員、票友在此間付出了時間與劇藝，但其收穫僅是名聲而已。義演辦理上多為勸募資金，往往具備「反共」、「賑災」等名目，邀集名演員、名票售票演出，所得票款扣除必要支出外，一概交由捐助單位；勞軍團則由社會賢達或工會組織組成，邀集名演員、名票加入，去往前線陣地、醫院勞軍。值得注意的是，出於駐地條件不佳，京劇藝人只能清唱，因此必須選擇「角少」、「精采」的段落，〔註35〕唱工仍十分吃重，無太多偷工減料的空間。

　　顧正秋雖然未在其回憶錄中對稅捐、票價問題多作著墨，許多演員也未明確指出稅捐占劇團收入之百分比，票價與劇團收入關聯，但卻可在報刊間發現戲院業對此的議論，是故筆者藉「轉嫁」的概念，期望透過戲院業為稅

---

〔註32〕顧正秋口述、季季執筆，《休戀逝水——顧正秋回憶錄》（臺北：時報文化，1997 年），頁 333。

〔註33〕勞軍雖有補貼費用，但分配上往往不甚平均。實際參與勞軍業務者，包括各種地方戲劇劇團，電影放映則包括影片商，戲院則為場地提供者，但撥款機關多將補貼費全部交由戲院具領，遂導致影片商不服反對，部分參與星期勞軍的地方戲劇劇團，也未取得補貼費用。〈星期影劇勞軍補貼內幕複雜，地方戲劇團加入爭奪〉，《聯合報》第 6 版，1954 年 3 月 11 日。

〔註34〕勞軍戲還具備磨練的意義，與跑碼頭有異曲同工之妙。同註 28 王安祈，《臺灣京劇五十年（上）》，頁 50～51。

〔註35〕同註 32 顧正秋口述、季季執筆，《休戀逝水——顧正秋回憶錄》，頁 335～336。

捐所苦的事例，一窺劇團收入所受影響。根據報導可知，在 1954 年以前，戲院業稅捐合計已達收入之百分之四十五，當年一度傳出「娛樂稅連防衛捐均將增加一倍」，遂使戲院業向立法院陳情修正稅捐稽征條例。〔註 36〕至 1956 年時推行軍警票一律半價，則使戲院業感到壓力，因而出現票口僅保留部分軍警票，以票券仍在稅捐處為藉口，促使軍警購買普通票之舉。〔註 37〕

值此之際，娛樂風向也逐漸轉變。透過《中國京劇史》可發現，在抗戰以前，出於京劇相關產業有其普及性與投資報酬率，因此市面上專門介紹京劇的報紙與雜誌種類繁多，據稱已有六十餘種，而一般報紙、雜誌亦曾設置專欄置放戲曲訊息。至抗戰時期，出於前一時期京劇報刊設置的基礎，京劇報刊出版近百種，加上抗日救亡的需求，更為京劇開創更豐富的討論議題〔註 38〕。不過，遷臺以後的京劇報刊並不發達，除去報人、演員滯留大陸的緣故，經濟基礎不如先前穩固、無法投資也是問題之一，遂使遷臺之初戲評、戲訊散見於各報，而雜誌則全無出版。與此同時，報紙的京劇訊息也大幅減少：以一般性報紙而言，《華報》可算是較為持續、穩定、大量刊出京劇資訊者，但京劇訊息或討論至多佔一版面之三分之一或四分之一，此外或是電影、影星資訊與廣告；地方報紙中京劇訊息本來就少，多為演出廣告投放，偶爾還能見到零散的京劇名演員介紹，〔註 39〕以及演出預告；〔註 40〕前線的軍報所

〔註 36〕戲院業所感負擔可由報導中知其一二：……該公會獲悉娛樂稅連防衛捐均將增加一倍，均感惶惑。據謂：全省戲院業今已臨岌岌可危之境，本年四月份起，全省四二三家戲院已倒閉四十五家，其原因有下列十點：（一）重稅（合計需百分之四十五）之負擔；（二）營業清淡之影響；（三）國策宣傳負擔甚重；（四）勞軍損失負擔甚大；（五）強看白戲強購半票之損失；（六）管理機關多應酬多，損失重；（七）片租高，劇團開支大，租金貴；（八）愛國救災等勸募多；（九）現代設備化費過大；（十）戰爭環境遭受損失。〈影劇商陳情，請勿加娛樂稅〉，《聯合報》第 3 版，1954 年 6 月 22 日。

〔註 37〕伊戈，〈為軍人談優待：揭穿「軍警票」的把戲〉，《華報》第 4 版，1954 年 8 月 4 日。

〔註 38〕馬少波等，《中國京劇史》（北京：中國戲劇，1999 年），頁 747～755，865～870。

〔註 39〕該版面為影劇版，上方半版為影劇新聞，但僅有胡永年說桑懷音、龍光耀談戲兩篇與京劇相關，下面半版為國內外電影與上映戲院廣告，與戲曲相關者僅有臺中合作戲院五洲二團廣告。〈文武青衣花旦，桑懷音〉，《臺灣民聲日報》第 6 版，1955 年 6 月 25 日。

〔註 40〕〈胡少安劇團開演，本報讀者可得優待〉，《臺灣民聲日報》第 4 版，1950 年 7 月 10 日。

見者，則較多軍中劇團、勞軍團巡演資訊，以劇團、康樂隊或勞軍團為描寫對象，多帶有紀實意味，文章相對制式，其中若有著名演員則聊記一筆。〔註41〕根據於此不難發現，此時報紙主編似乎對閱讀群眾的喜好改變有所察覺，因此造成版面內容的調整，旁證了京劇失去大眾娛樂寶座的過程。

根據以上討論可知，或許正是如此，在顧劇團之後再無長期演出的劇團，而演員自由搭班售票演出都維持不久，京劇市場整體上呈現著江河日下的氛圍。值此之際，當演員的付出與回報得不到平衡，但還希望以自身劇藝謀生的話，只好進入以保證一定薪水為號召的軍中劇團，因而開啟日後軍中劇團成為京劇演出主力的契機。

### （二）進入軍中劇團為政策主導整併

軍中設置劇團，以話劇為先、京劇為後，自抗戰以降，軍方對京劇的宣傳、康樂效用變得更加注意。因此，早在遷臺以前，經歷抗戰、內戰，已經促成一批票友、演員與劇團向部隊集中，不僅對內能提供娛樂且能對外營生，軍中劇團在臺的整併便以之為基礎展開。在 1950 年代之中，軍中劇團的整併持續發生，並且兼及職業與業餘劇團，觸及演員、票友與官兵。

根據文獻查考發現，由於業餘康樂隊演出規模較小，至 1964 年奉令撤銷，目前學界對其研究不多，筆者僅能透過當時新聞描摹，了解其主要負責地方性康樂活動、擇優參與國軍文化康樂競賽的特質，且多為一團可演出數種藝術形式的組成。〔註42〕不過，出於本章聚焦於軍中劇團整併對後世影響，在業餘康樂隊既多且雜、脈絡不甚明確的狀況下，此處將不多著墨。究竟業餘康樂隊與日後臺灣京劇發展有何聯繫、定位為何，則留待後人探討。

職業劇團以及以職業劇團為目標的整併，最為直接影響到後世所謂「軍中劇團」形成與其特質，且可被視為臺灣京劇發展的基石。它的整併內容包括：（一）民營劇團為軍方收編；（二）抽調軍中具備京劇專業士兵組成劇團；（三）部隊之中劇團間的合併；（四）邀請資深演員、票友搭班。

民營劇團為軍中收編相對複雜，在初期體制上不完備的情況下，往往開立職稱不相符的缺額編入演員，由於演員以演出勞軍戲為任務、糧餉僅供吃飽飯，因此部隊也開放劇團在公餘時間向外營業，不過能如過去民營時期分

---

〔註41〕〈昨日勞軍真熱烈，料羅前線看紅娘〉，《正氣中華報》第 4 版，1951 年 2 月 25 日。

〔註42〕此種組成形式也多見於學校、機關組成的勞軍團或服務隊中。

得包銀的人已然減少；〔註 43〕有時部隊糧餉不足，或直接解散劇團，使演員自尋生路。〔註 44〕抽調具備京劇專業的士兵組團，以及劇團間的合併，或可以空軍大鵬劇團爲例。做爲大鵬劇團核心的富連成子弟在 1948 年應考從軍，進入傘兵部隊後爲人發現，因此爲其組織劇團，一邊行軍訓練、一邊對外演出。來臺後，傘兵部隊駐紮岡山時，與原服務於湖南空軍四軍區、來臺後服務於岡山空軍官校的育漢劇團整併，易名爲飛虎劇隊，1950 年空軍副總司令將其調往臺北，最終成立空軍大鵬劇團。〔註 45〕部隊內外專業、業餘人才也是軍中劇團的成立基礎，根據李浮生在其《中華國劇史》中對各劇隊的紀錄可以發現，這些劇團的成立，皆先選拔轄下職業、業餘劇團人才，再向民間招募專業演員，陸、海、空、勤等大劇團無一例外。〔註 46〕

　　事實上，建立與整併劇團的過程，軍方已然對演員、票友做出篩選，集中菁英編爲劇團，促成人員專業化、演出分級制，使成爲日後各種場合演出主力。在此情況下，軍中劇團對內要參加勞軍任務，國軍文化康樂競賽；對外從事商業演出，或承接政府機關演出活動；之於票界而言，由於軍中劇團班底紮實，也成爲名票演出借將的來源，直至 1964 年左右奉令不得支援民間演出爲止。〔註 47〕軍中劇團也是此際京劇教育師資主要來源，這些專業演員與資深票友除日常演出外，並指導附設國劇訓練班學生，或者轉向復興劇校、國立藝術專科學校執教。〔註 48〕

　　筆者以爲，軍中劇團能夠屹立四十餘年，雖然以軍方及政策支持爲主要原因，但 1950 年代演員整合下呈現的菁英化、專業化傾向，以及以此爲基礎的人才培訓，站在臺灣京劇史的角度回顧，還是具有絕對的影響力與重要性。不過，在人才整合的同時，出於演員流動等因素，演出劇目勢必有所調配，此舉則間接影響了後世臺灣京劇京朝派風格與海派風格的起落，此一現象將在下方專門討論。

---

〔註 43〕　同註 28 王安祈，《臺灣京劇五十年（上）》，頁 50～51。

〔註 44〕　王安祈、李元皓，《寂寞沙洲冷——周正榮京劇藝術》（宜蘭：傳藝中心，2003 年），頁 85～86。

〔註 45〕　同註 28 王安祈，《臺灣京劇五十年（上）》，頁 48～50。

〔註 46〕　李浮生，《中華國劇史》（臺北：李浮生），頁 193～206。

〔註 47〕　同註 46 李浮生，《中華國劇史》，頁 206～213。

〔註 48〕　如《聯合報》便曾有新聞稱：坤伶老先生胡夫人，不久以前已經脫離了大鵬劇團，原來他另有高就，現在他在北投復興戲劇學校擔任訓育副主任，因此顯得更神氣了。〈臺前幕後〉，《聯合報》第 2 版，1957 年 7 月 29 日。

## 二、京朝派、海派表演風格消長

京劇藝術的根本是演員，演員透過自身功底與個人體會對劇本加工，相互磨合、調整後，方有舞臺上的最終呈現，因此將之視為京劇藝術的最重要介質並不為過。正因為演員具備介質功能，戲往往是跟著演員流動散播的，此際的劇團整併除去人員的整合外，同時也促成了表演風格的消長，尤其以劇目的流動、派戲比例來看，更能凸顯此一問題。大體而言，較為明顯的現象有二，一是海派劇目演出比例日益減少，演員退居二線；二是京朝派的演員與劇目成為舞臺要角。此現象可分為前後期，前期發生在民營劇團商業劇場之中，後期出於軍中劇團成立，以軍中劇團為核心開展，兼及劇校教育與票友。

### （一）發生在民營劇團商業劇場中的風格流變

此現象大致發端於 1950 年代初期，在民營劇團尚活躍於商業劇場演出時，早已出現端倪。承前所述，顧劇團兩度接收海派京班班底，初期有張翼鵬、筱劉玉琴班底，此後又接收中國國劇團班底，是海派演員進入京朝派為主的劇團的過程，與此同時，無異於擴大劇團派戲的範圍。顧劇團演員以上海戲曲學校、北京戲曲學校畢業生為主，所受訓練便宗京朝派，劇團以顧正秋挑班，派戲亦以顧正秋熟悉的京朝派劇目為主，但在海派演員加入後，貼演劇目則更顯豐富。整體來說，顧劇團對海派演員的運用如下：（一）前面一二齣派海派演員演出，並可藉助海派演員優勢掛出武戲；（二）派給海派演員演出海派劇目；（三）為原本陣容加分，排出唱做並重、精彩可期的大戲。

第一點的安排，是出於演員中心、旦角挑班的考量，一劇團的劇目都環繞頭牌安排，挑班演員不演頭幾齣，因此海派演員往往出現在頭幾齣當中，有時更藉助海派武打此一優勢派出武戲，如原班底胡少安搭配海派李桐春《八大鎚》，海派王福勝、王質彬《審李七》等。派給海派演員海派劇目，參酌其他京朝派劇目而言，或能展現劇團優勢，也能給予海派演員發揮空間、給京朝派演員喘息時間，如李桐春《大金錢豹》，李鳳翔、李桐春《鐵公雞》皆屬此類。第三，海派演員向來以紮實功底與火爆表演風格著稱，劇團以此貼出唱做並重的大戲，能使演員展現做工，滿臺平分秋色，有其加分效果。如顧正秋也自陳，就在李桐春兄弟與李鳳翔加入以後，大家通力合作，每天的戲

碼可說是最「結棍」的。〔註49〕

　　顧劇團接收海派京班班底，並不代表所有海派京班的際遇。本地京班雖然以海派劇目爲主，但其在日治時期也然分化出既定的演出模式與區域性，受到影響不大。海派京班在大陸時期便能演出一些京朝派劇目，因此1950年代的海派藝人挑班者，劇目中多摻雜了一些流派劇目，但海派劇目仍有一定比例，如：馬繼良領導海風劇團便能排出《大鬧嘉興府》、《斬經堂》與荀派《紅樓二尤》，徐鴻培領導的海昇京劇團則能開出《送酒》、《鳳凰山》、《薛禮嘆月》、《獨木關》以及程派戲《鎖麟囊》等戲碼。根據此一線索查考可以發現，此際的劇團主體性尙稱強烈。海派風格強烈的京班，如張家班的前身正義京（平）劇團、徐燕俠領導義記京劇團、于叔良領導天聲平劇團、李桐春領導東南平劇社、李翠紅領導永慶平劇團等，皆爲海派風格爲主、海派劇目多於京朝派劇目的組合，此際或有整團爲軍中聘用者，如張家班、周麟崑劇團等，則因爲劇團未被打散，風格仍無太多變異。以京朝派風格爲主者，如張正芬劇團，以及其後衍生出的關鴻賓領導自由中國國劇團，出於班底多顧劇團舊人，雖以京朝派劇目爲主，但仍能開出海派劇目。可惜的是，無論哪個劇團，在此際商業環境的衰退之下，再無如顧劇團長達數年的演出可能，而在演員最終多進入軍中劇團之後，演員對派戲與劇團整體演出風格的影響力也大爲削弱。

### （二）軍中劇團、劇校與票友體察的風格變革

　　時至1950年代後期，軍中已陸續成立幾個大劇團與附設國劇訓練班，此外亦有復興劇校與國立藝專國劇科的設置，而報刊亦持續提供戲劇評論刊載空間，1950年代後期至1964年間的京劇表演風格流變，大致上即在此基礎上開展。根據筆者考察發現，此際的風格流變或有以下原因：（一）劇團組成影響派戲與表演風格；（二）教學對劇目之篩選；（三）劇評關注議題與劇目取捨；（四）票友能力與偏好。此四者並無先後順序，既爲原因也是後果，在不斷地循環之下，汰除了一批海派劇目、冷門劇目，同時培養觀眾眼界與喜好。

　　劇團組成影響派戲與演出風格是藝術規律，早在前述1950年代初期民營劇團整併中可見端倪，至1950年代後期，軍中劇團陸續組成之後亦是如此。透過幾個軍中劇團的組成，李浮生《寶島百伶圖》中對演員背景的介紹，以

---

〔註49〕上海方言，意味著「厲害」、「強」。顧正秋口述、劉枋執筆，《顧正秋舞臺回顧》，頁208～211。

及王安祈在《臺灣京劇五十年》中針對主要劇團所做綜合評述更能印證此一發展。根據曾搭入海光國劇隊的藝專國劇科二期畢業生馬渝驤回憶，〔註50〕海光劇團劇目排定，係以隊長胡少安與劇團要角討論而成，而王安祈在其著作中更將劇團核心人物及其排出的劇目風格做出連結，更加印證此一現象的存在。值得注意的是，此際劇團組成兼容海派與京朝派演員，雖然傳統或京朝派劇目派起來較不吃力，但要求技術成分的海派戲則需要演員到位。因此，雖然陸光、海光、大宛、干城國劇隊皆有不少海派背景的演員，但此時海派特色的劇作，如猴戲、老爺戲，推出頻率已不如1950年以前，連臺本戲能搬演者極少或演出單本，或許中南部巡演還可見蹤跡，〔註51〕但在臺北舞臺則成為偶爾點綴，即使曾經演出也不如以往精彩，〔註52〕反而傳統劇目或京朝派劇目倒是貼演如常。

教學對劇目的篩選，是指軍中劇團附設國劇訓練班、復興劇校與國立藝專國劇科傳習中對劇目的選擇，在短時間內降低其他劇作的傳演可能，除非日後學生畢業進入劇團磨練習得，否則無異於淘汰一批劇目。國劇訓練班的師資以劇團演員為基礎，因此與劇團演出風格相似。國立藝專國劇科師資多北平戲曲學校畢業生，如李金棠、周金福、车金鐸等人，歷任主任有張大夏（第一屆）、梁秀娟（二到五屆），〔註53〕國劇科屬於專科學制，學科與術科並重，除有分組專業科目之外，尚有共同科目如國文、英文、歷史等課程，〔註54〕早上安排學科課程、下午為術科課程，晚上有時會有梁秀娟代為接洽的堂

〔註50〕2016年5月5日，訪問馬渝驤於臺南。馬渝驤於1962年畢業自國立藝專國劇科，畢業後曾在海軍總部海光劇團搭班一年，此後則任國中國文教師，並於臺南市後甲國中退休，長期活躍於臺南票界，擔任臺南社教館凱聲國劇社社長與指導教師。

〔註51〕海光劇團售票演出，劇目為：8月20日四演《鐵公雞》、全部《四郎探母》；8月21日日戲《金雁橋》、《雙姣奇緣》；8月21日夜戲《金山寺》、《逍遙津》；8月22日夜戲《古城會》。《臺灣民聲日報》第5版，1960年8月20日。

〔註52〕李浮生回憶大宛劇團曾排演《七擒孟獲》、《狸貓換太子》等連臺本戲，但與大陸時期所見，陣容不夠齊整、布景不佳，人才缺乏、模仿能力與創造能力皆不如以往，雖然得到部分觀眾歡迎，也曾受到上級嘉獎，但終究未能持續下去，《狸貓換太子》在第九本即打住。同註46 李浮生，《中華國劇史》，頁138～146。

〔註53〕同註50。

〔註54〕馮源浴，〈在不斷進步中的國立臺灣藝術專科學校〉，《臺灣民聲日報》第2版，1962年11月4日。

會演出，也曾支援李湘芬公演。〔註 55〕國立藝專的特出之處有二，包括教師來源相對單一，以及以學科成績招收學生：在教師來源的影響下，較無海派劇目的學習；而入學考試以學科爲首要考量，在學科通過後才運用清唱篩選將學生分組，因此錄取學生不一定具備演、唱能力與天賦，有些學生五年中都在跑龍套。〔註 56〕此外，專科學制似乎有其侷限之處：或是出於對高等教育的想像，藝專畢業生日後多成爲教師，反而少見在舞臺長期發展者；〔註 57〕而在娛樂變遷之際，藝專畢業生劇藝程度不一，似乎也使專科學制辦理的京劇教育難以維持；相較於軍中訓練班以團帶班的模式，藝專的演出機會似乎侷限在政府邀請與引介堂會中，相較之下演出機會更少。復興劇校與國立藝專雖然位階不同，但其訓練安排有相似之處，課程上都以學科、術科並重。復興劇校由名票嘯雲館主王振祖創辦，爲中學學制，因此安排有一般課程，〔註 58〕但也同樣沒有劇團帶領，因此劇校在學時候的實習園地，往往是承接機關單位邀請演出，偶爾也有售票公演，亦曾搭配反共藝人演出。〔註 59〕有別於藝專國劇科，由於復興劇校教師有李桐春、哈元章、馬元亮、牟金鐸、丁春榮、周金福、吳德貴、韓金聲，梁訓益等五十餘人，〔註 60〕兼及海派與京朝派背景，因此在其傳授下，學生也能兼擅京朝派、海派與傳統劇目。〔註 61〕

　　承前所述，此時已無專門的戲曲報紙、雜誌，提供京劇演出輿論回饋的主要管道，是散見於報紙的老戲迷文章。文章主題大致分爲幾類：（一）戲訊預告；（二）演出評論；（三）政策議題；（四）劇團、學生近況等。透過這些文章可以發現，老戲迷談戲多以劇目爲主軸，採用紀實、評論並且兼有追憶的寫法，因此寫作重點著眼於某劇目在今／昔演員表演中的差異，並且針對劇藝做點評，遂使演出劇目較大程度控制了談戲的走向。因此，作者或記者在寫作之中，或許出於劇團派戲緣故，劇目自然經過一番篩選、劇作範圍限縮，但在審美與海派／京朝派品位的暗示之下，回憶對比對象也有所限制。職是之故，此際的京劇評論文章往往具備如此風格：大環境已對海派劇目做

〔註 55〕同註 50。
〔註 56〕2016 年 9 月 28 日，訪問國立藝專國劇科二期畢業生馬渝驤於臺南。
〔註 57〕同註 50。
〔註 58〕《攝影新聞》第 1 版，1957 年 5 月 12 日。
〔註 59〕〈劇校昨公演，李張初露面〉，《聯合報》第 3 版，1958 年 1 月 23 日。
〔註 60〕哈公，〈復興戲劇學校，以科班培養新人〉，《聯合報》第 6 版，1957 年 5 月 14 日。
〔註 61〕〈復興劇校，今首公演〉，《聯合報》第 2 版，1958 年 5 月 1 日。

出削減，作者看戲經驗集中京津兩地，滬上伶人與演出僅僅作爲陪襯討論。筆者以爲，閱讀此時的劇評可以發現，無論是有意爲之，或是無心之過，京朝派審美已然在報刊中站穩腳跟，此舉無異於爲京朝派取得話語權，直接影響對讀者戲劇教育的內容，間接則可能培植出類似狹隘的觀劇審美。

票友與表演風格流變，實際上關係不大。考察京劇史可以發現，票友學戲主要追求流派韻味，因而潛心模仿宗師唱做，而其半路出家沒有經過科班訓練，更使其無以拿起武戲。換言之，無論是在票友本身能力與偏好，都主動、被動地限制了票友學習的劇目範圍。至於海派的革新思維或做法，票友似乎無以持續創發，也無以複製模仿了。

## 第四節　小　結

討論商業劇場中的臺灣京劇與流變，最早要回溯到日治時期，這種變革持續到 1950 年代，並且在其後逐漸走向僵化，1968 年周麟崑組班於今日公司麒麟廳演出是迴光返照，雅音小集以降的發展則全然脫離了商業劇場，成爲藝術展演或考古式的、博物館式的展示。

要描摹遷臺至 1964 年以前的臺灣京劇展演風格流變，首先應以劇團爲材料，由時間斷限回推，觀察京劇何時在臺首度紮根，而在臺紮根的京劇來源爲何等議題，事實上應該觸及的空間、時間跨度更大，是從大陸到臺灣，從清末到 1950 年代的回顧，尤其是以上海或北京爲主所形成的海派／京朝派京劇展演風格。事實上，假若跳脫海派／京朝派的視野來看，兩者所有的特質與標籤，其實都是京劇的自然生態，在上海、北京兩地戲界都持續發生，只是輕重、步調、程度上的不同。不過，因爲本章主要著眼於臺灣的商業劇場，是故提取兩種主要脈流相互比較，以求印證風尚之消長，將會是較爲踏實的作法。

透過本章的討論，筆者認爲商業劇場在此際的繼承與流變主要爲兩個方面：在京劇演變的兩條脈流之中，海派革新能力在臺逐漸消失，遷臺以後延續京朝派精緻文化造成僵化。

海派京劇的核心，以其在原生地發展而言，就是商業發展當中，文化衝擊之下的革新，但此一演化模式並未發生在日治以後進入臺灣的海派京班之中。以商業劇場演出而言，海派京劇在日治時期經歷傳入、興盛、衰頹與禁

絕的歷程，遷臺以後又逢市場萎縮、衰弱，期間似乎始終延續「複製、貼上」的策略；以文化而言，日治時期臺灣爲異族統治，但同時步入近代化的過程，光復以後雖然回到國民政府管轄內，但族群與文化的隔閡卻漸趨加大，無法有所創發。筆者以爲，假若以商業劇場與文化交流做爲海派京劇的革新動力，以之爲其「神」，視爲內在動力，其顯於外的「形」是連臺本戲、火爆武打、布景機關等項，參酌討論從清末到遷臺半世紀以來的發展，海派京劇實際上走在一條形神皆失的道路之上：日治時期單純複製，遷臺以後則隨著年代推進，劇目複製愈少、搬演時縮水愈多。更甚者，此一過程也是此際臺灣菊壇的縮影。

京朝派劇作精緻化的發展模式，發軔於宮廷演劇與皮黃戲結合的審美趣味，其中最爲特出的特質之一，便是演員與文人的長期合作。京朝派劇作在臺灣，是一個反客爲主的過程：日治時期，京朝派僅做爲上海京班演出時之點綴；在 1950 年代初期，出於演員的整合，多數劇團的演出風格已有兼容並蓄的傾向；到 1950 年代後期，臺灣菊壇以軍中劇團爲演出主力時，京朝派的劇目與表演更成爲劇團主流。值此之際，劇評家爲其布置妥當輿論環境，劇團組織促成增加演出，票友學習也聚焦於此，京朝派的審美由是稱霸臺灣菊壇。不過，此種學習事實上也跳脫不了複製、貼上的過程，日後觀眾凋零的情況下，如何開創新局又是一大難題。

整體而言，臺灣的京劇商業劇場在 1950 年代中期以前，還保有一定的演員活動力，只是日趨降低，而隨著後期演員進入軍中劇團完成初步整併以後，則愈來愈傾向於京朝派文人、演員的合作模式，同時因爲體制上受到政府管轄，自此被貼上政策指導的標籤。不過，「政策指導」四字說得容易，仔細考察京劇史可以發現，政策爲何指導、如何呈現都有源流，且與大陸時期經驗具備密切關聯。因此，下一章擬自抗戰時期文藝政策下的京劇發展切入，透過國、共文藝思想的角力出發，整理期間創發出的展演、合作模式與創作類型，以便爲後一章做出立論基礎。

# 第三章　抗戰時期的政策宣傳模式建立

　　透過前一章的探討，已然爲 1964 年以前，京劇的商業劇場演出理清脈絡，並且了解京劇演員與劇團進入軍方體制的機緣，提出政治環境是否透過政策制定影響京劇發展的疑慮。本章所要討論的，即是京劇與政治環境的碰撞，在不同的政局下京劇被賦予何種期待，希望從中尋找出此際京劇政策的樣貌與來由。

　　誠如前一章所做梳理，此際在臺的京劇演員與劇團，約略可分爲本土京班、大陸劇團，不僅兩者建置背景、市場有所分別，且因爲此前近五十年間大陸與臺灣的分隔，經歷也各有不同。因此，討論此際臺灣京劇政策的樣貌，必須先討論京劇在臺灣、大陸兩地經歷何種力量影響，進而順著此一線索尋找影響途徑與最後呈現方式，再與此際以軍中劇團爲主的劇場演出對合，相信能爲此際政策對京劇的作用有概略的認知。

　　臺灣的京劇演出始於二十世紀初，與日治時期帶來的社會經濟起飛，以及隨之增長的娛樂需求同步開展，且出於具備異族統治下對原鄉流行劇種選擇的性質，因而本身就帶著一些文化認同的意味。政策規範日治時期的京劇發展，初期是例行的登記查核，後期才有箝制性的禁絕策略。在臺灣京劇走向衰頹的 1920 年代末期以前，京劇本身依附於商業市場，且大量自大陸輸入，因此面對的多是進口、表演等方面的規範，性質猶如報關，自中日情勢緊張後，才眞正感受到治理當局規範的緊縮。在中日戰爭開展後，總督府當局爲使臺灣人能全心爲「國」，做到完全的皇民化，一切中國的文化皆爲禁止，包括文字、語言與祭祀等皆方面皆是如此，此中「禁鼓樂」的政策，其目標對象即是中國的歌舞戲曲，其中即有京劇一項。

　　此前京劇在大陸受到的政治環境影響，出於政局紊亂，經歷的政治事件與時局不同，除去常見的爲風化緣故而查禁劇目之外，則屬改良討論、改編創作及展演途徑爲多元，大致上可依據不同時局，分爲清末民初西學啓蒙以降，以及抗戰時期討論。

　　在清末民初以降，政治環境使中國人大量吸收西方思想與文化，批判中國固有思想與文化，京劇做爲舊劇中最興盛者亦無法自外於此，雖有如陳獨秀改良之說，但新知識份子追求西方引進的話劇，舊式文人雖喜戲曲但輕賤「戲子」，文人、知識份子能與演員溝通者較少，實際上加入京劇的舞臺創作者更少。因此，清末民初的京劇，若是想呈現政治環境、發揮宣傳效益，一切端看演員的政治自覺與風向體察而行，前一章所述京劇海派表演藝術風格的形成，其間便曾照顧到時事反映的面向。其中較爲成功者，如歐陽予倩以文人背景下海，在對戲曲與時代、社會有所體認之後，寫成劇本搬演，觸及創編演等面向，〔註1〕與其長期合作的麒麟童周信芳，長期在上海發展，並曾經歷時事新戲的磨練，不僅在思想上有所翻新，在表演、導演方面亦多有建樹。〔註2〕改良之作確實能爲劇團帶來一時收入，但若無法持續創作、與時俱進，則可能日趨僵化，直接影響到劇團賣座，陷入經濟困頓與劇藝粗糙的死循環中，如新舞臺的夏月珊即是此間代表人物。〔註3〕整體而言，在抗戰以前，京劇受到政治環境影響，是少部分文人的改良意識，以及多數演員政治、藝術自覺下的產物，其主要發生於商業劇場之中，但在抗戰爆發後出於演員流動、宣傳討論等因素，發生形式與場合則更趨多元。

　　在抗戰爆發後，對京劇而言最爲顯著的改變有三，一切都爲宣傳而行：（一）文人重新評價，投入創作；（二）政策予以規範，扶植同時限制其發展；（三）在戰時環境下，爲遂行宣傳目的，開拓更多的合作、演出模式。文人與知識份子對京劇重新評價，事實上仍不脫此前批判性改造的原則，期望使用此一大眾喜文樂見的藝術形式，鼓動群眾群起響應、投入抗戰，因此在文藝界、戲劇界都引起相關討論，並開創不少創作題材。政策予以規範，是中國國民黨（以下簡稱「國民黨」）、中國共產黨（以下簡稱「中共」）兩黨皆注

---

〔註1〕王琳，〈歐陽予倩的《紅樓夢》京劇及其戲曲改革〉，《中國戲曲學院學報》25卷2期（2004年5月），頁48～52。

〔註2〕蔡世成，〈海派京劇的形成和發展〉，《戲曲研究》52期（1995年12月），頁14～28。

〔註3〕龔和德，〈試論海派京劇〉，《藝術百家》（1989年3月），頁5～12。

意到京劇可爲利用，因此利用執政或地方治理之便，發布相關方案與文件，對轄內的京劇發展做出指示，此種指示的共通點在於創新與整舊雙管齊下，並且發展京劇教育培植人才，等於在規範發展同時給予限制。戰時環境造就合作、演出模式多元，則是政治環境與地域劃分所致，本文討論對象在於遷臺後的京劇政策發展，其直接根源來自於此前國、共兩黨政策，因此將不擬討論淪陷區與僞滿州國等地的京劇發展。在戰爭時期，部分劇團與演員爲避禍離開日軍占領的淪陷區，爲求安穩或是尋求部隊依附，或投往國、共兩黨把持區域，但出於國、共兩黨頒布命令、舉行活動有所分別，兩黨把控地區又有出入，加上左翼文人、劇團在此間穿針引線，打開更多合作模式，劇團與演員的演出場合、展演途徑都得到開拓與交流，思想與劇目也因此流播大後方與邊區。換言之，抗戰時期的京劇改良，已然不是過去的合作模式，單由演員與少部分知識份子，僅在商業劇場中所能合作完成的，當它被認爲具有「抗戰」的責任後，京劇改革就成爲政府、政黨、文人、劇團、演員的共同工作，勢必要開闢新的合作模式與實驗途徑。

值得注意的是，目前可考的抗戰時期京劇發展研究多爲大陸著作，難以跳脫意識形態的影響，對國民政府政策落實的史料紀錄較少，但對中共的京劇改革有詳細的描寫。姑且不論文獻客觀與否，中共在作業上的組織能力、獨立性與行動力不可忽視，因此確實有其獨立論述的必要，而國民政府與其中國民黨人物意志的遂行，亦可被劃歸一類討論。爲此，筆者在討論京劇政策時，除去如大陸學者對中共政策專門討論外，另將國民政府與國民黨統合爲一個類目以便參照，相信能使政策的建構更加立體，了解遷臺至 1964 年間臺灣京劇政策的發展源流。

根據以上考察，筆者產生以下疑問：（一）國、共兩黨如何認識抗戰時期的京劇發展，是否有相關討論；（二）兩黨如何擘劃京劇爲抗戰服務的藍圖；（三）在政黨與政府之外，知識份子與演員、劇團如何回應抗戰的需求；（四）此間的種種京劇政策與遂行途徑，其與遷臺以後的臺灣京劇發展關係爲何。

職是之故，本章規劃爲：首先釐清文藝界、京劇界人士，分別對京劇與抗戰關係有何想像與作爲；進而考察政府與政黨如何接受文藝界、京劇界的成就，並且制定規範與落實；最後分別探討較具成效的措施，如創作方式、機關設置或獎勵辦法等面向，相信能對遷臺後「京劇爲政策影響」的命題探其虛實。

# 第一節　文藝界與京劇界共同的目標──爲抗戰服務

　　抗戰時期的京劇發展，出於京劇具備的大眾娛樂特質，有普遍性、娛樂性，因而受到政府、政黨、知識份子、劇團與演員自身的重視，期望從中發展出能夠鼓動群眾、宣傳抗日的劇作。京劇改革的立意固然良善，但回顧此前的京劇發展中可知，類似爲時代創作、警醒或勸諫的作品，多屬演員自覺下的創作，實際參與其間的文人甚少。若單純針對思想性與劇藝的融洽度而言，其間能使觀眾與劇評家交相稱讚者，或爲具備知識份子背景者創作，如歐陽予倩作品，或是與知識份子合作，如麒麟童與左翼文人的合作，足見知識份子與演員合作對劇作中思想革新的重要性。時至抗戰爆發，一切文藝爲抗戰服務的呼聲出現，無論是主動或被動，京劇勢必也重新面臨此一命題。

　　京劇的改良實驗貫穿了整個抗戰時期，並且透過各種途徑與命題不斷辯證與嘗試，整體而言有前、後兩個時期。抗戰之初，京劇與抗戰關係的討論以文藝界同人爲主，並透過知識份子與京劇界演員交流嘗試搬演，後期除在此前實驗基礎上更進一步，同時得到政府、政黨的青睞，吸收此前文藝界、京劇界的成果，並利用政策規範輔導。由於文藝界、京劇界的實踐先於政府、政黨，先有前者的嘗試才有後者的政策，因此本節擬聚焦於文藝界、京劇界在抗戰時期的探索，先行了解兩者如何回應抗戰，以爲下一節的政府、政黨及其政策做出參照。

　　抗戰之初，一切文藝爲抗戰服務的命題，以文藝界討論最爲蓬勃，參與其間的創作者、理論家並以其對藝術形式的掌握，將其中產生的討論議題、創作方向等材料，回饋至自己原本所屬的領域中，使討論方向與階段性論點能夠互通有無。值得注意的是，在此網絡中的組成以知識份子爲主，且以知識份子具有話語權，京劇則廁身於戲劇界做爲舊劇之代表，京劇理論家較少參與其間。因此，京劇獲得的思想與議題傳播途徑中，除去演員自覺之外，則和此前知識份子與演員合作的模式相去無幾。至抗戰後期，在政府、政黨擬定政策與方案之餘，文藝界、京劇界同人仍舊持續錘鍊劇本、劇藝，體察社會現況，開拓寫作題材。

　　值得注意的是，參與京劇改良的人士中有一批獨立性、機動性強大的左翼文人。這些左翼文人本身便具備編演才能，如田漢、歐陽予倩等人，往往能帶著此前積累的一批抗戰劇作，或輾轉於各劇團輔導演出，或帶領劇團

前線巡迴，甚至亦曾辦學培養京劇人才，在此間便促成了抗戰劇作、京劇改革意識與社會關懷等思想流播。

　　透過以上回顧可知，京劇爲抗戰服務的議題，其根源自始至終都是知識份子的論述，並且結合演員的政治自覺與藝術功底給予加工，而政府或政黨的作爲，不過是後端給予的支持與輔助。因此，本節擬就核心的文藝界、戲劇界切入，釐清文藝界與京劇界的嘗試方向、合作模式，相信更有利於了解改革實踐如何被文字化，成爲下一節中所要討論的政府、政黨規範。

## 一、從文藝界開展的抗戰命題

　　文藝爲抗戰服務的論點，是文藝界同人自發性地發起討論，雖然政府與政黨在此際尚未插手，但參與論述的文人中，左翼知識份子確實較爲活躍。抗戰相關命題的探討，主要仍發生於文藝界之中，並且在得到階段性成果後回饋給戲劇界、藝術界嘗試實踐，但對本文所要討論的京劇而言，事實上沒有太大的效益。文藝界裡多數人專精於寫作、理論，相關命題皆環繞創作方式、效用開展，過度著重於文字，之於京劇而言，至多提供了劇本的創作方向，但除去少數左翼文人如歐陽予倩、田漢等，少有文藝界人士能眞正完成較爲精緻的京劇劇本寫作，甚至聯繫劇團於舞臺搬演。

　　文藝界對抗戰文藝的探討，係以五四以來新舊文藝形式的討論爲基礎，因而有其侷限性：專注於小說、詩等文學形式。京劇做爲舊劇的代表，或許出於過去知識份子、文人長期輕視因而認知不足，以及藝術上的寫意與程式化特性，與形式、內容上調和的疑慮，在文藝界並無直接的討論。因此，此處僅能透過文藝界同人對寫作內容的討論，大致釐清文藝界同人對抗戰文藝的期許，並藉此了解此間有無綱領性質、指導原則存在。

　　藝術家無法自其所處的時代跳脫，文學家亦是如此，且出於重要史事造成的時局變動，同時能爲藝術、文學帶來不同程度的變革。從時局變動此根源著手，以大的框架而言，是中華民國政府對日本侵華的抵禦，而在中華民國的架構下，則包含了執政黨與在野黨的勢力消長，即是國、共的分合與對立。因此，文壇在此中不僅對日本侵華有感，還能體察到國、共關係帶來的影響，其創作與活動都環繞於此開展。

　　結合政治環境、歷史背景的分期論述，還以文天行的解釋爲徹底。文天行以武漢失守、皖南事變爲轉折點，指出抗戰八年之間文人、政黨與創作的

關係，其間論題從抗戰擴大到時局，批判對象從日本侵華到貪官汙吏，文藝界的作爲也從單純目的、作法的論述建構，逐漸與左翼文人合流，加入相關的文學運動。以下便依據文天行所謂的三個時期，討論其間任務目的、寫作方向與文壇活動的分別。

在抗戰爆發至 1938 年 10 月底武漢失守之間，中華民國政府主要爲防禦的態勢，而作家出於戰亂展輾轉於烽煙之中，不再自困於華麗、現代的都市象牙塔裡，因此眼界更爲寬廣，爲抗戰而創作的熱情噴薄而出。此時的文藝界自發性地寫作，期望以通俗的、短小且方便展演的作品，達到動員、宣傳與組織民眾的效果。在這些作品中，國家的主體性被強調，創作中的宣傳性、政治性被強化，並且隨之帶來描寫光明或黑暗、如何使文學大眾化的議題，還有「文章入伍」、「文章下鄉」的口號。亦即，抗戰使多數的文人走出舒適圈，去到另一個從未想像過的環境，進而看到另一個世界，逐步地嘗試新的題材與形式，而這一切最終都要回饋給抵禦日寇的終極目標。

假若武漢失守之前的文壇發展，是在抗戰爆發之際噴薄而出的熱情，是生長之初根系較淺的階段，那麼隨之而來的兩個文藝界討論與動向，就是日漸成長、往下紮根，並且逐漸向譜系化發展的時期。

武漢失守以後，至 1941 年皖南事變之間，是文天行所謂的第二個時期。此時的文壇發展除去文天行所謂戰事走向「相持」的影響外，應該還有著戰爭日久，創作熱情趨緩，文人轉而對創作自省，以及創作形式失去新意之故。在此情況下：創作者轉向創作形式本身探究，觸發了如何以民族形式創作抗戰作品的討論；而創作者本身的疲乏感所致，則有梁實秋所提出的創作「與抗戰無關」的議題；對制度壓抑創作、公式化的反感，對漢奸與部分官員的厭棄，則促使作家重視現實環境，豐富了寫作題材，使筆下的亂世更加立體；在創作之餘，前一時期作家們往戰地去的策略更爲落實，確實巡迴前線，從體驗中取材，並將創作回饋給前線。事實上，此時期不僅是中日局勢轉折、相持的時期，與此同時國、共兩黨矛盾轉趨尖銳，並在 1941 年皖南事變後開啓國、共正面對決的，屬於抗戰文學發展的第三個時期。

在 1941 年底皖南事變之後，國、共兩黨已然水火不容，此際的文藝界工作重點再一次獲得拓展，在創作之餘陸續組織活動，提醒學生、群眾關注「民主」議題。有鑑於兩黨相爭的局勢，不僅兩黨內的文人分別集結，許多文人也紛紛加入認同陣營，繼續朝著自身認可的寫作目標去努力，活動的性質也

從文學論爭，逐漸走向作家關懷，以及左翼文人活躍的各種集會遊行。至此一時期，文藝工作與集會遊行活動發展已較具規模，也因爲陣營的劃分，分化出較爲明確的目的性與方法，直接影響了抗戰勝利以後作家復員、清查附逆文人的工作，並且在日後國、共衝突加劇，以及內戰爆發之後，成爲各種社會運動的組成基礎。

持平而論，經歷抗戰的洗禮、國共兩黨的分合與介入，文學創作的題材在反覆實驗中已然得到拓展，並且使對制度反彈成爲社會運動的主要目標。不過，由於文藝界長期關注重點以小說、詩等文學形式爲主，雖然以其活躍性能站在制高點，描摹出抗戰時期文藝創作面對的各種新需求，但對旁支的藝術類型如戲劇、美術等方面的討論反而不如文學形式豐富，文藝界同人對京劇認知也不夠深刻，尤其在五四以來對新舊形式的討論中，總是批判大於實踐。因此，希望找出京劇爲抗戰服務的論述，還須向京劇自身發展尋求。

## 二、京劇界的時代命題經歷與實踐

京劇界對政治環境的回應，或可放大爲戲曲界對時代的回應，向來是寫作與搬演中的一個子題。筆者以爲，此一子題或許可以粗略地以抗戰爲界，分爲抗戰前與抗戰時期討論。抗戰以前的戲曲時代命題，包括歷朝歷代戲曲創作對社會環境的反映，以及本文所欲探討的京劇興盛之後，如何面臨政治的變動；抗戰時期的京劇變革，則是繼承此前發展的嘗試，從此梳理出京劇改革的脈絡將有助於後面的討論。

### （一）戲曲的時代命題傳統與抗戰前的京劇回應

抗戰以前的戲曲發展，大致以 19 世紀後半葉爲界。此前歷朝歷代創作者面對的社會結構類似，因此劃歸一類；此後京劇興盛，且在政治動盪中歷經爭論、創作與反覆辯證，且直接影響抗戰時期的京劇創作，則可劃爲第二類。

以劇作對時事做出反映，事實上是一種取材歷史、向現實找尋題材的做法，在古代劇作中已有相當的嘗試，並在明代以降由於藝術與思想的翻新、交流，在技法與內涵上得到進一步的提升。對明代歷史劇的探討，還以邱英德與王瑜瑜的研究具代表性，透過兩人多篇論文可知，〔註4〕明代歷史劇作家

---

〔註 4〕王瑜瑜，〈略論明代傳奇歷史劇敘事的世俗化傾向〉，《太原理工大學學報（社會科學版）》27 卷 3 期（2009 年 9 月），頁 27-31。王瑜瑜，〈聊向戲場問興亡——試論明代傳奇歷史劇的歷史理性〉，《劇作家》2015 年 1 期，頁 108～111。

們在創作技法、取材面向都已得到拓展，使審美趣味得到提升；或是出於此際教育體系中的程朱理學、八股教育所致，創作者的寫作風格中，已然由前代控訴式的情緒宣洩創作，轉向注意理智批判、發掘歷史規律或考證的寫作，並注重世俗面向的感情、信仰與生活展示，使趣味與道德、情與理相互調和，間接爲時代風氣與生活樣貌揭開迷霧，說理的架構也爲戲劇借鑑。尤其值得注意的是，此種批判的力度更爲直接而大膽地向當朝的不公不義發出挑戰，一如日後京劇興盛後以藝術反映世代更替、啓蒙與警醒。換言之，劇作做爲承載歷史興亡、勸諫諷刺的載體，自古皆然。根據以上討論，或可揭示戲曲發展的兩個現象：首先，戲劇創作或演出之中向有反映歷史的一脈，而其中不僅取法過去的事件，同時也包括當下正在、持續發生的歷史，即是所謂的「時事」；其次，根據古典作品至今的留存樣態可知，劇作是否能夠受到反覆錘鍊與加工，與其舞臺、文學生命有著極大的關聯，是其何以自「新作」到「經典」的重要因素。因此，在之後討論新題材與時事新戲的時候，或許更應該注意歷史條件下社會環境給予文人、演員的衝擊，了解此中火花如何在創作與演出當中呈現，而非單純將戲曲概括地打上「傳統」的印記，對其呈現時事、政治與當代的元素有所懷疑。

自 19 世紀後半葉以降，貫穿中國歷史的兩個關鍵字即是「改革」、「革命」，不僅是硬體上的改革，還是軟體上的改革：中國與西方文化的交流與消長。如前所述，19 世紀後半葉以降，在國勢積弱的情況下，部分文人轉而尋求西學，認爲可以吸收外國文化，藉以使大清蛻變而成強大的帝國，因此透過留學、國內課程開辦等途徑，促成一批新知識份子的形成，而這些知識份子正是此際至抗戰結束之間，各種文學運動的主力。在此一時代，較大規模、外顯的改革在於政治方面，從「封建」的大清帝國，步入追求「民主」的中華民國。不過，雖然國家體制在 20 世紀初的短時間內有所轉換，但之後的數十年間，出於外國勢力尚未完全離開中國，隨後又有軍閥割據、對日抗戰甚至國共內戰，政治環境持續劇烈變動。在此情況下，無論是舊式文人、新式知

---

王瑜瑜，〈援將戲筆揚清濁－明代傳奇歷史劇政治理性之勃興〉，《劇作家》2014年 4 期，頁 83～89。王瑜瑜，〈試論中國古代歷史劇的尚奇傾向〉，《劇作家》2012 年 2 期，頁 86～90。王瑜瑜，〈試論中國古代歷史劇的倫理觀念劇作家〉2012 年 5 期，頁 84～89。郭英德，〈明清文學教育與戲曲文學生成〉，《學術研究》2008 年 3 期（2008 年 3 月），頁 123-130。郭英德，明清傳奇戲曲敘事結構的演化，《求是學刊》31 卷 1 期（2004 年 1 月），頁 90～96。

識份子或演員，都曾加入某一時期的改良討論，或者親自運用創作、演出，嘗試以戲劇回應時代的需求。本文討論的對象「京劇」，則以舊劇中最爲普及、風行之故，始終站在歷史改革的風口浪尖。

在抗戰以前，爲文化與時代衝擊下的京劇，除去較爲保守的京朝派劇作之外，較爲特出的創編路線有二：其一是第二章提及的，依附於商業劇場，求新求變迎合觀眾口味的海派京劇；其二即是舊瓶裝新酒形式的時事新戲。兩者雖然對時代皆有所感知，但仍有些許差異。海派京劇更注重觀眾的觀感，因而化用西洋繪畫、技術甚多，著重戲劇趣味與故事節奏緊湊，雖然其間也曾利用劇作發出對時事的感悟，但出於市場導向所致，整體而言是表演藝術、舞臺美術與思想的共同提升，從清裝戲《鐵公雞》、《張文祥刺馬》，或是改編自《茶花女》的《新茶花》都有此傾向。時事新戲好發於上海，考察其參演人員甚至與海派京劇有所重疊，或可被視爲海派京劇在時代變革中的一條支流。雖然同樣在舞臺與思想性有所改革，但時事新戲創作演出之中更注重思想的傳播，或是著重於國家發展、偏重說理，或是側重於利用幕表型制創作家庭、社會題材的劇作，整體而言帶有社論、新聞的性質。此種時事新戲雖然能在短時間內吸引觀眾，但風頭過後則難以留存，顯得後繼無力，如：言論老生汪笑儂的起落；書寫家庭、社會題材劇作雖然在抗戰時期，出於娛樂性、宣傳性仍有創作，但兩岸分治後近乎絕跡於舞臺，兩者皆爲時事新戲「拋棄式」特質的例證。至抗戰時期，京劇界在劇藝、創作上對時代的回應，作法大致即奠基於此。

### （二）抗戰時期京劇界對時代命題的回應

觀察抗戰時期爲抗戰而作的京劇劇作，大致上以劇團與文人兩個端點開展，其間還涉及兩者的交流，並在其中使得兩造都得到實質性的提升。其間雖然有較具系統性，連結創作、演出反覆實踐的魯迅藝術文學院與延安平劇院，但出於其爲中共中央以政策指導的特質，此處將不予討論，歸入第二節的國、共政策中專門論述。

以劇團性質而言，此際的劇團約略可分爲業餘與專業兩種。業餘的京劇演出團體，多爲票友在部隊中組成的劇社或康樂隊，出於京劇的普及性，這批士兵要湊出一臺戲並不困難，身段總有個樣子，只是劇目較少，化妝、衣箱與文武場較爲簡陋，甚至穿戴都是時裝上臺。〔註5〕專業演出多爲劇團或劇

---

〔註5〕魏子雲，〈抗戰時期的戲劇活動〉，《看戲與聽戲》（臺北：貫雅），頁35～44。

校，其中核心演員、教師多能創作且會排戲，部分則有固定合作的文人，行頭、文武場相對齊整，劇藝水平也高。劇團自發性回應抗戰需求的創作大致有四種方式，包括排演傳統劇目，創編時事新戲、歷史劇，改編傳統劇目。

排演傳統劇目最為常見，或許是肇因於娛樂性、宣傳性兼顧，且演員不用另外學習，抗戰時期大後方以相對穩定集結大量劇人、票友，主要演出劇目即屬此類。傳統劇目在文化康樂的意義外，也可以被賦予抗戰使命，因此無論何種演出場合，都常見貼演抵禦外邦侵犯、注重民族氣節的作品，以借古諷今的方式，使觀眾在觀賞劇藝之餘，能夠在情感上有所投射，如《四郎探母》、《明末遺恨》等劇作皆常為劇團搬演。時事新戲的脈絡，實際上是繼承過去對社會、政治、人情等面向的敏銳觀察，將之運用在戰亂中，編寫反映抗戰內容的時事新戲，如 1937 年 7 月底光明大戲院演出《蘆溝落日》即屬此類，敷演抗戰將領死守南苑的故事。〔註6〕歷史劇透過歷史事件指涉此際外侮，如歐陽予倩創作的《梁紅玉》，及張子明為厲家班寫成《戚繼光殲倭記》，敖伯言為厲慧良寫《班超》皆屬此類。〔註7〕改編傳統劇目，多取劇情梗概，置入時代元素而成，如邊區延安魯迅藝術文學院舊劇研究班中，便曾將《駱馬湖》改編為《夜襲飛機場》，寫八路軍襲擊日軍機場故事，《清風寨》改為《趙家鎮》，寫八路軍假扮婦女誘敵深入，最後活捉日軍的故事等。〔註8〕

就文人方面而言，此際參與創編的，除了此前可見的文人票友，尚有部分具備戲劇背景的知識份子，對京劇參與以創作、辦學為主，部分還親自登臺演出。誠然，20 世紀初以來的新式知識份子曾對戲曲的去留爭論不休，但又對戲曲興盛無可奈何，因此或是敬而遠之，或是抱持批判改良的態度，但實際執行成果不彰。直至抗戰爆發以後，出於民族形式、大眾化的考量，一些新式知識份子或是投入京劇及地方戲曲創作，或是組織戲劇活動，其中較具標誌性且影響廣泛的，還屬左翼文人歐陽予倩與田漢兩人。

歐陽予倩的經歷完整，集中在話劇、京劇與電影界：自日本留學歸國後，歐陽予倩積極參與話劇活動，改行為京劇演員後曾創編演一批劇目、開辦戲曲學校，抗戰前十年間則穿梭於電影界、話劇界之間。在抗戰爆發後，歐陽予倩根據其對地方戲曲與話劇、電影等形式的掌握，自如地穿梭

---

〔註 6〕馬少波等，《中國京劇史》（北京：中國戲劇，1999 年），頁 871～879。
〔註 7〕同註 6 馬少波等，《中國京劇史》，頁 881～884。
〔註 8〕同註 6 馬少波等，《中國京劇史》，頁 933～937。

於導演、劇作家、教育家與演員等身分間，京劇作品如《梁紅玉》、《桃花扇》、《木蘭從軍》等，其劇情結構與布景設置都有特出之處，部分劇作同時為四維劇校、二戰區抗敵協會歌劇隊等團體演出，同時也向地方劇種移植。〔註9〕田漢同樣具備留日背景，但在抗戰以前，田漢主要活躍於新文學、新戲劇運動，創作集中於話劇、歌劇與電影劇本，曾在多所學校任教職，並曾與歐陽予倩等人合演京劇《潘金蓮》。在抗戰期間，田漢投入京劇劇本創作，觸及新京劇、歷史劇等形式，並且一度任職於國民政府軍事委員會第三廳掌管宣傳業務，後又陸續指導四維平劇社兒童訓練班、湖南的平劇抗敵宣傳隊等單位，劇作由此流布於劇團之間，如前述兩個劇團都曾演出其作品《江漢漁歌》。〔註10〕

值得注意的是，左翼文人與劇人的積極性，確實為京劇帶來劇藝、劇本的提升，但其間與中共的聯繫、左傾的思想，卻是執政的國民黨的隱患，由是左翼文人與劇人的處境便顯得十分微妙。國、共兩黨雖然在抗戰期間一度合作抗日，但其僅是體制上的合作，根本思想仍然相左，因此在某些創作與政策上常見針鋒相對之處：或是左翼文人創作反映社會現實、責難執政黨與政策的劇作；或是前述劇作遭受查禁；或是反抗當地駐軍演出任務，此類情況不一而足。整體而言，無論當局如何壓抑左翼活動，出於左翼文人、劇人的流動性，劇作的藝術性、宣傳性，左翼文人的抗戰劇作傳演似乎較為興盛。職是之故，舞臺演出的背後，帶來的是對執政黨的反感、對社會現實的無奈，民眾對中共的好感度節節高升，對執政的國民黨日漸嫌惡，或許也自此埋下國、共內戰最終輸贏的遠因之一。

透過本節討論可以發現：文藝界雖然與京劇界關係不大，但其間的討論已經使新知識份子對京劇及其所代表的舊劇有所肯定；京劇界的改革，則屬劇團與文人通力合作，日後現代戲與新編歷史劇的創作模式已見端倪；以京劇發展而言，中共中央已然確實聯繫劇團與劇人並有所作為，但大陸文獻中的國民黨與京劇發展的關係卻模糊不明，似乎活動力不強。因此，筆者有必要在下一節中討論執政黨國民黨以及中共中央對戲劇政策的頒布，藉以描摹兩黨在抗戰期間如何吸收京劇界經驗，用以構築對京劇的認知，京劇又如何為兩黨所用。

〔註 9〕同註 6 馬少波等，《中國京劇史》，頁 891～897，897～902。
〔註 10〕同註 6 馬少波等，《中國京劇史》，頁 891～897，903～907。

## 第二節　國共兩黨對京劇經驗的認知與吸收

在前一節中，筆者已大致描摹出文藝界、京劇界兩造，對京劇與其所代表的戲曲有何態度上的轉變，如何實際交流合作，本節則要鎖定左翼文人背後的中共中央勢力，以及與共黨相持的國民政府與執政的國民黨，討論政黨與政府間如何體察京劇界的實驗成果，並擬定政策或予以落實。

抗戰期間的政治勢力劃分，大致可依據參戰方區分為：日本把控的偽滿州國與淪陷區，國民政府與執政的國民黨把控的大後方（大陸文獻稱「國統區」），中共中央把持的邊區或抗日根據地。根據本文討論的遷臺後京劇政策查考，將之放大為京劇改造與回應時代議題的歷史做探討，可知其最直接的經驗繼承來源應是國、共兩黨的京劇經驗。誠然，在上海孤島時期，仍有部分劇團活動，但多數劇團為不觸碰政治的敏感神經，選擇劇目仍以娛樂導向為主，少部分劇團雖然曾演出響應抗戰的作品，但因為日本當局管制的緣故，多是短期的發展，〔註11〕而日本當局雖在偽滿州國將京劇納入施政方式之一，透過獨尊京劇用以宣傳教化，廣開劇院、邀角組團，並且有成立戲劇社團協助官方審查劇本、監督演出、創作為日本當局服務的劇作等策略，使京劇能夠成為日本的宣傳工具，〔註12〕但遷臺以後的京劇發展，與日本施政方針的關聯性並不夠深刻，尚無法找出確切脈絡。因此，本節將不討論日本當局的京劇政策，而要聚焦於國民政府與國民黨、中共中央，了解其間對京劇的認知與經營策略。

討論國、共兩黨的經營策略前，必須先對兩黨性質有所了解。觀察中共的政黨經營方式，事實上是對此前蘇聯引進的共產黨理論做融合與改造：中共承認黨是一切覺醒的根源，同時也是革命的司令部，它透過制度化的學習喚醒知識份子，再由知識份子發動、指揮工人階級投入革命。在國家經營方面，中共擘劃了菁英雙軌制的國家藍圖，透過在中央到地方的各類機關單位、組織社團中設置黨組織，使官員、主管具備黨員身分，務求使黨組織與政府關係更加緊密，以黨組織隨時向黨領導人反映國家的變革。因此，中共的經營策略便具備了以黨領軍、以黨領政以及一黨專政的特質，亦即所謂的「黨政軍一體」性格，尤其中共在抗戰期間，逐步提高毛澤東的地位，抗戰結束前「毛澤東思想」已被載入〈中國共產黨章程〉總綱，〔註13〕也促成權力向毛澤東集中。

〔註11〕同註6馬少波等，《中國京劇史》，頁978～1050。
〔註12〕同註6馬少波等，《中國京劇史》，頁1051～1072。
〔註13〕政治作戰學校敵情系編撰，〈毛澤東思想〉，《共黨理論釋評》（臺北：黎明文

中共以黨領軍、領政，並且成為「黨政軍一體」的經營模式，在中國國民黨中也可窺見端倪，不過出於意識形態的隔閡反而不夠到位。誠然，《中華民國訓政時期約法》使得國民黨得以一黨領政，加上總裁蔣中正在抗戰期間具備國民政府主席、國民政府行政院長，以及國民政府軍事委員會委員長多重身分，儼然就是國民黨對黨政軍一體的遂行。不過，國、共兩黨在抗戰前本就針鋒相對，但在抗戰爆發後聯合抵禦外侮，分別透過《抗戰建國綱領》與《抗日救國十大綱領》，呼籲全民捐棄成見、加入抗戰，在國、共力量合流的背後，卻鬆動了國民黨「黨政軍一體」的經營可能。因此，抗戰時期兩黨如何在政府架構中維護自身利益，黨政軍一體的目標能否實踐，便成為微妙的課題。

考察抗戰期間國、共兩黨的論述可知，抗日與反漢奸等抵禦外侮的態度確實一致，但抗戰與建國／救國並行，「抗戰」隱然被連結做為國家存亡的關鍵條件，由此不禁使人懷疑：在不同的意識形態推動下，國、共兩黨對「抗戰」的策略，是否實際上是一場「抗戰」與一個「國家」的各自表述，而這樣的表述對文藝發展乃至於戲劇發展產生何種影響，又如何被反映在兩黨的京劇發展策略之中。

前者的答案是肯定的，國民黨陸續發布的文件與宣言中，除去為民眾灌輸「民族至上」、「國家至上」、「軍事第一」、「勝利第一」等信念之外，同時以三民主義、總理遺教為抗戰與建國之最高指導原則，並且認為應以國民黨與蔣中正為行動之領導，使民眾確信抗戰為國民革命軍的歷史任務。在建立抗戰策略之餘，國民黨同時也注意壓抑中共的發展，或是初期提出溶共、防共、限共、反共的原則，頒布《限制異黨活動辦法》等文件，或是日後直接以武力鎮壓中共部隊的皖南事變等。透過以上種種連結，不難發現國民黨對自身地位的關注，並且具備將抗戰力量集中於國民黨的意圖。以中共而言，出於對政治的不滿，事實上也對國民黨採取疏離的態度，或是利用左翼文人任職政府機關的機會，或是利用邊區的文藝實驗，以及對媒體的控制，逐步遂行擴大政黨勢力的意圖。換言之，無論國、共兩黨，針對抗戰、建國與救亡的論述與途徑，都有出於政黨利益的一番詮釋。此外，雖然此際國民黨人在體制中多居於黨政軍要職，但中共黨人在容共時期曾位居要津、主理宣傳業務，且有左翼文人的穿針引線，在文藝界的影響力也不可小覷。至於後者

化，2003 年），頁 61～95。

的答案，就是本節討論的重點。

因此，結合前一節的討論，筆者產生以下疑慮：（一）當國、共兩黨的政治意識有所歧異，兩黨對京劇的認知分別為何；（二）兩黨論述中，最為核心的議題是抗戰與國家生死存亡，在兩黨的想像中，京劇如何為此目標服務；（三）時局動盪，創作、劇團、市場、學校等方面都歷經變革，兩黨是否注意到這些改變，並且將之納入政策考量；（四）兩黨對京劇政策的落實有何差異。在處理以上問題時，出於國民黨對國民政府的影響為大，因此此處擬將其劃歸一類，另一類則為中共中央，透過對兩個項目的考察，分別找出兩黨對京劇的看法，以及對京劇界論述與實踐的接收，最後了解兩黨如何將其規範於政策之中。

## 一、對京劇全面關照的國民政府《推行戲劇教育方案》與國民黨相關措施

本文討論範圍為遷臺後至 1964 年間的京劇發展，出於執政黨與政策延續性考量，最為直接的參照目標當為國民政府與執政黨國民黨所擬議案，但目前可考資料甚為缺乏，散見於京劇史、制度史以及文人散文之中，且側重面向不一。

京劇史的紀錄，出於寫作目標所致，因而較為直接詳細：《京劇兩百年史話》安排專章分別敘述抗戰時期京劇發展、淪陷區京劇發展，甚至抗戰以後至遷臺以前的京劇發展，但寫作上選擇重要機構與活動簡述，政策部分偏少，且未能對績效有確實考核；〔註14〕《中國京劇史》是 1980 年代中共當局組織的京劇史編纂，雖然其中有專章論述抗戰時期大後方、邊區、淪陷區及偽滿州國的京劇發展與政策，但出於意識形態或資料取捨等問題，較多篇幅用於中共指導下與左翼文人促成的京劇活動，對國民政府的京劇政策雖有敘述，但同樣也無法確切從其中了解實際成效。制度史的記載，出於京劇曾為宣傳工具之一，相關規範可散見於《國軍政工史稿》之中，但該書用意在紀錄國軍政治工作的流變歷史，因此也無確切的績效紀錄。文人散文方面，則考量

〔註14〕 毛家華，〈第九章、抗日戰爭時期的京劇〉，《京劇兩百年史話（上）》（臺北：行政院文化建設委員會，1995 年），頁 89～101。毛家華，〈第十章、抗日淪陷時期京劇的厄運〉，《京劇兩百年史話（上）》（臺北：行政院文化建設委員會，1995 年），頁 102～107。毛家華，〈第十一章、抗戰勝利後的新局面〉，《京劇兩百年史話（上）》（臺北：行政院文化建設委員會，1995 年），頁 108～114。

意識形態與紀錄側重緣故，由在臺作家作品尋找較爲合適，可惜有相關記載者多具備票友身分，文中所提及抗戰時期的京劇發展，往往是參與戰地服務團時，話劇、京劇兼演，並且嘗試創作時事新戲的回憶，〔註15〕事實上無法觸及本節所欲討論的政策規範。因此，想了解國民政府與執政的國民黨如何運用京劇以爲宣傳工具，還須參酌以上各類著作中相關篇章予以探討，以求描摹國民政府與執政黨國民黨想像中的京劇發展方向。

透過前述著作可以發現，此際國民政府與執政黨國民黨擘劃的京劇發展，大致有以下兩個特點：（一）意圖「改造」京劇爲「新歌劇」爲抗戰服務；（二）融合抗戰前政策，規劃完整的發展辦法。此外，由於容共的緣故，國民政府還一度向中共借將，引進左翼文人爲政策執行力量，但出於左翼文人思想的獨特性，因此擬歸類於第二節中，在論述中共的京劇政策與認知時一併提出。

對京劇的「改造」意圖，其間較爲重要者，係在抗戰後期、1942 年的全國社會教育工作會議中提出。是次會議雖然以教育爲主軸，但其間針對戲劇發展亦有討論，提出創造具有中華民族文化特色的「新歌劇」問題。在該次會議的想像中，「新歌劇」的改造應當爲時代而做，從新／舊、中／外藝術形式中吸收養分：改造中以最爲風行的京劇爲材料，吸收其形式與技巧，並且取音樂、舞蹈長處融合，而西洋歌劇的優勢，也成爲新歌劇借鑑之處。〔註16〕在此想像中，此種改造方式被認爲能使戲劇具備中國傳統文化的固有藝術特色與民族性，同時提升表現性與舞臺效果，在滿足傳統形式的審美時，達到滿足時代審美的目的，並且透過京劇之普及發揮教化力量。考量教育部在 1938 年時，對國立歌劇學校實驗劇院已有改良舊歌劇、應用舊形式編演新歌劇等指示，〔註17〕社會教育工作會議中通過的《推行戲劇教育方案》，不過是將先前京劇改良的單點嘗試集結，提升並規範爲全國戲劇發展一體適用的過程。

考察《推行戲劇教育方案》的總方針可知，該方案期望將戲劇教育置於社會教育核心，以達到提高文化水準的目標，而方案中的「促進三民主義之文化建設」，〔註18〕則可見提案中存在著國民黨本位的思考，或是前一年皖南

---

〔註15〕同註 5。

〔註16〕毛家華，〈第九章、抗日戰爭時期的京劇〉，《京劇兩百年史話（上）》（臺北：行政院文化建設委員會，1995 年），頁 89～101。

〔註17〕同註 6 馬少波等，《中國京劇史》，頁 843～850。

〔註18〕同前註。

事變後兩黨分道揚鑣所致。在方案通過之後，以教育部爲主辦單位，爲了使政策順利推行，同時推出一系列的實施辦法，包括：（一）確立戲劇教育制度；（二）戲劇人才之獎勵與分配制度；（三）戲劇教材之編訂與供應；（四）整理舊有地方戲劇；（五）話劇之改進；（六）創造新歌劇；（七）普及戲劇教育巡迴教育工作；（八）戲劇組織登記與備案。此中京劇發展相關辦法，事實上並無新意，在抗戰前的國民黨文藝工作中都能見其端倪：1932 年國民黨中央宣傳委員會發表〈通俗文藝計劃書〉，1934 年國民黨中央宣傳委員會召開文藝宣傳會議，1936 年中央文化事業計畫委員會成立，都曾提出舊劇創作、改良、訓練、設置演出團隊與查禁等方向，並且在提升民眾生活、知識水平之餘，逐步加強民族意識與三民主義在舊劇發展中的重要性。〔註 19〕換言之，此際的方案擬定，極可能是國民政府對此前國民黨通俗文藝發展的借鑑。

京劇在此際遭到的「改造」要求，主要爲新歌劇創造、舊劇整理兩個面向。查考相關文獻時，前者或是出於京劇史著作具備京劇本位思考，遂有紀錄稀少、難以查考的現象，後者則以相關著作的京劇史本位使得紀錄較爲清晰。因此，此處將聚焦於京劇整理與創作兩項，對合以上實施辦法討論。

參酌《中國京劇史》對各項辦法的解釋，〔註 20〕與京劇整理、創作較爲直接相關者，或屬戲劇教育制度、戲劇教材之編訂與供應、整理舊有地方戲劇三項。促成舊劇目發掘與新劇目創作的舉措大致如下：透過地方戲劇整理，發掘京劇劇目，並在其間做出取捨與修編，促成戲詞、曲譜定型化；在戲劇教材編訂時，徵選劇本以發掘合乎時代需求的作品；戲劇教育制度中，學校與劇團提供人力資源，使舊劇在整編後試演、評估成效；舊劇改良、試演之後，或是新編劇作被認可者，則可能爲選輯出版。審查制度的發展方面，則以國民黨內通過，並提交行政院通令辦理的《劇本出版及審查演出版法》爲代表，加上前述的整舊與創新，使國民政府的戲劇政策最終形成剛柔並濟、恩威並施的局面。不過，由於此辦法係由國民黨提出，代表國民黨對京劇宣傳的一種想像，因此將在下段專門討論國民黨時併入論述。

目前已知的國民黨京劇宣傳措施大致有三類，以《中國京劇史》記敘較爲詳盡，包括：（一）徵求劇本予以獎助；（二）獎勵優秀劇人；（三）提出審

---

〔註 19〕倪偉，《民族想像與國家統制 ── 1928～1949 年國民黨的文藝政策及文學運動》（臺北：人間，2011 年），頁 246～266。

〔註 20〕同註 17。

查辦法交由行政院通令施行，同樣具備獎勵與箝制並行的特質，並且都晚於
《推行戲劇教育方案》頒訂。〔註21〕獎勵劇本主要是國民黨中央宣傳部的業
務，先於 1943 年 6 月時設置《三民主義文藝獎金辦法》，藉此徵求優秀劇本
給予獎助。嗣後，黨內又設立中正文化獎，用以獎助優秀劇人，如麒麟童便
曾以《明末遺恨》獲獎。審查辦法的規劃，是前面提及 1942 年的《劇本出
版及審查演出版法》，該辦法於國民黨第五屆中央常務委員會第 195 次會議
時提出，最終提交行政院通令實施。該辦法與此前圖書查禁工作類似，〔註
22〕疑是吸收此經驗，並結合《推行戲劇教育方案》裡，劇作審查與演出團
體登記等類目，觸及劇本審查、演出查核與劇團登記等面向。劇本審查方法
中，透過裁撤、整合此前龐雜的戲劇審查機構，使權責歸於中央圖書雜誌審
查委員會，地方則由各地圖書雜誌審查處辦理，無異於為體制瘦身。演出查
核辦法中，是在劇團演出時，由地方派員稽核演出劇本是否與送審劇本相
符，若演出不相符或演出未經送審劇本，則由地方政府祭出停演或罰款處
分。劇團登記的辦理，原意是規範甚至指定演出劇本，並擇優給予獎勵，但
在具體的《劇本出版及審查演出版法》中，則限制未立案劇團不得演出，更
不得借其他機關單位名義演出，若為各種運動演出則須主管機關核准，違背
者同樣須面對停演與罰款等處分。根據以上措施可知，國民黨想像中的京劇
發展辦法，仍以鼓勵與箝制並行，而其間由政黨提供審查辦法給行政院頒
布，雖可說是政黨協助政府法規的完善，但背後亦隱含有政黨透過政府機制
遂行意志的可能。

　　在本節的討論中可以發現，抗戰時期的京劇發展，出於國民政府博採
中西思想與技術，改造戲劇為抗戰服務的意圖，因而被選擇為戲劇教育中
的重要材料，而戲劇教育又被視為社會教育的核心，置身於國家的重要施
政方向當中。因此，無論是根本的人才培育、劇本創作，到後端的演出團
體管理或演出審查，都成為國民政府想像中的關注要點，並且被寫入實施
辦法之中，即便是下一節要討論的中共京劇改革，相關的措施也不脫以上
類目，不過是國民政府與執政的國民黨，以及在野的共產黨，兩造在實踐
上各有偏重而已。

---

〔註21〕同註 17。

〔註22〕同註 19 倪偉，《民族想像與國家統制──1928～1949 年國民黨的文藝政策
　　　　及文學運動》，頁 345～374。

## 二、推陳出新的中共京劇改良實驗

中共中央的京劇改良實驗，實際上是一個認知深化到具體實踐的過程。此一過程的核心，是中共中央在邊區的各類活動與講話，而外緣的左翼文人，則以創作、引介等途徑，加強了中共中央京劇改良的效益。參考文獻可知，中共中央的京劇政策散見於中共中央書記處歷次發表的「講話」，毛澤東在各類會議中的談話與題詞，以及相關機構設置的指示，與對文藝活動的回應等項，此中又以 1942 年延安平劇研究院（以下簡稱「延安平劇院」）成立為分水嶺。為此，筆者擬分為延安平劇院成立以前與以後，分別敘述中共中央的認知建構，如工作方向、指導思想與服務對象等項的變革，以及實踐的差異，結合計畫與執行面，以求運用俯瞰的角度，給予其較為公正的評論。

### （一）前期中共中央指示下的單點發展

延安平劇院成立以前，中共中央政策中的京劇發展脈絡較不清晰，在文件中仍處於對京劇認知的建構過程，而邊區劇團、劇人的小規模嘗試與演出，則極有可能是認知建構的材料。因此，此處將由文藝政策、劇團實踐與左翼文人、劇團創作為切入點，結合討論中共中央改革方向的形成。

考察《中國京劇史》中對中共中央的文藝政策的記載，〔註 23〕抗戰初期中共中央並無文件實際提及京劇發展方向，僅能依靠其對文化界的指示，以及對戲劇活動的關懷窺其一二。至 1942 年中毛澤東《在延安文藝座談會的講話》後，翌年中共中央再提文藝政策時，則可見其間由對文化界關注，深入到對戲劇界乃至於新聞通訊的關懷；從為抗戰而作，過渡到為主義而作；從為群眾創作，轉向為工農兵服務，無論在工作方向、指導思想與服務對象等項，皆已逐漸深化。

在歷來的文件中，1942 年以前中共中央想像的文化界工作方向，大致皆著眼於抗戰與宣傳性兩點：體察戰時情勢，因此要發展適應抗戰的作品；為求使更易推行，作品應當具備民族的形式，以及中國化、大眾化的特色。在思想方面，則呈現了黨的重要性、社會主義思想與毛澤東個人言論被強化的過程：先透過要求參與文藝運動、爭取文藝活動領導權等，使權力集中在中共黨人手中；此後，相關規範逐步確立社會主義思想的重要性，並促成黨主席毛澤東掌握對主義闡釋的話語權。在 1942 年中，毛澤東發表《在延安文藝

---

〔註23〕同註 6 馬少波等，《中國京劇史》，頁 850～856。

座談會的講話》，此文件除了確立創作朝社會主義現實主義方向發展，同時指出文藝當以工農兵階層爲服務對象，並因爲毛澤東在黨內的地位，被視爲日後中共中央京劇改革發展的最高指導原則。

　　雖然此時中共中央尚無專門爲京劇擬定的政策，也無專門爲京劇設置的改良機構，但對京劇改革的嘗試卻持續發生。京劇改良的作品，或出於邊區的各種舊劇演出團體，或是中共中央指示魯迅藝術文學院（以下簡稱「魯藝」）的實驗劇團，此外尚有部分左翼文人回應舊形式的自發性創作，並在此間開拓創作的形式，成爲日後劇作類目的先聲。

　　由於地緣關係，邊區舊劇演出團體與魯藝，應屬中共中央指示下、最爲直接的改革實驗園地，而其中演出效果更間接成爲日後擬定政策的借鑒對象。在邊區的京劇發展中，創作與改造是最重要的議題，創作形式不拘泥於文藝界對民族形式、舊形式的思辨，宣傳目的則因地制宜，不僅要發動民眾參與抗戰，還關注邊區革命與建設。爲此，邊區先集結專業、業餘的舊劇演出團體，組成陝甘寧邊區民眾娛樂改進會，〔註24〕嗣後又以設計用於培養藝術工作幹部，且僅有戲劇、音樂、美術三個科系的魯藝，透過實驗劇團、平劇研究班、平劇團的先後設置，逐步集結京劇的研究、改革資源，不僅能巡迴演出，並在巡迴同時輔導地方劇團發展。〔註25〕在此環境下，延安之外的各個「抗日根據地」，除去傳統劇目外，舊瓶新酒式的現代戲，或是全部新編的現代戲，〔註26〕也都頻繁地出現於京劇舞臺，並且有意識地要求演出去除低級庸俗表演。持平而論，中共中央的京劇改造工作，與國民黨政策中的改造相比，似乎更爲深入。

　　無論國共兩黨如何針對民族形式、舊形式反覆辯論，京劇以其大眾化，仍然是被肯定的創作類型。除去中共中央在邊區直接接觸到的劇團與劇人，此時仍有部分左翼文人、劇人或劇團輾轉於國內各地，著手嘗試創作以爲抗戰服務，並且隨著作者本身去向，將劇作傳播至各前線劇團中。討論此際左翼文人的抗戰劇作與流布時，創作與傳播脈絡較爲明顯者應屬田漢。田漢雖爲左翼文人，但出於國民黨容共的緣故，在 1938 年至 1940 年間任職於國民政府軍事委員會三廳六處，掌管藝術宣傳，此間曾將《漁夫報國》擴寫成大

---

〔註24〕同註 6 馬少波等，《中國京劇史》，頁 928～932。
〔註25〕同註 8。
〔註26〕同註 6 馬少波等，《中國京劇史》，頁 949～970。

型京劇《江漢漁歌》，寫成京劇新編歷史劇《新兒女英雄傳》、《岳飛》，〔註27〕1939年並透過組織平劇抗敵宣傳隊之便，在湖南等地巡迴演出。〔註28〕誠然，田漢在國民政府任職期間寫就《江漢漁歌》，並以平劇抗敵宣傳隊演出流布，但劇作反映現實、影射政治的特點，仍然是演出之間的隱患，有時還需面對各地區政府首長或部隊長官對戲詞的責問，嗣後部分劇作甚至遭受禁演。〔註29〕在部分較有規模的八路軍劇團中，也運用俘獲京劇演員、繳獲戲箱，與集結文藝工作者等途徑，採取集體創作的方式，在前線劇團中創編演各類京劇劇目，藉此借古諷今、抨擊現實或反映群眾困境，在所到之處頗具影響力。〔註30〕左翼劇人出於政治立場、意識形態對駐軍演出任務的反抗，或反抗駐軍推廣劇本的消息也曾見於紀錄，如二戰區文化抗敵協會歌劇隊雖活動於大後方，但曾因意識形態所致，拒演「兵農合一」政策的《呂存榮》。〔註31〕

　　延安平劇院成立以前，中共中央的京劇改革，尚未有專門的規範出現，多依賴文藝政策、戲劇政策給予關照，而邊區劇團、左翼劇人的實驗卻未曾消失。在兩造的協力下，京劇的改革方向大致確立，改革園地逐漸定型化，日後的創作形式也大致底定，有待1942年底延安平劇院成立後，中共中央的京劇改良工作將開啓相對穩固的發展時期。

## （二）延安平劇院成立以降的京劇政策與改良實踐

　　1942年延安平劇院成立的意義，意味著中共中央有一實驗園地，使政策與實踐兩個面向在此處交會：以政策面而言，除成立時毛澤東的題詞「推陳出新」外，尚有平劇院組織章程，總結此前種種嘗試寫入規範，成為京劇改革中的重要文件；以實踐方面而言，主要透過延安平劇院的設置，規範一個針對京劇改革的實驗空間，集結相關資源多方嘗試，在此間完成研究、創作、演出與修正的過程。整體而言，從延安平劇院創立後，至抗戰勝利之間，中共中央的措施不再單純地要求創作與演出，而是透過機構設置，進一步培育理論研究與演出人才，在宣傳流布同時，厚植實力、開啓永續發展的可能。

---

〔註27〕同註6馬少波等，《中國京劇史》，頁911～915。
〔註28〕同註6馬少波等，《中國京劇史》，頁903～907。
〔註29〕同註27。
〔註30〕同註6馬少波等，《中國京劇史》，頁954～961。
〔註31〕同註6馬少波等，《中國京劇史》，頁897～902。

在政策擬定方面，主要爲前一時期《在延安文藝座談會的講話》內容的繼承，其中又以平劇院之組織章程，以及中共中央文委對戲劇運動方針的討論、對平劇院的要求，最能體現中共中央對京劇發展的想像。與此同時，毛澤東的講話與題詞，仍然在京劇發展中佔有重要地位。在此一時期，毛澤東爲該院題詞「推陳出新」背後的改革意圖被反覆辯證：1943 年中共中央文委討論戲劇運動方針時，重提反封建、迷信、淫蕩的態度，要求爲工農兵服務，並考慮組織戲劇工作委員會；同年，中共中央文委對延安平劇院工作方向提出的指示，如創作、審查、修改等工作項目，〔註 32〕則意味著中共中央期待將前開方針在實驗單位予以落實。此後，毛澤東對中共中央黨校《逼上梁山》、延安平劇院《三打祝家莊》的評語，則可見到對集體創作的讚許，以及對京劇歷史觀點孰是孰非、歷史的眞實面貌爲何等議題的闡釋。〔註 33〕

機構設置的直接效益，是新舊劇目編演得到一體提升，與京劇研究推廣模式的建立。新劇目的編演之中，延安平劇院的設置，無異於給予創作、演出與修正一方穩固園地，相較於此前前線劇團的編演，新劇創作者與演員能得到相對安穩的空間，以及更長的時間，在集體討論中，逐漸摸索完成一齣切合時勢、爲階級服務的新劇目。在舊劇改革方面，出於眾多文人、演員與票友聚集，從思想內容到表演形式都有更爲詳盡的討論，反覆研究如何去除其間的「封建思想」、「迷信」等中共中央指出的負面元素，且能向外輸出教師，以爲輔導排戲之用。在研究方面，延安平劇院將之具體化爲展覽推出，在 1942 年時，已有蒐羅京劇書刊，製作京劇臉譜石膏像、戲曲舞臺演變模型，攝製排戲、練功、化妝照片，與劇照一並陳列之舉，〔註 34〕可說是當代戲曲展覽之先河。而京劇推廣方面，延安平劇院已注意到推廣文宣的使用，引導觀眾觀賞、理解京劇創作，其間爲田漢《岳飛》演出所印行發送的公演特刊，內容包括劇情簡介、技術研究室與演職員表，〔註 35〕則可見當代節目冊的雛形。

從八路軍劇團的組成來看，文人、演員相互回饋的集體創作模式，在此際已然成形，此一發展也揭示了戰時劇團體制，尤其是前線部隊所屬的劇團，與過去商業劇場的劇團有何差異：軍中劇團以意志宣傳爲最高目的，過去的

---

〔註 32〕 同註 23。
〔註 33〕 同註 6 馬少波等，《中國京劇史》，頁 942～949。
〔註 34〕 同註 6 馬少波等，《中國京劇史》，頁 937～942。
〔註 35〕 同前註。

「名角挑班」、「演員中心制」逐漸崩解，執筆者／作者的重要性大為提升。因此，討論此際的京劇改革同時，不能忘卻遊走各方的左翼劇作家。此時活動範圍較大的劇作家，仍以田漢、歐陽予倩為代表。兩人在將創作提供予邊區劇團、〔註36〕前線劇校排練之餘，〔註37〕或是指導劇校發展、引介往國民政府部隊，〔註38〕或是利用地方首長與中央的嫌隙，在大後方桂林舉辦富含反映現實意圖的戲曲展覽。〔註39〕整體而言，左翼文人在此時期仍持續發揮人才整合、思想引介的效用。

　　透過本節梳理，至此已然可以釐清國、共兩黨想像中的京劇發展樣貌，以及實踐的方向。誠然，要討論國共兩黨的京劇想像，以目前可考的文獻而言，尚有美中不足之處，兩岸著作各有偏廢，但其中對政策與活動的記敘，已提供相對豐厚的資料，自環境、工作方向、指導原則與參與人員等項，予人描摹兩黨想像中京劇發展的可能。對國、共兩黨而言，出於抗戰的大環境所致，京劇以其大眾所喜的特點，被兩黨做為主要的改良材料，兼顧思想與技術等層面，改造以為抗戰服務，遂使政策擬定、文件發表中的各種辦法與期許，皆跟隨時局變化與改造意圖而行。不過，出於國、共兩黨的作業步調與業務偏重，實際成果仍有差異：執政的國民黨似乎更善於整理、徵選劇本，以及查禁劇作；中共則致力於整合人力，創作反映現實、喚醒民眾的各類京劇作品。而在工作之中，國民政府透過查禁，以壓抑與執政的國民黨相悖的意識形態，中共中央則集結人力資源反覆實驗，對改造的意義、方向做出辯證，最終使京劇改革與黨的意志完全掛勾。此外，此前對政治認同的分歧，已造就一批親共文人，且出於抗戰時期文藝界對國民政府、國民黨的認同度緣故，行伍反而日益壯大，為中共中央提供了一隻文藝的部隊，並以其機動性、獨立性、思想性，滲透進國民黨的執政環境，鬆動其執政基礎，直至抗戰勝利之後，國共對立日漸尖銳之際，仍然持續發揮作用。職是之故，國民黨雖然取得執政的地位，有政策頒定、通令全國的先機，擘劃出一套全方位的改造策略，但參酌改良京劇為抗戰服務、為宣傳之用的目的而言，事實上並不如中共中央來得成功。

---

〔註36〕同註34。
〔註37〕同註6馬少波等，《中國京劇史》，頁891～897。
〔註38〕同前註。
〔註39〕同註6馬少波等，《中國京劇史》，頁915～925。

　　國、共兩黨在抗戰時期的京劇作品，或許因爲強烈的宣傳目的性，多帶有拋棄式的特質，舞臺生命並不長久，時至今日早已絕跡於舞臺，但若放寬視角轉而尋求其他京劇發展辦法時，則可以發現其中與遷臺後京劇工作或有一脈相承之處。爲此，下一節中擬由相關辦法切入，探尋遷臺後的京劇發展中，是否有向此借鑑的跡象。

## 第三節　繼承與再發展──抗戰時期的京劇發展主要貢獻

　　根據前一節的討論可知，雖然國、共兩黨在京劇改良的想像與實踐中各有側重，國民黨又因此被鬆動執政基礎，但此時爲使京劇爲抗戰服務，將戲劇教育置於社會教育核心的舉措，以及爲此所規劃的種種辦法，事實上已可見日後兩岸分治下的京劇發展之端倪。綜合上一節國、共兩黨從政策出發，對京劇做出的實驗，筆者以爲對遷臺以後京劇發展較有啓發性者，大致可分爲以下數類：（一）政策對劇目開發的影響；（二）創作類型奠基；（三）軍中劇團體制；（四）開拓展演形式與討論場合。凡此種種，不僅使京劇在藝術層面得到研究與提升，也爲遷臺以後京劇的宣傳策略、體制變革做足準備，使擬定宣傳策略的政府當局，到接收民營劇團的軍方，皆能循此前經驗，爲遷臺以後的新時代與新需求做出相應改變。

### 一、政策對劇目開發的影響

　　政策對劇作的影響，對遷臺以後影響較爲深刻者，屬發掘舊劇目、劇作查禁以及徵求新作三個面向：此間皆以劇作爲媒介，根據爲抗戰服務的指導原則，並以國、共兩黨的意志解釋之。因此，無論是舊劇目修訂、徵求新作，或是劇作查禁，其根本因素皆緊扣著國、共認知中的創作想像，有違於此的交付專家學者修改，不能修改的予以查禁，徵求的新作也需符合兩黨要求。

　　在發掘舊劇方面，主要呈現爲內容修訂帶來的定型化意圖，以及其後的編輯出版。舊劇改編，無論是大後方或邊區，都經歷發掘、試演、修正到取捨的過程：國民政府在此間整理曲譜、穿戴與表演程式，欲以此形成法式，遏止演員「不守成規」的表演；〔註 40〕邊區受中共指導的劇團，則更著重於

---

〔註40〕同註 17。

思想與黨的契合度，對「低級庸俗」、「不健康」或「封建迷信」的內容一一清除。〔註41〕遷臺以後的京劇舊劇修訂，大體上延續國民政府教育部的策略，兼顧社會教育、反共國策的需求，因此要求修正迷信殘暴與不合社會教育意義者，酌情修改違反時代意識之處，甚至對劇中人物、地名或與正史不相合處作出考訂與備註，並且以不多更動爲原則，選取舞臺與坊間通行本爲底本，期望能爲劇界接受。〔註42〕可惜的是，國、共兩黨的禁戲劇目與成效少有紀錄，目前所得資訊僅能做爲參照面向之一，此中的延續性與落實程度還有待後人發掘。

相同規範也適用於劇作查禁之中：國民黨刻意壓制的元素，從前一節對左翼文人劇作的查禁中已見端倪，如對政府的負面描寫，以及反映黑暗現實等項皆屬此類，抗戰前針對風化考量的禁制仍然持續；中共中央查禁的方向，大體上仍是前述的改革內容。遷臺以後的京劇劇目查禁，仍然帶有抗戰時期《劇本出版及審查演出版法》的遺風：以風化受議論，〔註43〕嗣後又爲禁演者，如《紡棉花》；〔註44〕頹喪士氣不合反共抗俄之精神要求，如《明末遺恨》，〔註45〕皆在查禁之列。此外，因遷臺後反共國策使然，大陸部分新編作品雖然透過廣播、唱片等途徑傳入，並獲得戲迷青睞，但實際演出仍需偷天換日方能搬上舞臺。〔註46〕

根據以上討論可知，國、共兩黨對新作的期待，事實上就是去除前述必須被壓抑、清除的元素，緊扣爲民族、抗戰服務主軸的作品，而國民政府與執政的國民黨，與中共中央對寫作內容的態度，恰好是兩個極端：國民政府與國民黨方面更重視光明面與勝利想像，中共則著力於黑暗現實。因此，兩

---

〔註41〕同註8。

〔註42〕姜作棟、林柏年、李效厂修訂，〈修訂經過及要旨〉，《修訂平劇選》（臺北：國立編譯館，1958～1959年）。姜作棟、林柏年、李效厂修訂，〈凡例〉，《修訂平劇選》（臺北：國立編譯館，1958～1959年）。

〔註43〕「吳素秋高歌唐山落子與樂亭大鼓而眉眼亂飛，甚至解衣紐露褻服以饗觀眾中之色情狂者，芳伶更紅得發紫；凡此種種除充份喧染世紀末的頹廢作風外，實均不止取法，此時此地『小』女伶，其勉諸！」徐平，〈關於紡棉花〉，《聯合報》第6版，1954年4月11日。

〔註44〕秋柳，〈伶票群像：劉玉琴願嫁金龜婿〉，《聯合報》第6版，1954年11月21日。

〔註45〕參看國防部史政檔案影像借調閱系統文件號0410001648、0410002048號。

〔註46〕王安祈，〈禁戲政令下兩岸京劇的敘事策略〉，《戲劇研究》第1期（2008年1月），頁195～220。

造針鋒相對，國民政府查禁左翼文人作品，中共中央則持續發動寫作，似乎各有擅場：誠然，國民黨對創作、演出有明確的徵獎、給獎記載，〔註47〕但劇作引介演出紀錄則無；中共的獎勵脈絡雖然不甚清晰，但左翼文人的劇作流布去向卻十分廣泛。值得注意的是，遷臺後的徵獎制度運作，事實上具備抗戰時期國、共兩黨創作與引介機制的特點，兼顧文人創作、徵獎補助與引薦演出，由於後面兩章將分別討論創編機制與劇作運用，因而在此不做說明。

## 二、創作類型的奠基

　　此際國、共兩黨的京劇新作，雖然國民政府與國民黨徵獎成果尚未覓得明確紀錄，但從大後方的演出紀錄，以及中共指導的作品中，可看出其間已分化出舊瓶新酒、新編歷史劇、現代戲三種創作類型。而此三種創作類型，事實上已為日後兩岸分治下的京劇創作奠定基礎。

　　舊瓶新酒式的創作，係援引舊劇目中的情節，加入對此一時代現實的反映，無論本戲與小戲都曾以此種型態修改演出。本戲如《打漁殺家》，在魯藝的創作《松花江》中取其結構，將漁夫反抗漁稅的題材，轉化為漁翁不堪日本人欺辱，因而帶領群眾反抗的內容。劇中要角不變，將蕭恩易名為趙瑞，漁翁女兒仍喚桂英，並且擴充唱腔、新編曲詞，在吸收話劇化妝、穿戴時代服裝的改良下，將之搬上舞臺。〔註48〕小戲如《花子拾金》，亦為聶蔡改編為《改良拾黃金》，用以宣傳抗日思想。〔註49〕

　　新編歷史劇來源龐雜，或許是因為歷史題材易於扣合原本表演程式與舞臺美術等緣故，為多方取法創作。在這些劇作中，除去以歷來外族入侵史事寫作之外，尚有中共中央與左翼文人推動的，刻畫影射政治現實、反映階級歷史觀點的劇作。在歷史劇中刻畫影射政治現實的創作，或以歐陽予倩在上海淪陷以後，滿懷憂憤寫就的《桃花扇》為代表：該劇除在南明偏安的環境中，極力凸顯歌妓李香君與一眾愛國藝人的慷慨義烈，並且成功地塑造兩面派人物，甚至以劇中人臺詞隱晦諷刺蔣中正「假意抗戰，實不抵抗」。〔註50〕反映階級歷史觀點之作，以中共中央指導下、邊區劇團的集體創作為主，尤其以《逼上梁山》具重要地位，開啟日後《三打祝家莊》以降的新編歷史劇

---

〔註47〕同註 17。
〔註48〕同註 24。
〔註49〕同註 6 馬少波等，《中國京劇史》，頁 856～859。
〔註50〕同註 6 馬少波等，《中國京劇史》，頁 907～911。

創作技巧、觀點翻新。《逼上梁山》事寫林沖故事，帶有官逼民反的色彩，但有別於過去因主角制緣故，劇本僅深入刻畫林沖與其他主要演員，《逼上梁山》更重視故事結構與情節發展，全劇有強烈的批判基調，強調朝廷奢靡、官吏橫行、民眾相助等元素，而淡化林妻張氏的遭遇，因此使得其他演員也有相應的發揮之處。〔註51〕

現代戲的創作，是以京劇形式直接反映當代題材的路線。早期出現在劇院中的現代戲，創作上多循時事新戲的路數，如 1937 年的《蘆溝落日》，便寫將領死守南苑、壯烈殉國的事蹟。〔註52〕但隨著時間推移，在目前可考的文獻中，現代戲創作反而以八路軍劇團創作較多：寫作上或以民眾生活為材料寫成悲劇，反對迷信、勸諫群眾服從戰時政策等，如《蕩家恨》；或以行伍間生活為材料，書寫官兵對日軍的反抗，結局多為智退、殲滅日軍等勝利想像。〔註53〕值得注意的是，現代戲雖然容易書寫時勢下的慨歎，但形式上卻難免有扞格之處，最直觀感受莫過於穿戴、打扮的設計，都有可能引人發噱，使關注點失焦。〔註54〕不過，在相對艱困的環境裡，穿戴實際上以劇團戲箱有無為考量：假若無戲箱，演傳統劇目《投軍別窯》時，舞臺上就有軍官打扮、掛少校領章、足蹬長皮靴還能照樣起霸的薛平貴；〔註55〕假若有戲箱，演現代戲《皖南事變》時，則能穿蟒紮靠、頭戴官帽、掛髯口飾演顧祝同。〔註56〕因此，在此種因地制宜的指導原則下，此種穿關設計實在無可厚非。

根據以上討論可知，在此一時期的京劇創作中，最大的特色即是創作與演出相互結合，以演出發揮劇作的宣傳效益，以創作深刻表演內容與思想。換言之，此時的創作不再是單純文人抒己胸臆的案頭之作，而能透過演出落實於舞臺演出當中，並且在舞臺演出的考量下，促成京劇藝術本身的多方改革。因此，從劇本的結構與內容，為演出設計的音樂聲腔、舞臺美術，乃至於演員的

---

〔註51〕同註6 馬少波等，《中國京劇史》，頁 943～946。

〔註52〕同註6。

〔註53〕同註30。

〔註54〕遷臺後曾有回憶起此時的現代戲表現，認為以平劇形式表演當代人物與故事，是此前文明戲的遺緒：以日本人穿軍裝、持馬鞭，荷長槍而踱平劇臺步唱流水板。在演出的成效上，僅能使觀眾自始至終大笑不已，似乎對舞臺上日本人殺害中國百姓的殘酷手段無感，宣傳價值實在有待商榷。〈論改良平劇（下）〉，《康樂月刊》第 28 期（1954 年 7 月），頁 9～10、24。

〔註55〕同註5。

〔註56〕同註6 馬少波等，《中國京劇史》，頁 969～970。

表現方式，都在此際有所提升。此外，三種創作類型對兩岸分治後的京劇發展影響甚大，不僅持續有創作產出，還一度被規範為中共戲曲改革政策「三並舉」，〔註57〕部分也成為遷臺後徵獎創作的主要獲獎類型，足見其中重要性。

## 三、京劇演出團體經營模式

　　為了鼓動民眾愛國思想、參與抗日戰爭，此際無論伶界、票界、部隊、學生都曾組織劇團，巡迴前線創作演出。此間的組織形成，本質上是對抗戰以前京劇班社、學校與票友的運用，從中發展相應的組織模式。必須提出的是，出於討論劇團組織形成的緣故，此處將有別於先前按照文獻運用「演員」一詞，一體指稱專業、業餘表演者的行文，而以京劇本位中相對嚴格的伶、票概念，將大陸文獻中的「演員」，一一還其本真，分別稱為「票友」與「演員」。亦即，筆者將以業餘「票友」、專業「演員」為首要考量，其次才參酌演出形式討論。唯有如此，方能了解伶、票兩造在前線劇團的活動與工作概況，並且為後章討論遷臺後新編戲創作與演出做出參照。

　　為政策服務的業餘京劇演出團體，在此時的前線十分普及：出於京劇受大眾喜愛的緣故，各機關單位、學校、部隊皆容易徵集票友，士兵、民眾也樂見京劇演出。業餘京劇團的組成中，絕大多數兼演話劇，部分也能串演其他戲劇形式，多以文工團、戰地服務團、某某劇社、戲劇宣傳隊等名目遊走於前線。雖然業餘劇團數量甚多，但與此前一般民營劇團或票房演出的演出條件相較，此時的業餘劇團演出條件相對縮水，如行頭不夠齊整、舞臺美術缺乏或文武場規模縮減，都迫使前線劇團因地制宜做出改變，但在戰時克難環境中，也為前線部隊所接受。〔註58〕在業餘劇團工作中，或聚集票友專演京劇，也可能伶、票混演，而部分票友還肩負政治教育或傳藝的功能。聚集票友演出，大體而言是為宣傳考量，因此演出內容多兼演傳統劇目、創編新戲，八路軍所屬劇團基本上皆具備此種特質。此外，出於此際許多京劇演員也響應抗戰，部分演員因此加入部隊指導的業餘劇團，在專業演員加入後，除使劇團貼演劇目增多、演出質量提升之外，也成為日後整合京劇人才、成立專業劇團的遠因。〔註59〕至於部分為政府或政黨指導的組織，如國立歌劇

---

〔註57〕當代中國叢書編輯部編，《當代中國戲曲》（北京：當代中國出版社，1994年），頁54～67。

〔註58〕同註31。

〔註59〕同註6馬少波等，《中國京劇史》，頁961～965。

學校實驗劇院、魯藝平劇團與延安平劇院，其本質上則偏向兼具研究性質的票友組織，並包辦創作、京劇改革、政治工作或師資輸出等任務。〔註60〕

　　此際專業演員、劇團為政策服務的模式，大致分為：前一時期已形成劇團、已出科演員的合作演出；運用已出科的演員組班；或以新式教育模式組織「劇校」，完全為京劇演出與創作服務。已成氣候的劇團、演員為政策演出，是演員、劇團保有獨立性之下，對抗戰的政治參與，包括抗戰初期文藝界組織的演出，京劇界自覺下發動的公演，以及劇團的自覺演出，〔註61〕而左翼文人也曾參與其間。〔註62〕運用已出科演員組班，分配指導員並編為劇團，是將演員集中於體制之內的行為，實際上帶有為政府或政黨掌握演出資源的目的，使受到主管機關意向規範，此種發展在中共中央指導的八路軍劇團中較為顯著，如膠東文協平劇團便循此模式組成，接收龍口天宮舞臺與周鳳蘭戲班的京劇演員而成。〔註63〕以新式教育組織劇校具備多重意義，既可單純地滿足戰時就學問題、繼續培植京劇演員，此外還能解決戰時難童容留問題，同時也可成為實驗京劇改革的固定單位，並且對外營業演出、自力更生。如夏聲劇校、〔註64〕四維兒童戲劇學校，〔註65〕都是兼收男女幼童，規劃技藝訓練與文化課程的教學模式，是此中代表。

　　觀察抗戰時期為政策演出的團隊，實際上是市面上一切能動用的京劇演出人才整合：從伶界、票界、劇校學生或文人，乃至於部隊官兵，皆在自發或被動的狀況下，透過各種形式以京劇支持抗戰，而這些組織的型態，事實上都是此前京劇生態中已有發展的變體，並非專為抗戰而生。此一時期的京劇參與，與抗戰前發展最大的不同，是以其組織性與藝術表現性，使政府與政黨警醒，在感受到文藝界的主流論述之餘，注意到京劇展示出的宣傳潛力，並且運用政策規範或派員指導等方式，更加注重爭取此一陣地，並且延續至國共內戰時期。因此，無論劇團如何組織、人才如何挪用，難免可能面臨置身於體制內、外的問題，而抗戰時期京劇伶、票、學生與體制碰撞之下形成

〔註60〕同註 6 馬少波等，《中國京劇史》，頁 843～850，928～932，933～937，937～942。

〔註61〕同註 6 馬少波等，《中國京劇史》，頁 871～879。

〔註62〕同註 6 馬少波等，《中國京劇史》，頁 833～840。

〔註63〕同註 59。

〔註64〕同註 6 馬少波等，《中國京劇史》，頁 884～891。

〔註65〕同註 37。

的種種樣態，恰好就是兩岸分治後劇團體制變遷，爲國家或部隊收編的先河。

## 四、展演形式與討論場合的開拓

探討抗戰時期的京劇展演形式與討論場合，正如此前劇團組織的發展樣態，同樣以繼承爲基調，但在此間有所變形或開拓。整體而言，此時展演與討論較爲特出的面向有以下幾點：（一）商業劇場對抗戰的回應；（二）前線勞軍成爲常態；（三）劇藝觀摩場合的設置；（四）制度化的座談會討論。

商業劇場對抗戰的回應大致有二：一是京劇界義演制度的繼承，二是政府規定下的配合演出。京劇界義演是抗戰前即存在的表演形式，多以廣邀名角爲號召，且帶有勸募目標。在抗戰以前的義務戲，大多爲舊曆年底的梨園公會義演，俗稱「窩頭會」，以爲貧苦同業籌款過年爲目的，廣邀出名演員參與，在派戲上則以資歷、特長、適宜爲度，講求戲好角硬，並推出不經見的冷戲，或是難得湊到陣容完美的群戲，〔註66〕爲賑災演出的義務戲也多從此安排。〔註67〕時至抗戰爆發，出於演員流動與戰時環境，「勞軍公演」成爲義演的主要名目，並且發展出劇團義演或多劇種名角會串演出等型態，武漢京劇界還一度組成經紀、組織義演的專門團體，用以引介各地演員、戲班演出。〔註68〕在自發性義演之餘，出於政府對京劇宣傳的看重，國民政府軍事委員會三廳一度舉行抗戰擴大宣傳週，安排其中一天爲戲劇日，發動戲院舉辦「抗敵劇總動員」，十二家劇院分別演出京劇、話劇與其他地方劇種，目的在引起民眾抗日精神，聲勢十分浩大。〔註69〕京劇界組織義演，以及三廳舉辦的「抗敵劇總動員」，雖然能聚集劇人演出爲號召，達成以收入支持抗戰，或間接促成觀眾關心國勢的目的，但此間專業演出觸及的觀眾群相對固定，皆爲特定地區的政府官員或市民階級，而真正參與戰鬥的前線士兵反而無機會觀賞。

參與戰鬥的士兵無法離開行伍，因此觀賞京劇演出的場合多在駐地，而前線勞軍演出模式也在此間形成。前線巡迴演出的劇團，多有政府、政黨指導，並且附屬於各級機關單位或部隊，組成人員或有票友、演員，隨處做場、因地制宜是最大的特色，舞臺美術相對克難，演出水準則端看劇團組成與劇

〔註66〕丁秉鐩，《國劇名伶軼事》（臺北：大地，1989 年），頁 146～150。
〔註67〕丁秉鐩，《孟小冬與言高譚馬》（臺北：大地，1989 年），頁 183。丁秉鐩，《青衣花臉小丑》（臺北：大地，1989 年），頁 170～171。
〔註68〕同註 6 馬少波等，《中國京劇史》，頁 877～879。
〔註69〕同註 6 馬少波等，《中國京劇史》，頁 875～877。

藝水準而定。誠然，前線勞軍團具備「雜牌軍」特色，自然無法與大後方名
角雲集的義演相比，也不見劇院中各種舞臺美術、聲光效果，但在觀賞勞軍
團的演出經驗中，相較於純粹的劇藝欣賞，從此間實際獲得的心情調劑，應
當是前線士兵最直觀的感受。

　　開闢劇藝觀摩場合，實際上是一種集結多個劇團、演出拿手好戲的設計，
不僅是戲劇教育的一環，同時能激發群眾的抗戰熱情，在劇團間也能形成良性
競爭、互相學習。此種設計在商業劇場中似乎未曾發生，但出於抗戰時期推行
戲劇教育與軍中文化康樂發展的緣故，分別規劃有戲劇節、西南第一屆戲劇展
覽會（以下簡稱「西南劇展」），以及青年軍的康樂比賽三種場合。戲劇節的辦
理始於 1938 年，出於設置演出節目以檢閱戲劇發展成果的考量，因而每年度安
排一定檔次的演出，京劇以其重要性亦受到規範。〔註70〕西南劇展舉行於抗戰
末期的 1944 年，本質上是桂系勢力意圖發展政治資本之舉。由於戲劇運動此時
已顯露疲態，消費能力、稅制負擔、政黨意向等外在因素牽制戲劇發展，戲劇
工作者意圖再興，因此使得戲劇運動為桂系勢力介入，而桂林則成為擘劃、展
演的空間。西南劇展中，分別設置演出展覽、戲劇運動資料展覽與第一屆戲劇
工作者大會，其中除京劇演出之外，劇校發展與地方劇運都與京劇有部分相關
性。〔註71〕就西南劇展的舉辦時間與完備性而言，幾可做為抗戰京劇活動的概
覽。青年軍的康樂競賽設置，係出於軍中文康的考量，是青年軍政工的一環，
在其規劃辦法中，青年軍在各級單位設置有康樂組織，在日常活動之餘，並能
舉行文化、康樂或體育競賽，京劇競賽便屬於康樂競賽一類。〔註72〕可惜的是，
目前僅有規範辦法紀錄，但尚未見到資料證實落實與否。

　　座談會的辦理，是文藝界與京劇界的溝通媒介之一，相較於過去演員與
文人的合作模式，座談會性質更近似於西洋的「沙龍」。此際的座談會辦理中，
以活躍於文藝界、戲劇界的文人或演員為召集人，引介演員與劇團參與，或
是針對特定議題單次辦理，或是成立社團以為長期發展。特定議題的會議，
如 1937 年 10 月 3 日，上海戲劇界救亡協會歌劇部主任周信芳與田漢主持的
「平劇劇本座談會」，目的在於邀集戲劇研究者，討論舊劇如何適應抗戰形勢

〔註70〕同註 6 馬少波等，《中國京劇史》，頁 822～825。

〔註71〕同註 39。

〔註72〕國軍政工史編纂委員會編，〈國軍政治工作綱領〉，《國軍政工史稿（上）》（臺
　　　　北：國防部總政治部，1960 年），頁 945。

的問題，其中郭沫若、歐陽予倩所提出，以歷史故事創作新京劇的看法，〔註73〕恰為抗戰時期創作中一脈，並且成為日後中共新編歷史劇的端緒。以社團而言，應屬1943年成立於上海的藝友座談會較為著名。藝友座談會成立於抗戰晚期，由上海的知名京劇年輕演員組成，起初每週聚會討論京劇改良問題，並整合會中意見，以專人執筆發表於報紙，嗣後又得到中共地下文委輔導，定期邀請音樂家、戲劇家座談，並且安排每兩週免費看戲。〔註74〕不可否認的是，無論是單次座談或是社團發展，背後皆有左翼文人或中共中央的指導，並逐漸增強中共對演員的影響力，提升演員的政治自覺。

從演出場合的發展可以看出，無論劇團組織如何變動，演出內容經過更改，演出場合大抵仍是此前演出場合的繼承與再創造：戲院義演勞軍、前線巡迴演出，恰是劇院／流動做場的繼承，而組織系列宣傳活動，如戲劇節、劇展、座談會、社團等，則屬因應政策促成的再創造。在這些演出場合設置下，京劇面對的觀眾益發廣泛，演員與票友的參與場合也日漸分流，雖然在演員、劇團與少數票友之外，大多數沒有「質」的保證，但「量」卻已有所提升，或已有開發潛在觀眾群效益在其間發生。

透過本節討論可知，隨著抗戰帶來的環境改變、群眾遷徙，「因地制宜」成為影響京劇發展的、最主要的外在因素。出於「因地制宜」的緣故，無論伶、票、學生、士兵都在此際參與京劇活動，分別為抗戰創作或演出，分化出各種展演模式。以當時的眼光來看，這些參與或許都是嘗試性的，意圖從京劇既有的發展中變化、開拓，相對於完整的、傳統的京劇表演，它的樣貌自然有些刺眼，但以今天的眼光來看，此時京劇發展的重要意義反而不在劇藝是否順應既有的審美，而在其如何儲存力量，為兩岸分治後的京劇發展做準備。因此，抗戰發展下的京劇創作，它所承載的已然不僅是一個人、一個劇團的藝術展示，同時還是每個人的政治參與，以及一個劇種的生長。

## 第四節 小 結

本章開篇之時，筆者提出國、共兩黨認知與政策，以及知識份子與演員對抗戰回應的疑問，但在本章探討過程中，則可以發現其盲點所在：開篇的

---

〔註73〕同註6馬少波等，《中國京劇史》，頁833～835。
〔註74〕同註6馬少波等，《中國京劇史》，頁837～840。

假說為「政策凌駕藝術」、「政策改變藝術」，但透過本章討論可知，在政策介入以前，外在條件的變動已使藝術的展演模式、參演人員有所變動，而做為承載藝術的關鍵媒介「演員」，其認知亦隨時代改變。亦即，抗戰時期政府或政黨所擬定的京劇政策遂行，某種程度上並非政治力量以其威信得以貫徹，反而是時代造就的環境變遷，或演員本身對時局的體察，促成藝術對政策妥協或回應。

抗戰時期對京劇發展造成的影響，除去造就抗戰服務的意識形態外，之於京劇演員最有感的，當是躲避戰火之餘，帶來演出機會、場合、地區的變動，此一變動又貫穿了整個抗戰時期。在國難當頭的背景下，京劇演員在逃難求生之際，開始運用京劇此種營生手段反映抗日情緒，文藝界也因為民族形式、舊形式的緣故，拋出相關議題，並以部分文人與京劇界交好，確能攜手實驗予以落實。許是以演員與左翼文人為主的京劇改革實驗十分出色，自抗戰中後期以降，政府與政黨皆歸納此前的京劇改革經驗，組織為兼顧各面向的發展辦法、確認各業務主管機關，並設立較為明確實驗機構，正式插足京劇改良業務。自此以後，京劇發展便出現隱約的分流現象，循著不同區域、政黨，產生形式或內容的相異發展，並且持續反饋、影響其他劇團。整體來看，此時的發展儼然是京劇生態系的調整：此前以京劇演員、演出形式內容、時事、市場所構成的，相對簡單的、具備強烈娛樂性的生態系，出於此際人才整合、外在環境改變與強調宣傳效益等因素，擴充為一個以伶、票、部隊、政府機關構成，且分工愈顯細密的生態系。也因此生態系的建置，使外在的政策發展、演員自身的政治參與，都能持續以京劇為材料，在反覆辯證當中促成京劇形式與內容的提升。可惜的是，政策雖然促成京劇的生態系變動，並且成為發展的助力之一，但其間卻難免產生不合乎藝術生態的考量。

以政策規範藝術，事實上具備了雙面刃的性質：政策以政府或政黨的執行力，提供大框架與既定路線做為京劇發展之用，但此一框架同時也綁架了京劇的發展。誠然，有政策引導，透過劇本發掘、徵獎制度與活動辦理等項目，京劇劇目在整舊、創新的情況下更加豐富，流播也愈顯廣泛，但同時也看見了劇作定型化以及抗戰時期為時局創作的「拋棄式」隱憂。

正如本章第二節提及，國民政府在發掘舊劇本時，採取學者專家的視角領導改革，因而在此間呈現出部分有違藝術自然生態的發展：如「形成法式」的要求，就與第二章中曾提及的，京劇本身根據觀眾喜好產生表演變革的生

態相悖，而國民政府據此提出的修訂本，更可能有限制京劇劇藝創新之虞。討論抗戰時期爲時局創作的隱憂，要回顧其時事新戲的本質。抗戰時期爲時局而寫的創作，創作上講求速成，書寫當代人、事、物，具備強烈的任務性，品質參差不齊。此外，無論是抗戰時期爲時局所做創作，或其前身時事新戲，賣的都在一個「新」字：是題材新鮮、前所未見，提供新聞滿足觀眾求知的慾望；但在長遠來看，隨著戰事推進，觀眾期望看到更新的消息，加上本身思想缺乏，劇作就成了昨日黃花。換言之，抗戰時期政策引導下的京劇發展，事實上與此前京劇審美背道而馳，是無法與觀眾消費緊密結合的畸形繁榮。

　　透過本章回顧可知，探討一個時代的藝術政策發展時，事實上應當包括藝術本身外在環境，與藝術從業人員等項目，並以此相互交流、全面影響。因此，討論抗戰時期的京劇發展，在此間國、共勢力消長，政策擬定優劣之外，實際上更該關注政府與政黨對京劇宣傳效益的正視，以及視爲工具所做出的種種嘗試。回顧本論文題目擬訂的時間範圍，以國民政府遷臺後至 1964 年間爲限，此間的京劇發展，又何嘗不是另一個戰時體制中的京劇生長樣貌。爲此，筆者將在下一章中，專章討論遷臺後京劇政策的形成，以及應運而生的京劇創作，了解政策與藝術如何回應新時代的召喚，相信能對京劇「繼承」議題中的政策劇作有更深入的體會。

# 第四章　臺灣的京劇政策戲指導原則
# 與機制建構（1949〜1964）

　　在前一章的探討中，已然描摹出抗戰時期的京劇發展樣貌，了解京劇界對時代的妥協，以及政治集團將京劇視為宣傳手段利用的意圖，而相關嘗試皆在此間為政府與政黨吸收、歸納，整理而成戲劇教育、京劇改良的辦法。就京劇史發展而言，抗戰時期具備承先啟後的意義，此中擬定的相關辦法不僅是過去的集大成，也為日後兩岸分治下的京劇發展奠基，既可在其間對中共戲曲改革工作溯源，也可在當中發現本文討論對象——遷臺之際至 1964 年間各種京劇發展辦法——的先河。為此，本章將視角拉回 1949 年至 1964 年間，考量執政當局與抗戰時期國民政府有其延續性，選取中國國民黨（以下簡稱「國民黨」）在前一時期較有作為的，政策指導下的創作、修編工作入手，以此際政策鼓勵下的創作、改編作品為對象，藉此梳理政策性的京劇創編，了解其在時代變革中有何取捨。

　　出於戰時體制的延續性，遷臺後對抗戰時期京劇發展既有繼承也有捨棄。此時的京劇發展仍屬於戲劇教育範疇，但相較於前一時期為「抗戰」服務的目標，京劇體認到時代需求已見轉變，「反共」國策才是此時文藝界的主要任務。在京劇為「反共」服務的過程中，近似於抗戰時期演員自發響應創作的例子愈少，反而由政府、政黨發動創作並向劇團媒合為主。因此，遷臺後為「反共」而作的京劇，多數屬於文藝界帶領京劇界合作的產物：在沒有左翼文人的文壇裡，以親國民黨的文人們、戲迷們帶動論述，提供反共創作與劇作修編的想像，並且與政府、政黨或軍方的文藝論述相結合，甚至能規劃為辦法執行。

　　遷臺後由政策支持的京劇創編機制建構，根據報刊資料的查考，大體上仍延續抗戰時期政府、政黨與軍方三者的參與，包括：散見於政府與政黨佈局的社會文藝中，出於政策考量發動的個案式創編，以及長期徵獎制度下獲得獎金補助的作品；軍方支持的軍中文藝發展裡，也同樣可見作品產出。在政府工作上，主要延續抗戰時期的舊劇修編工作：長期業務以國立編譯館爲主管單位，由社會教育角度出發，對內容考訂或備註；個案式修編以教育部歌劇研究改良委員會主持，針對流行劇目思想問題做出修正。政黨方面，有國民黨中央改造委員會第四組出資成立中華文藝獎金委員會（以下簡稱「文獎會」），設置以節日、紀念日爲名目之文藝獎金，徵求包括京劇劇本在內的各項文藝創作，除給予獎金外，並刊登於機關誌《文藝創作》中，此外亦媒合劇團、嘗試演出。在軍方而言，分別有獎金與競賽：一年一度的軍中文藝獎金徵求劇作時，曾有京劇劇本獲獎紀錄；國防部康樂總隊（以下簡稱「康樂總隊」）主導常態性徵稿，獲選者給予稿費，並刊載於機關誌《康樂月刊》中；國軍文化康樂大競賽（以下簡稱「文康競賽」）的辦理，雖以文化康樂、劇藝切磋爲名，但在時間規範下，確實也促成縮減、改寫等嘗試。可惜的是，這些創編機制設計立意雖然良善，但實際執行辦法多有缺陷：或僅保證修訂、創作，或以提供展演機會爲主，尚無引介劇作使劇團演出的明確規範，而競賽中劇作家的參與軌跡也不甚清晰。以上機制產出的新作品，皆可被視爲王安祈在《臺灣京劇五十年》中提出的「政策戲」。〔註1〕

　　透過對創編機制的初步整理，筆者發現以下問題點：（一）文藝界做爲此時京劇創作、編訂的論述提供者，其論述內容爲何；（二）文藝界論述中，「反共」不僅是國策，且是文藝創作的最高指導原則，此原則建構歷程爲何；（三）政府、政黨與軍方如何支持京劇的創編機制，尤其是政策與此中的關聯性；（四）在政府、政黨與軍方擘劃的創編機制中，是否預設有詳細的創作原則，或明確的作品型態；（五）在不同的創編機制下，是否造成作品特質歧異；（六）創編機制所得作品，是否確實爲搬演落實。綜上所述，本章將定調用以討論京劇如何響應新的時代號召，爲「反共」國策服務。

　　參酌此際的京劇發展可知，在創作、改編領域中，仍可見抗戰時期的組織方式，是政界、文藝界與京劇界的共同參與及合作。職是之故，本章將以

---

〔註1〕王安祈，《臺灣京劇五十年（上）》（宜蘭：傳藝中心，2002年），頁91。

劇本與舞臺演出交叉檢視，並以報刊資料爲佐證，期望藉此發掘「政策戲」
的藝術成就，並給予較適切的定位。在本章規劃中，擬以文藝指導原則之形
成爲開篇，探討文藝「反共」的源流與想像，尤其是其間階段性論述的實質
意義；繼之帶出創編機制的概要、執行與成效，並在顧及論述延續性的前提
下，將政府與政黨策動下的社會文藝，以及以文化康樂工作爲重的軍中文藝
兩項，分別置放於兩節敘述。

# 第一節　執政當局發動的文藝反共論述建構

　　抗戰時期京劇爲政策服務，是文藝界提供論述、京劇界自發實驗的雙軌
並行模式，並在文藝界所召喚的、五四以來的戲曲討論中，強化其自古以來
的教化作用，最終形成當代由政府、政黨與演員構成的「政治宣傳」合作模
式。遷臺以降至 1964 年間的京劇發展，出於整軍備戰迫切，以及人力資源、
經濟條件大不如前，發展策略大體上沿用抗戰經驗，但已逐漸簡化爲政府指
導文藝界先行，以文藝界論述影響京劇界實驗，而京劇界的自發性創作極爲
缺乏。整體而言，此間文藝政策發展，大致以國民黨改造案的媒體、文藝認
知，確認文藝發展重要性，並以文藝界討論出內容、形式等細項。

## 一、國民黨改造案確認文藝宣傳的重要性

　　此間的政策擬定、法令頒布並無直接觸及京劇的條目，但執政的國民黨
對國共戰爭失利有所反省，在黨改造案裡規範宣傳、文藝發展，則強化了其
對宣傳網絡的重視與認知，並且在發動黨內文人、親國民黨文人參與論述之
中，開拓並規範宣傳的內容，且促成宣傳內容與政黨意志連結。

### （一）宣傳網絡的理論與遂行

　　國民黨改造案寫入媒體、文宣項目，事實上是與中共交手失敗的反省：
國民黨從抗戰前至抗戰後、自始至終未曾放棄宣傳陣地，但雖有宣傳工作，
軍事失敗與民心失落仍相偕而至。在抗戰時期，中共對媒體已展開大規模滲
透，〔註 2〕成功地透過編輯新聞宣傳反內戰思想，曝光軍事作戰機密，提供學

---

〔註 2〕根據 1957 年中共公布資料，1945 年上半年，北平、上海、南京、重慶四個重
　　　　要城市，計有一百多家報紙雜誌爲中共滲透，其中不乏《大公報》、南京《新
　　　　民報》等極具規模的報業。袁公瑜，《國民黨文工會職能轉變之研究》（宜蘭：

生罷課示威資訊，書寫大後方民眾困苦情狀，[註3] 使民眾與美國政府對國民政府多有「不民主」的非議與責難，並且造成社會不安；而抗戰結束以後，國民黨雖然察覺新聞與宣傳的扭曲，但出於國共戰爭接續發生，此問題不但無以解決，中共還趁此機會一路坐大，最終迫使政府黯然遷臺。是故，黨改造案中的媒體與文宣項目，正是國民黨意圖運用敵之強項，補救我之弱點，以求東山再起的策略。不過，國民黨雖想以其人之道「宣傳統戰」，還治於其人之身，但在兩岸分隔的狀況下，國民黨已然無法直接接觸海峽對岸的民眾，能否廣泛而確實地鼓動對岸群眾、鼓動成效為何都無法預測，或許正因如此，才使得此際宣傳重點轉而講求安定國內形勢。

遷臺至 1964 年間的政治環境，得力於政府與執政黨關係、法條頒定等因素，大體上仍然保有抗戰時期以黨領政的特質，且出於環境封閉而更顯緊密。政府與執政黨的關係，主要體現為人員的大量重複：中央政府為執政系統，以總統為核心；中央常會為決策系統，執政黨黨主席為核心，[註4] 當部分人員在兩系統中皆身居要職時，便能藉此在政令推行上取得先機。政府與政黨頒訂的法律、改造案，針對政府體制、統治基礎皆有闡釋，如：1948 年動員戡亂臨時條款，確立戰爭狀態下的政府體制；1949 年戒嚴法，是軍事統治的法律基礎；1952 年國家總動員法，為戰時社會經濟控制的法源。[註5] 在連串的法令頒定間，1950 年蔣中正復行視事，同年國民黨又提出黨務改造案黨政關係專章，並使政黨與政府相互承認，使黨主席置身於國家權力核心，形成執政的國民黨主導政策制定的發展態勢。

換言之，國民黨改造案中，實際上是連通政界、媒體界、藝文界的美好藍圖：在改造案中，國民黨期望能夠發揮政治宣傳、政策辭辯的功能，[註6] 因此重新整頓抗戰時期建立的戰時宣傳系統，[註7] 以前身為中央宣傳部新聞

佛光人文社會學院政治學研究所碩士論文，2002 年），頁 38。

〔註3〕司馬岩，〈注意另一場聽不見槍聲看不到砲火的戰爭〉，《青年日報》，1985 年 6 月 19 日。

〔註4〕同註 2 袁公瑜，《國民黨文工會職能轉變之研究》，頁 31。

〔註5〕林果顯，《一九五○年代反攻大陸宣傳體制的形成》（臺北：國立政治大學歷史研究所博士論文，2009 年），頁 39～58。

〔註6〕同註 2 袁公瑜，《國民黨文工會職能轉變之研究》，頁 29～30。

〔註7〕國民黨的宣傳體制在抗戰前並非十分出彩，其時北伐雖然完成，但各地軍事力量與派系割據，政府在政令宣導上十分不易，抗戰的發生使得政府必須正視宣傳需求。因此，抗戰時期的國民黨政府建立戰時宣傳系統，擴大直屬媒

處的第四組為責任單位，集結經歷抗戰時期宣傳體制、新聞或藝術工作的相關人員，希望以其為媒介，溝通各界落實政策，並以各界之專業形象影響民眾意向、行止。

## （二）政治言說的內容

　　參酌前述討論，此際為時勢而做的宣傳行為，即是透過媒體、藝術創作完成的政治言說，目的在於加強統治合理性與反共兩個面向。因此，這些話語中皆離不開「反共」的態度，並且隱含著鞏固政權的期盼：對中華民國與中共的描述或指涉中，多帶有自由／不自由、正義／邪惡、竊據等語詞，以此延續抗戰以來的宣傳原則，重申中華民國／國民黨的正統地位，構築二元對立且沒有模糊地帶的論述。這些敘述大致有三個重點，分別觸及責難中共、國內維穩，以及國際情勢扭轉的需求，不僅在文藝界主流的小說、詩等藝術形式中可見，嗣後第二節、第三節提出的京劇創作也是此一原則的體現。

　　對中共的態度，實際上是延續抗戰前國、共兩黨的對抗，以及抗戰時政治工作中抗日與防共的需求而來，抗戰結束後抗日的目標消失，但防共的需求卻隨著國共關係緊繃、國共戰爭開始而攀升。在遷臺以後，兩岸軍事衝突不斷，直至 1965 年方才減緩，反共遂成為政府政治工作的主要目標，以及此間媒體與藝術創作的主要題材。在這些新聞或藝術創作中，多致力於描寫中共統治的陰暗面，以及其對傳統文化、倫理道德的戕害，並譴責其與蘇俄的勾結，尤其是軍方、黨方刊物最常刊出此類風格強烈的文章。持平而論，這些刊物在兩岸隔絕的情況下，自然無法送往對岸產生影響，但其中對中共形象與民眾生活的描寫，則無異於提供反共、恐共的思想，使在國內輻輳。

　　維穩的需求，也是媒體與創作提供的一種成效。此時的臺灣民眾大致分為兩大族群：一是經歷國共戰爭、移入臺灣的軍民，對中共有所認知與恐懼；一是已在臺灣繁衍數百年的移墾族群、原住民族群，雖然經歷日治時期戰時體制，但未直接經歷國共戰爭的一群。對於兩個族群，媒體與創作提供了不同的說服目的：之於大陸遷臺軍民而言，政府意圖使之相信一切社會動盪終

---

體的普及：在通訊社的建立，以中央社為國內唯一通訊社；在報業辦理上，黨報、軍報大量發行，達市占率三分之二以上；電臺方面，民營無力自保，因而使得黨營的、軍方的電臺能在大後方坐大。經過抗戰的洗禮，事實上已經將民營的媒體漸次汰換，以政府控制的黨營、軍方媒體獨霸市場。高郁雅，《國民黨的新聞宣傳與戰後中國政局變動（1945～1949）》（臺北：國立臺灣大學出版委員會，2005 年），頁 20。

將好轉，政府正在養精蓄銳，未來在反攻戰爭中必能獲得最後的勝利；針對經歷日治時期的臺灣民眾，致力於灌輸防共心理，說明一切低迷都屬重整之必須，要使群眾融入政治氛圍，要建立防範意識。換言之，全民一體的思想、反共與反攻的必須性背後，實際上帶有維穩的目的。

相較於上述兩種言說以國內為主要對象，在國際間意識型態的推廣，則是立足臺灣、放眼世界的策略。在此工作中，較常運用常態性的新聞工作，而較少運用藝術創作，目的則是綜合上述各項內容，向國際表明中華民國／國民黨與中共的差異，宣傳中華民國為正統的說詞，並表達與中共劃清界線、反攻大陸的決心。值得注意的是，在中華民國政府與美國簽署《中美共同防禦條約》的前提下，可被視為內戰的國共戰爭，無異於被帶入世界體系，提升到冷戰中的一環，〔註8〕而宣傳中將「反共」與「抗俄」再次連結，則可見鞏固民心、加強說服力的意圖。

透過以上討論，已然可以描摹國民黨在此際將宣傳納入黨改造案的緣故，以及藝術創作在新一時期感知的環境變化、時代變革，但皆屬概念性的探討，尚無法確切得知文藝界想像中的落實方法。根據抗戰時期經驗可知，若以文學藝術創作為手段，單單運用政策頒定，意欲發動創作、達成宣傳效果，必定經歷文藝界的一番爭論、意圖釐清發展方向，而執行上也窒礙難行，要有中共之成效，則須以藝術創作、理論建構與政策推行三者相互配合，方能達成目的。無獨有偶地，此時也出現類似的呼聲：鼓勵文壇建構論述，以政策支持的論述帶領文學、藝術創作，完成時代所需的作品。

## 二、國民黨發動的文藝論述建構

此際政府與國民黨推動的文藝論述建構，以胡芳琪《一九五○年代臺灣反共文藝論述研究》的研究為透徹。根據胡芳琪的研究，1950 年代國民黨發動文藝論述有三條脈流：首先是回顧抗戰文學論爭，重提三民主義文藝論述，總結過去經驗，處理文藝的內容、藝術與形式等基礎問題；第二階段是 1953 年提出的民生主義社會文藝，加上蔣中正發表《民生主義育樂兩篇補述》以為幫襯，進一步處理論述建構與具體執行措施；最後一個時期，是 1955 年提出的戰鬥文藝，此時側重實務工作，文網愈趨縝密，並且透過蔣中正的指示，直接做為施政方針執行。在此中可以發現，三者雖有先後，但論述有其重複

〔註 8〕同註 5 林果顯，《一九五○年代反攻大陸宣傳體制的形成》，頁 70～73。

性，發展亦見重疊，共同爲文藝反共的理論化、合法化努力，並沒有純然的承接關係在其中。誠然，文藝論述建構無法直接與京劇發展連結，但此中對內容的討論，卻因爲國策的介入，間接影響此際政府、政黨與軍方支持的京劇創作，倘能在此處釐清文藝論述建構之脈絡，將有助於了解第二節、第三節中的京劇創作樣貌形成。

## （一）召喚三民主義文藝为「反共」創作服務

遷臺後的文藝論述，事實上是確立「反共」目標，並且尋找創作方法論的過程。意圖以文藝做爲「反共」利器，本就是政治風向與時代目標的轉換所致，因此「文藝」與「反共」相互連結的觀點極早被提出，且是政黨發動文人參與的論述建構。如 1949 年時，時任國民黨中央宣傳部代部長的任卓宣邀請孫陵寫作〈保衛大臺灣〉歌詞，讚譽爲「乃臺灣有反共歌詞之始，也是反共文藝的第一聲」；〔註 9〕其後孫陵撰文呼籲「創造反共文學」等，〔註 10〕皆具備黨政要員與親國民黨文人合謀引導創作的性質。此後，親國民黨文人一度營造注意閱聽人喜好的形象，爲文拋磚引玉、徵詢意見，希望了解群眾對戰鬥性作品與趣味性作品的喜好，在得到多數作家對戰鬥性肯定後，導致部分刊物隨之修正路線，形成「戰鬥性第一，趣味性第二」的觀點。〔註 11〕

從「反共」到第一個論述「三民主義文藝論述」開展，大致有三年的間隔，此間環境漸趨穩定，報刊討論更多，雖然無法明確提出論述，但已見俯瞰性的檢視。1952 年時，遷臺初期的通貨膨脹已漸趨穩定，加上反共抗俄總動員運動，促進經濟、社會、文化、政治等面向的全面改造，〔註 12〕以及中央改造委員會擬訂〈本黨現階段文藝工作綱領草案〉處理文藝態度，《文藝創作》刊出系列回顧自由中國文藝發展的文章，〔註 13〕無異於昭示著政壇、文壇都已然做好迎接反共文藝論述開展的準備。

---

〔註 9〕 劉心皇，〈第五卷：自由中國時代的文藝〉，《現代中國文學史話》（臺北：正中書局，1971 年），頁 817。

〔註 10〕同註 9 劉心皇，〈第五卷：自由中國時代的文藝〉，《現代中國文學史話》，頁 818。

〔註 11〕胡芳琪，《一九五〇年代臺灣反共文藝論述研究》（新竹：清華大學中文研究所博士論文，2007 年），頁 49～50。

〔註 12〕曾慶華，《國軍新文藝運動之研究》（臺北：政治作戰學校政治研究所碩士論文，1983 年），頁 49。

〔註 13〕同註 11 胡芳琪，《一九五〇年代臺灣反共文藝論述研究》，頁 55～56。

　　此時被推上文藝指導原則的三民主義，事實上是國民黨的根本指導綱領，加上參與論述的國民黨文人與親國民黨文人，實際上意味著抗戰時期政黨介入文藝界模式的重現，而指出的創作方向也是老調重彈。主持三民主義文藝論述的核心人物除前述的任卓宣外，尚有抗戰時期參與文藝運動的大老張道藩，並且發動國民黨周圍藝文團體參與討論，將宣傳與各種藝術形式相互連結，肯定其間關係，逐漸形構一套以三民主義爲指導方針的文藝論述。〔註14〕此套論述雖然是跨越時空、總結過去經驗，並被期待用於未來發展的文藝論述，雖然歷史悠久仍能夠通用，但僅能處理文藝根本問題，如爲內容、意義與形式指出方向：其間提出文藝大眾化、由人民出發；題材偏重人生與希望，以代替現實黑暗的暴露等。〔註15〕不僅在言語間十分空泛，實質上也僅是抗戰時期對現實主義壓抑的再度體現。

　　空泛的文藝發展方向提出後，如同抗戰時期一般，文藝界再度提出了創作與禁制的疑慮：規範在本質上是種「不自由」與箝制。之於自詡爲「自由中國」的中華民國政府與背後的國民黨政權而言，想必也考量到規範造成的創作「不自由」將落人話柄。因此，便出現了以概念包裝賦予其合理性的策略，使政治局勢成爲開脫之詞，運用「節制自由」與「自動寫作」等字詞美化，〔註16〕力圖淡化相關疑慮。不過，只要鼓勵、箝制仍然並行，此一疑慮仍然存在，不僅蔓延了整個1950年代，乃至於往後的歲月都籠罩在此陰影中。

## （二）從民生主義論述到文化清潔運動的提出

　　文藝論述發展的第二條脈流，仍然是鼓勵與箝制並行的路數。在此脈流中，以蔣中正《民生主義育樂兩篇補述》爲材料，透過文藝界討論，闡釋文藝與民生關係，使「純眞優美」、「表揚民族文化」成爲日後品評文藝作品的

〔註14〕抗戰時期還有民族文藝可資借鑑，不過遷臺後的國民黨政權頗爲尷尬，不宜直接使用此名詞。抗戰與遷臺條件不同，抗戰是中華民族與日本的戰爭，劃清「民族」界限，喚醒軍民一心可行；作爲國共戰爭的失敗者，國民黨面對中共，「都是中國人」，是內戰的失敗，自然不便以「民族」叫戰。同註11胡芳琪，《一九五○年代臺灣反共文藝論述研究》，頁56。

〔註15〕國、共在意識形態上的捉對廝殺延續至此。兩黨雖則皆鼓勵大眾寫作，尤其鼓勵寫實主義的創作，但其預設對象、內容皆大不同。以共產黨而言，其預設的讀者、作家乃至於題材，皆環繞工農兵打轉，並且以階級鬥爭論爲書寫的核心。藍海，《中國抗戰文藝史》（山東：山東文藝，1984年），頁369～376。

〔註16〕同註11胡芳琪，《一九五○年代臺灣反共文藝論述研究》，頁65～72。

優劣判准，〔註17〕而延續此種泛政治的審美，則帶來後續文化清潔運動的施行，甚至開啓後來戰鬥文藝的討論。

在三民主義文藝論述下，向有空泛的光明／美善、黑暗／邪惡命題。在此際的發展裡，兩者皆獲得更進一步的闡釋：光明／美善被蔣中正深化爲「純眞優美」、「表揚民族文化」的方向；黑暗／邪惡的創作，則需要文化清潔運動的清掃。而此種發展的重要因素，則是國際情勢造就反共言說的必須：美國以停火爲協防條件，與中華民國政府簽訂《中美共同防禦條約》，雖然將國民黨政權與中華民國政府帶入冷戰陣營，看似帶給中華民國政府與國民黨政權一群強大的盟友，但國際關係交好的背後，實質上是軍事行動的限縮。在「反攻復國」的目標下，配合美國的停火要求將被視爲對中共建政的默許，反對停火則會折損美國此位盟友，當局因此將軍事的反共轉化爲言論的反共，〔註18〕既持續表明反共的態度，但也不違背美國的停火條件。

言論反共畢竟枯燥乏味，政府與政黨若不能催生除去教條、加強趣味性與文學性的作品，藉此加強民眾消費意願，則須依賴國營文藝機構的設置、反文學商業化或審查工作，消極地掃除障礙，爲反共作品鋪路，而1954年發動文化清潔運動的緣由即在於此。反共作品推行之困難，主要體現在市場的冷淡反應。以反共爲題材的創作，雖有國民黨文人或親國民黨文人投入寫作，散見於報章雜誌與各類出版品，但根據今日考察，其中內容枯燥乏味、品質參差不齊，加上當時的文學市場一片商業化傾向，〔註19〕遂使反共作品推行十分困難。值此之際，在前述國際限制下，以及時間流逝、情緒消散的情況下，建立反共意識的需求雖然迫切，但執行上卻分外困難，對日後審查原則與施行辦法影響極大的文化清潔運動，遂在此間應運而生。

文化清潔運動由政黨策動文藝界人士發起，背後起草人是親國民黨的中國文藝協會常務理事陳紀瀅，聯合國民黨重要人員或親國民黨的文教學術界各界人士，〔註20〕簽署宣言宣誓去除「赤色的毒、黃色的害、黑色的罪」三

---

〔註17〕〈五中全會通過當前文藝政策──配合中華文化復興運動，推進三民主義文藝建設〉，《聯合報》第2版，1967年11月22日。

〔註18〕誠如黃少谷的回憶：假若配合美國，不反對停火，豈非默認放棄反攻大陸；假若暫時停火或是拒絕停火，又與美方政策不合。同註5林果顯，《一九五〇年代反攻大陸宣傳體制的形成》，頁200～202。

〔註19〕同註11胡芳琪，《一九五〇年代臺灣反共文藝論述研究》，頁94～102。

〔註20〕〈推行文化清潔運動，文教界聯名簽署，厲行除三害宣言，已有四百餘人及

害，並呼籲建立具名檢舉－文化清潔運動籌備會匯整－上交內政部－省保安司令部取締的合作流程。〔註 21〕在此宣言中，一切都以「反攻復國」為最高指導原則：赤色的毒是匪諜與匪方宣傳品，將對反攻產生障礙；黃色的害，是誨淫講盜與靡靡之音，能戕害健康、汙衊文藝與新聞；黑色的罪，是譁眾取寵、有違事實的創作，對社會人心與國家民族產生危害、破壞海內外民眾的向心力，並且藉助「創造文藝」「報導新聞」與「輿論自由」「出版自由」的保護傘大鳴大放。〔註 22〕雖然運動推行屢遭輿論非議，〔註 23〕但當局仍在 1958 年以防堵黃色書刊為由，向立法院提出《出版法》修正案強渡關山，以此賦予行政機關依法裁量封閉報紙、雜誌的權力。〔註 24〕發展至此，無論是創作原則、辦法、輿論或審查機制，在文化清潔運動時都已得到進一步的闡釋與深化，並且有著承先啟後的重要性。

### （三）以戰鬥文藝為反共文藝的二次動員

參酌「戰鬥文藝」的立意，實質上屬於文化清潔運動的配套措施，是在掃除之外的補強。文化清潔運動確實掃除部分赤色、黃色、黑色作品，但處於模糊地帶的灰色作品未能掃盡，因此需要更高品質、振奮人心的反共文藝作品，轉移民眾的注意力、消費意向，使「灰色的孽」失去市場、自然消弭。

出於以文藝為宣傳武器的想像，早在遷臺之初，「戰鬥」與「文藝」便不斷地受到文壇連結以及討論，〔註 25〕認為文藝具備說服的功能，可以之為反共戰鬥服務。1954 年時，蔣中正指示隔年應以展開反共文藝戰鬥為方針，翌年便有第四組主任馬星野擬訂〈戰鬥文藝方案〉，至 1956 年七屆中常會通過〈展開反共文藝戰鬥工作實施方案〉後，則使得相關實施要項更為具體。〔註 26〕誠然，在此間關於戰鬥文藝的討論中，確實使文壇在 1955 年一度迎來戰鬥

　　卅六社團聯署〉，《聯合報》第 3 版，1954 年 8 月 9 日。
〔註21〕同註 11 胡芳琪，《一九五〇年代臺灣反共文藝論述研究》，頁 102～113。
〔註22〕同註 20。
〔註23〕如：在 1954 年以《出版法》為法源，刊出〈戰時出版品禁止或限制刊載事項〉即造成各界譁然，認為是傷害言論自由，即便是黨報也不支持，僅僅五天即為行政院駁回。同註 11 胡芳琪，《一九五〇年代臺灣反共文藝論述研究》，頁110。
〔註24〕同註 21。
〔註25〕同註 11 胡芳琪，《一九五〇年代臺灣反共文藝論述研究》，頁 120～128。
〔註26〕同註 11 胡芳琪，《一九五〇年代臺灣反共文藝論述研究》，頁 116～120。

文藝的討論高峰，使得相關命題愈顯周全，〔註27〕隔年又有實施方案提出，但回歸文學史的角度來看，此時的創作已欲振乏力，即便之後再以「壯美」風格號召創作，但其中的生硬特質，〔註28〕只體現了文藝政策的垂死掙扎，《文藝創作》與《文壇》在1956年、1957年先後停刊，則宣告了國民黨文藝政策的再次失敗。

以本文探討的京劇創作與修編而言，為反共國策創作的情況在此際也是江河日下：作品內容愈顯乾癟、市場反應冷淡，及至制度瓦解後，為政策而寫的動力也消失不再。職是之故，目前可見響應國策的京劇創作多見於1950年代前期，如社會文藝脈絡有《文藝創作》刊載的京劇劇本，或張大夏執筆改編《四郎探母》，以及軍中文藝脈絡下的《康樂月刊》徵稿。可惜的是，此批作品雖然確實以文藝形式響應反共國策，但多有落入俗套、公式化的傾向，戲劇的趣味性與藝術性較為缺乏，尤其戲迷向來注重傳統的審美情致，遂使此批作品乏人問津。中華文藝獎金委員會支持的《文藝創作》在1956年停刊，或許正是國民黨體認到此前耗費巨額獎金，但仍無法確實引導創作，因而產生的策略改變。

整體而言，政策性創作的效益發揮，依靠政府、作者與市場的共同投入遂行，但此時各方意見已見分歧：之於政府、政黨與親近文人而言，時局確有發展戰鬥文藝的必要，因此文藝的戰鬥性質不斷地被提出闡釋與創作；之於讀者而言，回應政策的作品是八股而無趣的作品，遂使出版銷售與推廣普及上皆窒礙難行，最終使得創作停滯，並逐漸為市場消弭。因此，在1950年代中期以降，出於軍中政治工作的反共本分，此後的反共文藝創作反而多出自於軍中，而京劇演員為軍方收編，雖然能使京劇生存並相對保有原貌，但也因為演出任務、競賽指導原則等緣故，難免沾染上政策「指導」的疑慮。

根據本節討論可知，此時的文藝宣傳中，仍然可見抗戰時期的遺緒：以文藝論述建構入手，發動創作為政治言說，但目標替換為反攻，運用的藝術形式仍然包括京劇。相較於抗戰時期有左翼文人、左翼劇人嘗試改革，親國民黨的文人與劇團向來沒有類似的成功案例，因此在遷臺後、當局意圖以論

---

〔註27〕是年，不只王集叢、葛賢寧等人發表相關論著；《文壇》、《軍中文藝》、《文藝月報》、《民族報》、《臺灣新生報》等報刊，皆曾在副刊規劃戰鬥文藝筆談專輯；而極力擁護文藝反共的穆中南，也透過職務之便，在《文壇》規劃連續五期的討論。同註26。

〔註28〕同註11 胡芳琪，《一九五○年代臺灣反共文藝論述研究》，頁128～137。

述帶動京劇界做政治宣傳時，大體上仍從大陸時期已有經驗的創作、修編工作著手。為此，筆者擬在以下兩節中，分別討論社會文藝、社會教育與軍中文藝為各自任務設置的徵稿、創編機制，並且與文藝論述中的政策言說相互參照，相信能為此際的京劇發展，釐清創編機制與政治意圖的互動樣貌。

## 第二節　政府與政黨催生社會文藝、社會教育中的京劇創作

政府與政黨操持的京劇發展中，與政策關係較為密切的兩種途徑，分屬概念普及，以及寫作、修編兩個面向，且以寫作、修編對菊壇較為有感與實際，相關創作持續了整個 1950 年代前期。概念普及上，主要運用專題演講形式，傳授戲曲或京劇相關知識，但專題演講皆屬短期或單期課程，分別由戲劇節、〔註 29〕社會教育運動週廣播座談、〔註 30〕演員訓練中心，〔註 31〕或藝術館辦理文藝講座，〔註 32〕透過面對面的座談或電臺廣播講授京劇概論，頂多加強聽眾的戲曲概念，對實際鼓勵民眾投入京劇創作毫無助益。寫作、修編的方式，則是由政策所推動，分別利用稿費、獎金為誘因，或是責成機關辦理業務，促成文人拿起筆桿，不僅能夠確實豐富或改變劇目內容，也是最為直接的，使政策與京劇融合的作為。

在本節規範的社會文藝與社會教育範疇中，大致可分為持續的徵獎制度，以及個案式的劇本修訂、創作：中華文藝獎金委員會徵求的京劇劇本，刊載於機關誌《文藝創作》中，隨著刊物於 1956 年停刊，似乎再無政黨設置徵獎機制；個案式的劇本修訂，包括張大夏受託修編寫作《新四郎探母》，而國立編譯館自抗戰以來的平劇修訂、選輯業務，本質上即為個案式修編與集結出版；個案式的創作，則有趙之誠編寫，金素琴、李金棠合作的《黃帝》。〔註 33〕

為求能夠釐清政策推行與落實，筆者在此選取較具持續性與代表性的制度、作品，以資料尚存、報刊討論豐富者為對象：鎖定中華文藝獎金委員會與《新四郎探母》，期望透過對中華文藝獎金委員會徵獎制度的查考，討論政

---

〔註 29〕　〈今為九屆戲劇節，各地均有慶祝會〉，《聯合報》第 5 版，1952 年 2 月 15 日。
〔註 30〕　〈省垣社教運動週，活動範圍決定〉，《聯合報》第 3 版，1952 年 11 月 6 日。
〔註 31〕　〈梁銳奔波兩萬里，華僑公司鬧雙包〉，《聯合報》第 3 版，1958 年 3 月 9 日。
〔註 32〕　〈舞蹈節擴大慶祝，文藝講座將開講〉，《聯合報》第 5 版，1957 年 4 月 30 日。
〔註 33〕　哈公，〈評金素琴的「黃帝」〉，《聯合報》第 6 版，1956 年 11 月 16 日。

黨徵獎機制的施行，並以《新四郎探母》的編寫，做為政府個案修編的範例。相信經過制度、創編的梳理，將能了解國民黨如何在其中延續其政治話語權，完成此時代以藝術為政治言說的期待。

## 一、中華文藝獎金委員會與其機關誌《文藝創作》中的京劇創作

中華文藝獎金委員會（以下簡稱「文獎會」）的業務，事實上是為文藝反共設置的整套機制，兼及徵獎、刊物與運用等方面。

文獎會的成立，始於 1949 年國民黨黨內會議，由蔣中正責成張道藩執行，以中央第四組提供經費補助，獎助富有時代性的文藝創作，期望能激勵民心士氣、發揮反共抗俄的精神力量，〔註 34〕並且出於此時的政治環境，其積極性、創作量與重要性絕不亞於其他官方單位。在徵獎原則上，文獎會常態性徵求「應用多方面技巧發揚國家民族意識及蓄有反共抗俄之意義者為原則」之文藝創作，〔註 35〕徵求新舊多種藝術形式的創作，〔註 36〕並且依據篇幅大小分項，〔註 37〕部分類目獎金額度之高，甚至達數千至上萬元之譜，〔註 38〕等同於當時公務人員兩、三年的薪水。〔註 39〕稿件運用的配套措施，包括刊物出版與引介運用。刊物出版，是文獎會針對獎金獲獎作品，設置機關誌《文

---

〔註 34〕趙友培，《文壇先進張道藩》（臺北：重光文藝社，1975 年）頁 295。

〔註 35〕〈中華文藝獎金委員會徵求文藝創作辦法〉，《文藝創作》創刊號（1951 年 5 月），頁 159～162。

〔註 36〕考察《文藝創作》歷年刊出的得獎名單、作家芳名錄，乃至於工作回顧，可以發現徵求類型大致上包括：詩、歌詞、歌曲、曲譜、小說、報告文學、文藝理論、鼓詞小調、宣傳畫、漫畫、木刻、獨幕劇、廣播劇、街頭劇、話劇、平劇、地方劇、電影劇本等項。〈中華藝獎金委員會得獎作家芳名錄〉，《文藝創作》第 8 期（1951 年 12 月），頁 110～113。

〔註 37〕〈中華文藝獎金委員會徵求文藝創作辦法〉，《文藝創作》創刊號（1951 年 5 月），頁 159～162。

〔註 38〕以〈中華文藝獎金委員會四十四年度舉辦文藝獎金辦法〉為例：徵求平劇及地方劇本，長劇一至三獎分別給予 6000／5000／4000 元獎勵，短劇亦有 3000／2000／1000 之譜；短篇小說分別給予 3000／2000／1000 元獎勵，中篇小說 8000／6000／4000 元獎勵，長篇小說更達 12000／10000／8000 之譜；給獎金額較低者為短詩與歌詞，分別為 1000／800／500，其餘則略去不談。〈中華文藝獎金委員會四十四年度舉辦文藝獎金辦法〉，《文藝創作》第 45 期（1955 年 1 月），頁 146。

〔註 39〕根據 1955 年物價指數：公務人員每月薪水為 200、300 元，還須扣除保險費。〈公務人員保險，有人希望改善，單身漢反應不佳〉，《聯合報》第 5 版，1955 年 6 月 16 日。

藝創作》以爲推行之載體。《文藝創作》以張道藩爲發行人，運用參與抗戰時期文藝論戰的親國民黨文人爲編輯主理業務，〔註40〕出版月刊性質的《文藝創作》，自 1951 年 5 月 4 日創刊，在 1956 年 7 月文獎會遭裁撤後，堅持至 1956 年 12 月宣布停刊，計出刊 68 期，收錄文藝創作清一色爲反共抗俄作品，間而有年度工作回顧、文壇回顧，以及理論翻譯、國際文壇新聞等篇章，兼具專業性與宣傳的準確性。作品之運用，則因形式不同產生運用的歧異。而此處考察的京劇作品，則皆屬《文藝創作》刊出的獎金獲獎之作。

　　《文藝創作》對京劇發展的貢獻，大致包括論述與創作兩個部分：京劇論述與回顧的篇章，暗藏著撰寫者對京劇如何回應時代、如何反共的想像，被刊出或許正代表文獎會認同的創作觀；京劇劇本的創作，則體現此一機制認同的作品內涵與樣貌。因此，以下將以概念爲先行，考察獲刊稿件中的創作觀，再針對《文藝創作》刊出的所有京劇劇本，做一俯瞰性的討論。期望藉由對《文藝創作》京劇論述與劇本創作的查考，照見一個政黨的京劇想像。

## （一）戲曲文章中的京劇創作觀

　　文獎會徵獎辦法中的「發揚國家民族意識」、「蓄有反共抗俄之意義」等原則，實質上是爲時代服務的命題。以京劇而言，此種命題源於清末、歷經抗戰，經過時事新戲、新編歷史劇目與現代戲等多樣的嘗試，基礎上已然形成「舊瓶」京劇加入「新酒」時代意識的操作模式，在遷臺後再度發展，仍是因應政治考量的重新演繹。以「政治考量」名之，便意味著筆者運用一種相對「陰謀論」的視角觀看此批創作，認爲劇本因內涵「政治正確」獲得獎勵，希望能從中解讀政黨支持的宣傳內容與政治觀點。無獨有偶地，《文藝創作》不僅提供劇作「成品」，同時提供了理論「技術」：透過解讀《文藝創作》中以京劇爲對象的論述文章，隱然就是一套創作方法論，爲有心創作者指出寫作方向。

〔註40〕就發行人而言，張道藩爲美術教育工作者，早在 1939 年即奉蔣中正之命，成立中央文化運動委員會，已有深厚的文化運動推行經驗。各期編輯分別爲：第 1 到 41 期葛賢寧，第 42 至 51 期胡一貫，52 至 60 期爲王平陵，61 至 68 期虞君質，皆積極響應文藝論述建構、發表篇章甚豐。胡一貫雖爲軍職，資歷也十分豐富：30 年代任教於中央政校國文系、1951 年爲自立晚報主筆，1959 年任政工幹校（即今日國防大學政治作戰學院）新聞系主任，亦是軍中文藝的一枝健筆。參看黃怡菁論文所編列《《文藝創作》歷屆編輯學經歷一覽表》。黃怡菁，《文藝創作（1950～1956）與自由中國文藝體制的形構與實踐》（新竹：清華大學臺灣文學研究所碩士論文，2006 年），頁 25～61。

考察《文藝創作》歷年刊出的京劇論述與回顧文章，計有以下數篇：

表一 《文藝創作》所刊京劇相關論文

| 期　　數 | 出刊日期 | 篇　　　名 | 作者 | 頁　數 |
|---|---|---|---|---|
| 第三期 | 1951.07.01 | 論國劇通俗化 | 齊如山 | 48〜58 |
| 第九期 | 1952.01.01 | 一年來自由中國的平劇 | 齊如山 | 30〜32 |
| 第十期 | 1952.02.01 | 論國劇經濟化 | 齊如山 | 20〜28 |
| 第十九期 | 1952.11.01 | 談地方戲 | 齊如山 | 110〜111 |
| 第二十期 | 1952.12.01 | 平劇的藝術價值和今後應有的努力 | 費嘯天 | 109〜113 |
| 第二十一期 | 1953.01.01 | 一年來自由中國的平劇 | 齊如山 | 17〜21 |
| 第二十五期 | 1953.05.01 | 論平劇的特質及其戰鬥力量 | 齊如山 | 11〜17 |
| 第三十三期 | 1954.01.01 | 論現階段平劇創作的方法 | 齊如山 | 31〜35 |
| 第三十四期 | 1954.02.01 | 談國劇的落寞 | 齊如山 | 20〜26 |
| 第三十七期 | 1954.05.01 | 國劇的論評 | 齊如山 | 28〜36 |
| 第四十九期 | 1955.05.01 | 如何改良平劇 | 費嘯天 | 134〜138 |

資料來源：本表格整理自《文藝創作》。

此批文章內容，觸及京劇特質、改良與發展回顧，不僅作者為一時之選，其中呈現的改良意識及創作觀，與本章探討的時代任務更是相關。

以作者而言，齊如山、費嘯天兩人皆具備京劇相關背景，其中構想相對有所依據。齊如山早年與梅蘭芳交好時已有創作經驗，主持北平國劇學會會務則有理論研究經驗，來臺後仍持續研究理論，亦偶有劇本寫作，為《文藝創作》寫作多年的年度平劇工作回顧，又為平劇地方劇委員會主委，且任多屆國軍文化康樂大競賽平劇組評審，兼具京劇創作、理論與評論多項專長。費嘯天能編、演與推廣，劇本為《文藝創作》刊出之外，且能票戲，〔註41〕另在警察廣播電臺主持京劇節目，〔註42〕報刊中也常見費嘯天為文評介演出，〔註43〕或介紹劇界訊息。〔註44〕透過兩人論述與劇作相互參照，於指示

---

〔註41〕〈正聲今臺慶，播特別節目〉，《聯合報》第 3 版，1954 年 4 月 1 日。〈廣播界今慶佳節，總統特頒訓勉詞〉，《聯合報》第 2 版，1952 年 3 月 26 日。〈藝文走廊〉，《聯合報》第 3 版，1953 年 2 月 13 日。

〔註42〕同註 1 王安祈，《臺灣京劇五十年（上）》，頁 181〜182。

〔註43〕〈復興劇校公演觀後，兼論李湘芬之演技〉，《聯合報》第 6 版，1958 年 1 月 27 日。

〔註44〕〈追悼教伯言〉，《聯合報》第 8 版，1959 年 9 月 21 日。

創作方法之餘，或許正暗藏著主事者想像中的創作觀。

齊如山與費嘯天的論述中，涉及京劇創作的歷史回顧、戲劇作用之說以及創作選材等面向，並且反映部分當時兩岸京劇發展樣貌，恰能勾勒出其認知中京劇爲時代任務創作的態度。總體而言，此間反映出兩人對京劇宣傳工作的認同、對京劇改良無用論的反駁，以及對創作方向的提示。

對京劇創作做爲宣傳手段的肯定，是出於移風易俗、牽制人心動向，能夠發揮戰鬥力的考量。此種說法，事實上就是戲曲教化作用在清末以來的強化：如齊如山便以爲，在民國以前，文盲多、就學狀況不普遍，知識來源依賴小說、鼓詞與戲劇等藝術形式，透過觀賞後眾人交流，藉以深化其中接受到的思想，而戲劇由人扮演，則使民眾印象更深、討論面向亦更廣，此種影響人心的力量，即是京劇的戰鬥力。〔註 45〕爲了證陳文獎會作業之必須，齊如山還以皮黃戲創作爲論點，以爲清末以來文人捧角兒編戲與社會發展無關，民國以後又恰逢話劇盛行、風向轉變，唯有此際經由文獎會等機關提倡，方才使得文人投入創作，使京劇發揮改變社會的力量；而引介劇作爲軍中劇團排練之舉，不僅使劇作確實發揮效用，並能吸引更多創作者投入，〔註 46〕至於中共藉由秧歌做政治宣傳，〔註 47〕以及從香港獲得的大陸戲曲改革資訊，〔註 48〕也被當作行文中的有力例證。

當京劇被與移風易俗緊密連結，成爲文人想像中的、極度功能性的藝術創作同時，質疑的聲浪也未曾平息：此際的京劇觀眾減少，興起一股對京劇未來發展性的討論；而此種強烈目的性的創作，生命也十分短暫。針對第一個疑問，齊如山顯然是過度樂觀。在齊如山的觀察中，青年學子確實因爲文化隔閡不愛舊劇，但以此時此地歌仔戲依然風行爲例，認爲多數民眾仍然愛看舊劇，舊劇仍有發展前景。〔註 49〕而反共抗俄劇本雖然因爲具備強烈目的

---

〔註 45〕齊如山，〈論平劇的特質及其戰鬥力量〉，《文藝創作》第 25 期（1953 年 5 月），頁 11～17。

〔註 46〕齊如山，〈一年來自由中國的平劇〉，《文藝創作》第 9 期（1952 年 1 月），頁 30～32。

〔註 47〕齊如山，〈談國劇的落寞〉，《文藝創作》第 34 期（1954 年 2 月），頁 20～26。

〔註 48〕齊如山，〈一年來自由中國的平劇〉，《文藝創作》第 21 期（1953 年 1 月），頁 17～21。

〔註 49〕齊如山將落寞的定義割裂爲理論與實務，以筆者來看，即是外在市場與藝術本身。在齊如山的觀念中以藝術爲本位，擔憂的是藝術本身被傷害而造成實質的落寞，而輿論中提出舊瓶新酒的扞格、新觀眾的缺乏，反而被認爲不是

性，或許舞臺生命較爲短暫，但在此時此地可用於警醒民眾、提高士氣民心，而在收復全國之後，仍具備教育與說服之功能。〔註50〕

　　京劇被堅定地定調於移風易俗、教化功用上，遂使得舊形式如何運用時代召喚下的新內涵，引導觀眾感知並提供想像，成爲選材之中十分重要的課題。根據費嘯天的觀察，藝術形式勢必對創作題材有所影響，因此雖以反共與民族精神爲最高指導原則，但仍須以京劇固有的形式爲載體，編演運用舊形式、書寫歷史故事並發揚傳統道德的劇作，並且因應時代變革，過濾俚俗、荒唐語詞，加強國族思想的宣揚，藉此充實劇目，〔註51〕而齊如山亦曾提出類似論點，注意劇團與演員的意向，呼籲按照觀眾喜聞樂見的方式，編演可常演且叫座的劇作。〔註52〕換言之，此中的討論並不僅是文人中心的考量，並且注意到演員與市場規律中的觀眾重要性，不啻爲提醒觀眾所具有的選擇權。

　　整體而言，無論是產出多數文章的齊如山，或是論點多步其後塵的費嘯天，雖然兩人皆考量創作、演出等實務問題，注意演員與劇團發展，並呼籲文人、學者投入創作，但其想像藍圖都過於美好：創作被與文人連結，但忽略劇團的創作規律；以爲京劇前景一片光明，而未能尋找確實可用的推廣方式；創作機制雖然落實，但觀眾的審美觀與愛國心如何自處，都將是此批創作在日後必須經歷的考驗。以鼓動文人創作而言，齊如山對京劇創作歷史的回顧中，似乎未顧及清末以來演員的自發性創作，而將範圍限制於文人作品，使評斷不夠公允，且有溢美傾向。發展前景的評估上，對合京劇史的發展可知，此後的京劇觀眾群確實縮減，而《文藝創作》刊出劇作也少見於舞臺，更遑論反攻大陸後的思想教育之用。在激發愛國心的考量上，此批劇作或許在創作形式上切合觀眾的傳統審美觀，但搬演紀錄不多，舞臺上仍是傳統劇目爲主，更難以討論其中成效。從創作到演出之茲事體大，此批劇作能否搬演於舞臺，尚需作家、劇團與演員的多方配合，因此暫時按下不談，留待下一章參酌市場狀況檢驗。

　　　　眞正的落寞。同註47。

〔註50〕同註46。

〔註51〕費嘯天，〈平劇的藝術價值和今後應有的努力〉，《文藝創作》第 20 期（1952 年 12 月），頁 109～113。

〔註52〕齊如山，〈論現階段平劇創作的方法〉，《文藝創作》第 33 期（1954 年 1 月），頁 31～35。

## （二）以文人為主的劇作作者群

　　恰如齊如山的呼籲，此批獲刊京劇劇本的創作者多爲文人，並可劃分爲具備京劇票友或演員身分者，以及素人作家。不過，素人作家資料多不可考，〈編後語〉寥寥幾筆也無益於尋找更多資訊，對研究助益不大。因此，此處將聚焦於票友文人及演員創作者，討論作者與創作呈現樣貌的關聯。根據新聞資料與《文藝創作》回顧，數年間獲文獎會補助、刊出劇本，以及獲文獎會補助但未刊出之劇本，計有下列各齣，分別規劃爲兩個表格；

## 表二　《文藝創作》所刊京劇劇本

| 劇　　名 | 作　者 | 刊載期號 | 頁　數 | 場次 |
|---|---|---|---|---|
| 新送京娘 | 小穀 | 5 | 106～138 | 13 |
| 李貞娘 | 費嘯天 | 8 | 42～63 | 13 |
| 金釵記（上）、（中）、（下） | 張大夏〔註53〕 | 11<br>12<br>13 | 11：33～51<br>12：52～60<br>13：38～50 | 45 |
| 勾踐復國 | 齊如山 | 19 | 1～28 | 25 |
| 沈雲英 | 亓冠文 | 32 | 34～52 | 24 |
| 萃芳亭 | 張大夏 | 34 | 71～102 | 35 |
| 林四娘 | 趙之誠〔註54〕 | 35 | 80～98 | 24 |
| 弑父獻妹 | 周正榮 | 38 | 28～47 | 16 |
| 紈扇記（上）、（下） | 張大夏 | 41<br>42 | 41：41～59<br>42：83～100 | 29 |
| 文天祥 | 李熙 | 50 | 61～86 | 32 |
| 陳麗娘 | 傅家齊 | 51 | 69～80 | 14 |
| 節義圖、節義圖（續完） | 亓冠文〔註55〕 | 53<br>54 | 53：105～121<br>54：106～123 | 34 |
| 人倫鑑 | 張大夏 | 62 | 53～63 | 27 |
| 陳圓圓 | 趙之誠 | 65 | 47～60 | 11 |

資料來源：本表格整理自《文藝創作》、《聯合知識庫》。

---

〔註53〕王藍對張大夏的作品回顧中，曾提及張大夏還做《小精忠傳》、《新四郎探母》，認爲均富有濃厚的愛國意識，寫得都很成功。王藍，〈從「新四郎探母」說起〉，《聯合報》第6版，1954年12月1日。

〔註54〕1954年，創作《博浪椎》獲五四文藝獎金長篇平劇第三獎。張道藩，〈同爲新文藝的遠景而努力〉，《文藝創作》第45期（1955年1月），頁1～5。

〔註55〕另有《中秋抗暴圖》獲中華文藝獎金委員會的四十五年度文藝獎金，爲平劇類第二獎。〈今爲文藝節，文協有盛會，中華文藝獎金會，本年得獎人發表〉，《聯合報》第3版，1956年5月4日。

表三　中華文藝獎金委員會給獎但未在《文藝創作》刊出之劇本

| 劇　　名 | 作　者 | 得獎年／獎項 |
|---|---|---|
| 草木皆兵〔註56〕 | 劉孝推 | 1955 年五四文藝獎金長篇平劇第三獎 |
| 鄭成功 | 費嘯天 | 劇本皆在 1950 年至 1953 年間完成〔註57〕 |
| 華盛園 | 費嘯天 | |
| 碧血丹心 | 費嘯天 | |
| 夫人城〔註58〕 | 張大夏 | |

資料來源：本表格整理自《文藝創作》、《聯合知識庫》。

　　文人與票友是創作者中最大的群體，費嘯天、齊如山、張大夏、趙之誠、李熙皆屬之，票友更佔超過 2/3 的比例，這些人多數具備舞臺經驗或編劇經驗，因此對舞臺調度、場面規範有相當概念，創作之初對唱腔已有定見。在此批創作中，唱腔與角色安排是基本要求，少數附上角色穿戴：張大夏寫作《金釵記》、《萃芳亭》、《紈扇記》，李熙之《文天祥》都列有穿關。

　　值得注意的是，演員周正榮也以《弒父獻妹》獲得獎金補助，該劇更是此中絕無僅有、以戲曲衣箱演當代故事的現代題材創作。《文藝創作》僅刊出一齣演員創作或有兩種解釋：可能是演員知識水平不足，無法將所想文字化為劇本；也可能是演員對發揚民族精神、反共抗俄的創作興趣不大。參酌此際演員的組成，筆者更傾向於後者。誠然，此時部分演員或為舊式科班出身，訓練中注重術科、缺乏學科，甚至並未安排劇本寫作課程，但也有經過學科、術科訓練的，由新式教育觀念培育的戲曲學校畢業生，而無論是舊式科班或新式教育的戲曲學校畢業生，在大陸時都不乏搭班跑碼頭的經歷，臨時被要求演出新戲因而「鑽鍋」當為常態，〔註59〕連綴、改編、整理或重排相關劇目成為本戲，也是演員擁有的基本技能。〔註60〕此外，1950 年代至 1960 年代

<hr>

〔註56〕張道藩，〈戰鬥文藝新展望〉，《文藝創作》第 57 期（1956 年 1 月），頁 1～6。

〔註57〕其中《鄭成功》一劇，係根據呂訴上稱大鵬劇團於 1956 年以費嘯天之《鄭成功》奪冠而來，但包緝庭則以為是軍中文藝獎金獲獎作品，確切時間與作者皆須更進一步的證實。〈編後〉，《文藝創作》第 20 期（1952 年 12 月），頁 127。包緝庭，〈國軍康樂競賽平劇觀感（七）〉，《聯合報》第 6 版，1955 年 11 月 26 日。〈總政治部藝術獎金，錄取作品發表，作者即可持據領獎〉，《聯合報》第 2 版，1952 年 1 月 8 日。呂訴上，〈鄭成功的戲劇，平劇「鄭成功」，曾得文康競賽冠軍獎〉，《聯合報》第 7 版，1961 年 5 月 17 日。

〔註58〕〈編後〉，《文藝創作》第 11 期（1952 年 3 月），頁 118。

〔註59〕「鑽鍋」為梨園界行話，指為了扮演自己不會的角色臨時學習。

〔註60〕如高慶奎將《脂粉計》與《七星燈》連演；胡少安能演《滑油山》接《游六

間，演員在劇團中確實通力合作創作、修編劇目，甚至與票友、琴師聯手，運用唱片、錄音排演本戲，[註61] 但其中選材原則仍十分傳統。因此，當文獎會以高額獎金獎掖創作時，獲刊作品中卻缺乏演員創作，較大的可能便是演員無心於此。「傳統」的抉擇，不僅是演員編排新戲的原則，事實上更是此際市場的接受傾向，因此當放到後章，在討論市場反應時提出，在此按下不談。

### （三）劇作題材與想像

正如前面對創作觀所作的梳理，此批劇作確實多數滿足齊如山、費嘯天兩人對取材的提示，運用「歷史題材」意欲指涉「反共抗俄」、「民族精神」，唯獨周正榮運用當代題材寫作。透過劇本閱讀可知，劇作的時代背景設定大致如下：

### 表四 《文藝創作》所刊京劇劇本故事背景

| 劇　　名 | 作　者 | 朝代 |
|---|---|---|
| 新送京娘 | 小穀 | 五代 |
| 李貞娘 | 費嘯天 | 南宋末抗元、賈似道亂政 |
| 金釵記（上）、（中）、（下） | 張大夏 | 明末李自成之亂 |
| 勾踐復國 | 齊如山 | 吳越之爭 |
| 沈雲英 | 亓冠文 | 明末張獻忠之亂 |
| 萃芳亭 | 張大夏 | 唐代朱泚之變 |
| 林四娘 | 趙之誠 | 明末 |
| 弒父獻妹 | 周正榮 | 民國 |
| 紈扇記（上）、（下） | 張大夏 | 北齊入寇 |
| 文天祥 | 李熙 | 南宋末抗元、賈似道亂政 |
| 陳麗娘 | 傅家齊 | 明末〔註62〕 |
| 節義圖、節義圖（續完） | 亓冠文 | 北宋抗金 |
| 人倫鑑 | 張大夏 | 明 |
| 陳圓圓 | 趙之誠 | 明末 |

資料來源：本表格整理自《文藝創作》。

---

殿）；《金錢豹》、《盤絲洞》、《盜魂鈴》合稱《金盤盜》演出。

〔註61〕李元皓，《不辭遍唱陽春──京劇鬚生李金棠生命紀實》（宜蘭：傳藝中心，2014年），頁86、87。

〔註62〕根據第二場「從軍本是英雄志，掃平賊寇復大明」推測。

　　出於作者對歷史與當代題材的選擇歧異，劇作在唸白、唱詞中亦呈現不同的風貌。以歷史題材而言，為使歷史故事滿足反共抗俄需求，無論其中劇作是否有舊本參考，出於時代意義的轉變，因此或是適切地加入當代、反共語彙，或是在情節上予以變動，但在周正榮所寫的《弒父獻妹》中，則全然跳脫此種規範。

　　以文辭的運用而言，多是在舞臺規範之中，透過丑角，或加入正、反面人物設定完成。丑角的文辭運用，是藉由其表演中相對靈活的特質，運用插科打諢、打破舞臺時空的手法，在歷史故事中置入反共語彙，宛如「穿越」一般，痛陳中共的壓迫無道。如張大夏的《紈扇記》中，雖以毛豹勾結北齊侵擾中原為背景，寫鄧龍光、喬若蘭之遇合，及莊振嶽投軍卻敵之事，但卻能借陳朝投軍人吉慶之口，直指劇本閱讀者所處時空中，海峽彼岸中共政權之下的苦況。因此，丑角吉慶在投軍時的罵賊【數板】與道白中，便說出中共的三反、五反、坦白、清算與鬥爭等種種當代名詞，道明四維八德混亂的樣貌，甚至挑明俄國與中共的勾結，完全無時空限制的問題，不得不讓人莞爾：陳朝的投軍人竟有先知的本領。

　　正、反面人物的設定，則是藉由姓名諧音與角色行止搭配，予人指涉之感。《節義圖》中此種範例比比皆是：留戀故國、搭救女主角玉華的老農夫，名為「鍾國魂」；以《說岳全傳》降金的劉豫、曹榮，做為勾結北國的反面角色，分別冠以「山貓」、「野豬」的渾名；傳達老大王旨意，要求食糧、美女的北國天使名為「完顏托夫」、「完顏斯基」；劉豫之妻「毛藍蘋」，還要為北國天使侍寢。此中的老農夫鍾國魂，與其將之視為宋朝俠士，毋寧說他是光復以後至 1950 年代報刊社論中，「中國魂」想像的擬人化。〔註63〕將劉豫、曹榮冠以「山貓」、「野豬」的渾名，則使劇中角色在破口痛罵「豬貓竊據大

〔註63〕以清末許之衡的看法，國魂為「立國之本也」；前國防部總政戰部主任王昇，則以立國精神為國魂，以軍人魂為兵魂。由於共通之處為「立國」，因而在詮釋上必須處理外在政治局勢給予的刺激，及時代做出的回應，因此，每個時代當有每個時代的立國精神，每個時代的國魂內涵當不相同。以 1950 年代而言，是時「國魂」的概念十分模糊，即便社論中可見較為完整的解釋，也是倫理道德與民族性相互混淆的論述，導向各種美善與堅忍，或許是歷史情結所致，也有民眾以「國魂」做名字，新編歷史古裝話劇亦以之為名。不過，由於「中國魂」之定義與形塑並非本文重點，在此不擬深入討論。對於何為「中國魂」的討論或可參看〈社論：認認中國魂〉，《民報》第 1 版，1946 年 6 月 19 日。

陸」時，觀眾能隨即與當時的種種反共標語連結，〔註64〕了解其背後「殺豬拔毛」、「中共竊據大陸」的深意。北國使節的姓名，以金人姓氏「完顏」，連綴俄國姓氏的結尾「托夫」與「斯基」，則是指涉中共與蘇聯的附庸關係。陪侍北國使節的「毛藍蘋」，則是以毛澤東之妻江青藝名「藍蘋」冠夫姓而成。因此，創作中的正面角色似乎都具備固有美德化身的性質，而反面角色或是隱射中共黨人，或成為對中共政治敗壞印象的擬人化。

劇作取法歷史並透過情節改編獲獎者，多是假託史事以敘說忠孝節義、抗敵救國精神之作，延續抗戰以來的創作路數。在此批創作中，大致有以下特點：其一，由於內容敷演歷史故事，部分劇目有異名同實或同名劇目存在，雖較為人所熟悉，但情節多有更動；其二，劇作無舊本參照，但情節安排在其他劇作中可見，予人熟悉之感。

有同名劇目者如趙之誠《陳圓圓》（以下稱「趙本」），舊本為《京劇匯編》第三十七集趙綺霞藏本《陳圓圓》（以下稱「匯編本」）。〔註65〕兩本差異包括：取材斷限、劇情主軸、角色分配及人物形象等面向。在取材斷限上，趙本以吳三桂拜訪玉峰班始，以圓圓自盡、三桂被迫起義止；匯編本以吳三桂領旨回京始，以勸慰圓圓同赴任所止，因此兩者陳述的內容也有出入，尤其在兩人的感情發展上，大約可以清兵入關為界，兩部作品中的描寫側重與故事走向差異極大。以劇情主軸與角色分配而言，趙本主線在國破家亡教訓，因而在吳三桂、陳圓圓之外，其餘角色也有發揮；匯編本集中於陳圓圓與吳三桂身上，主角行當發揮之處較多。

假若仔細閱讀劇本與其間提供的舞臺指示，也能發現趙本吳三桂的天真且耽於安逸，匯編本吳三桂的世故老練。趙本吳三桂兩度向多爾袞確認是否出關，在易清裝時內心羞慚、口稱容忍，反應平平，陳圓圓卻聽經向佛、出家修行，幾度勸諫反清復明，最後不惜死諫入夢，卻仍為吳三桂敷衍，悲劇性質濃厚，正如《桃花扇》中侯方域不如李香君，名士不如名妓的對比，增強民族大義與反清復明的力度。匯編本中，吳三桂雖然對受封平西王一事沒有特別抗拒，但在多爾袞為之整容辮髮時，豐富的內心活動與身段搭配得宜，

---

〔註64〕 中央委員會秘書處編，《中央改造委員會會議決議案彙編》（臺北：中國國民黨中央改造委員會，1952年），頁233～235。

〔註65〕 《京劇劇目辭典》，提及「據《五十年來北平戲劇史材》：1923年12月，楊小樓、朱琴心曾演於開明戲院。又清末四喜、玉成二班社亦曾演出」。曾白融主編，《京劇劇目辭典》（北京：中國戲劇出版社，1989年），頁959。

從「出神介」、「揚袖自看介、捫心自問介、頓足介」到「揖介」，體現吳三桂從內心掙扎到腆顏事新朝間的心理活動，而見到天子喪禮葬崇禎、皇女儀注嫁公主與明室擇賢襲爵等奏摺為皇上批准，則使吳三桂完全心服。綜上所述，置身於 1950 年代，欲以吳三桂降清的故事指涉反共抗俄，即便匯編本具備較高的藝術性，但僅具備民族氣節的警告，反而不如趙本適合宣傳救國思想。不過，相較於《文藝創作》中許多劇作以勝利告終，指涉國軍光復大陸的美好願景，趙本《陳圓圓》以吳三桂降清史事為題材，自然受限於史實，無法提供勝利的想像，想來意義當不在此。因此，全劇所圖，當是高舉「反清復明」大纛，折射是時「反共抗俄」目標，並為民族情感找到宣洩出口。

劇作無舊本參照，但情節予人熟悉感者如《節義圖》。《節義圖》脫胎自《說岳全傳》，在情節上予以挪移搭配，加入人物、強化善惡對比，並運用《華麗緣》中女扮男裝、高中狀元等情節連綴而成：該劇以劉豫、曹榮投靠胡虜，侵擾中原為背景，孟邦傑仗義打死劉子而受迫出逃、與妻孟玉華離散，父親則罵賊而死，孟邦傑與岳真、金彪等人聚義後復投入岳飛帳下，遇上假扮男子「孟邦傑」、得中狀元為岳飛參軍的孟玉華，最終夫妻相認，老農夫鍾國魂率領的鄉親與岳家軍會合，「活捉豬貓」，押送往「政府」以正典刑。《節義圖》與《說岳全傳》的不同之處，應是在國仇家恨題材的基礎上，設計政治壓迫與感情磨難雙主線，書寫豬貓惡行惡狀，並透過《華麗緣》情節帶來趣味。

相較於歷史題材作品採取較為迂迴的方式，運用相對符合藝術規律的路線，依靠歷史教訓與情節指涉打動人心、喚醒民眾，周正榮寫作的現代題材劇作《弒父獻妹》則完全無以上桎梏。《弒父獻妹》一劇，寫中共佔領下，南日島上附匪份子毀壞人倫綱常，終於招致毀滅的故事：楊民幼年與父楊老漢、妹慧蓮失散，及長附匪為南日島匪黨三寨主，與父相認後見慧蓮貌美，欲以之為逐利跳板，威逼利誘下將父親拷打身亡；慧蓮為報父仇假允親事，身藏利刃於洞房行刺未遂，慧蓮再誣陷楊民以報父仇；與此同時，慧蓮為國軍閩海突擊隊探子所救，國軍閩海游擊隊登陸南日，終於清剿匪黨、南日光復。換言之，周正榮的劇作，本身就是此時此地的反共想像，甚至可被視為此際時事新戲脈絡下的實驗之一。

出於時空條件的特質，周正榮的創作具備以下特點：（一）各類角色都能自如地兼用新舊稱謂、詞彙；（二）安排專門場次敘說反攻復國大業；（三）唱段大幅減少，或有向話劇靠攏的傾向；（四）穿戴設計上，以既有衣箱傳統

戲服演出現代故事；（五）情節中可見舊劇關目的痕跡。

　　作品中兼用新舊稱謂與詞彙，也是此批作品的特點之一。以歷史題材寫作時，往往為求不出格，僅在丑角插科打諢時運用口語的、時代的語彙，但周正榮寫作的現代題材中，則是打破行當限制，完全敞開了寫。在唸白之中，除去丑行的唸白裡滿是「江西井崗山」、「造反成功」與「馬克思主義」等詞彙外，末行的楊忠厚痛責楊民也曾說出「清算鬥爭」、「朱毛奸匪」或「俄寇的走狗奴才」等語詞，反而是慧蓮與閩海突擊隊的用詞相對傳統。在唱段方面，也是丑行與末行都能夠運用：楊民勸慧蓮改嫁的【流水】中，便利用種種當代的物質享受予以誘騙，舉凡「坐汽車」、「住洋房」都能寫入當中；而楊忠厚死前控訴奸黨匪徒的【搖板】，更融入當時的政治語彙，「願國軍早反攻收復失土、中華民國萬萬春」。

　　在安排場次敘說反攻大業中，周正榮大刀闊斧地開闢一場，安排四個丑行辯論，指出建設金門的必須，描摹反攻必成的願景。在此設計中，藉由其中人物對體力勞動的厭惡、反攻時機的疑慮，以及反攻成功可能性的質疑，安排其他角色介紹國內建設的必要、國內民生與政策現況，以及大陸現況的黑暗。此種安排與其說是說服劇中的質疑者，毋寧說是期望透過可能的演出機會，以之說服臺下的看客。此外，全劇結局設定為光復南日島，因此在結尾處也安排劇中群眾說道「想朱毛奸匪俱是賣國求榮的漢奸走狗、我等受不了他們的壓迫、情願跟隨元帥回至自由祖國的懷抱」，宣誓意味昭然若揭。

　　相較於傳統劇作本戲中對唱段的運用，《弒父獻妹》雖有一定篇幅，但唱段已然大幅減少，極為依賴唸白推進故事發展。《弒父獻妹》計 16 場，唱段相對簡短、零碎，幾乎全篇皆為唸白。在此情況下，《弒父獻妹》既不能賣唱工，劇作中武戲又少，在武打與做工上的可加工空間不大，難以加強其趣味性，可說是與過去的京劇審美觀相去甚遠。事實上，依賴唸白推動故事線發展絕非周正榮所獨有，即便是其他《文藝創作》所刊劇作，也因為說理等緣故，或多或少有此傾向。

　　演出當代題材應當如何穿戴，已在前一章針對抗戰時期的回顧中有過討論，其本質上僅是有無衣箱的考量。根據抗戰經驗可知：衣箱更適合運用於歷史題材，以之演出現代題材將使人感到違和感；假若以當代的衣著演出現代題材，視覺上確實能與劇情取得統一，但卻可能衍生身段安排的問題。在周正榮的創作中，雖然演出當代故事，並且讓演員開口唱出當代詞彙，但容妝穿戴卻

相對保守，選擇以既有戲服表現現代史事。因此，楊忠厚的「鴨尾巾、蒼三、古銅褶子、絛子」一如店東家，楊慧蓮「大頭、青褶子、腰包」的穿戴，以及刺匪一場脫帔、亮匕首的設計，則與《審頭刺湯》裡的雪艷如出一轍。

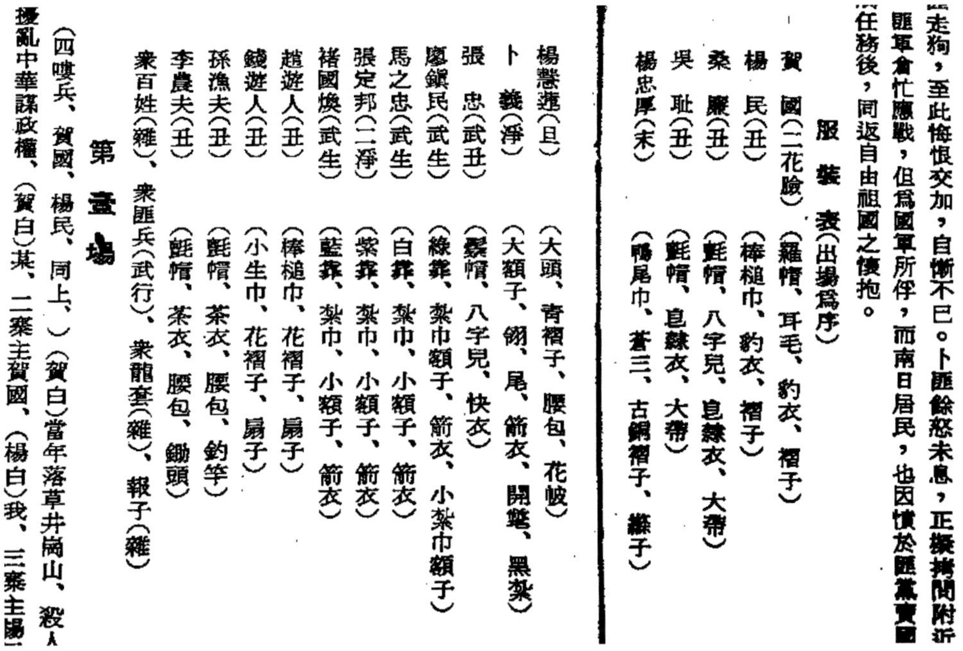
走狗，至此悔恨交加，自慚不已。卜匪餘怒未息，正擬拷問附近
匪軍倉忙應戰，但爲國軍所俘，而南日居民，也因憤於匪黨賣國
任務後，同返自由祖國之懷抱。

服裝表（出場爲序）

賀　國（二花臉）（羅帽、耳毛、豹衣、褶子）
楊　民（丑）（棒槌巾、豹衣、褶子）
桑　賺（丑）（氈帽、八字兒、皂隸衣、大帶）
吳　耻（丑）（氈帽、皂隸衣、大帶）
楊忠厚（末）（鴨尾巾、蒼三、古銅褶子、絛子）
楊慧蓮（旦）（大頭、青褶子、腰包、花帔）
卜　義（淨）（大額子、翎、尾、箭衣、開氅、黑紮）
張　忠（武丑）（氈帽、八字兒、快衣）
廖鎮民（武生）（綠靠、紮巾額子、箭衣、小紮巾額子）
馬之忠（武生）（白靠、紮巾、小額子、箭衣）
張定邦（二淨）（紫靠、紮巾、小額子、箭衣）
褚國煥（武生）（藍靠、紮巾、小額子、箭衣）
趙遊人（丑）（棒槌巾、花褶子、扇子）
錢遊人（丑）（小生巾、花褶子、扇子）
孫漁夫（丑）（氈帽、茶衣、腰包、釣竿）
李農夫（丑）（氈帽、茶衣、腰包、鋤頭）
衆百姓（雜）、衆匪兵（武行）、衆龍套（雜）、報子（雜）

第壹場

（四嘍兵、賀國、楊民、同上、）（賀白）當年落草井崗山、殺人
擾亂中華謀政權、（賀白）某、二寨主賀國、（楊白）我、三寨主楊

圖 4-1　周正榮《弑父獻妹》之穿戴（影本）

## 二、劇作內涵爭議促成的《新四郎探母》編寫

相較於文獎會與《文藝創作》構成創作機制、持續推出新劇本，政府業務中亦不乏社會教育相關業務推動的零散創編，委由具備京劇專業的文人票友執筆，如趙之誠《黃帝》、張大夏《新四郎探母》皆屬此類。其中又以張大夏《新四郎探母》影響範圍較廣，爲民間、軍中劇團演出，有豐富的報刊討論，能夠描摹出政治環境中劇作思想遭遇的考驗，因此當以之爲社會教育中零散作品的代表探討對象。綜觀《新四郎探母》的編寫，事實上具備原作爲泛政治化解讀，以及因此促成的舊作改編兩種特質。

### （一）泛政治化詮釋的《四郎探母》

張大夏《新四郎探母》脫胎自《四郎探母》，是時代氛圍下泛政治化詮釋帶來的改編。《四郎探母》敷演楊四郎說服鐵鏡公主，合謀騙得令箭出關探母

之事：十五年前宋、遼兩國於金沙灘交戰，楊四郎兵敗被擒，將楊姓拆爲「木易」二字爲姓名，隱瞞身分與遼邦鐵鏡公主成婚；十五年後宋、遼再度交戰，四郎聞知母親領兵押糧北上，遂向鐵鏡公主表明身分，說服鐵鏡公主盜取令箭以出關探母；得到令箭後，楊四郎披星戴月奔赴宋營與母親佘太君、弟延昭與元配孟金榜團聚；事後，爲不負與鐵鏡公主的夫妻之約，四郎又連夜趕回遼邦，並爲蕭太后降罪、一度欲斬，直至鐵鏡公主以死相逼，蕭太后方才改判四郎鎮守北天門。在此際的演出之中，已然出現架構完整的八個場次：〈坐宮〉、〈盜令〉、〈出關〉、〈見娘〉、〈哭堂〉、〈別家〉、〈回令〉、〈求情〉，從四郎思鄉始，終於改判鎮守北天門。〔註66〕《四郎探母》雖是傳統劇目，被認爲編寫於清末，〔註67〕又有多年的藝術錘鍊，但經歷近代啓蒙思潮，以及二十世紀初戰亂的洗禮，看待四郎的眼光卻逐漸轉變。

　　二十世紀的上半葉，四郎始終被「忠君愛國」的原則檢視，但許是藝術性與思鄉之情的緣故，《四郎探母》屢禁而不絕，每個年代與政權都曾重申禁令。在抗戰以來，楊四郎被認爲是不忠不孝、貪生怕死、屈膝事敵、置國仇家恨於不顧者，竟在十餘年後才想起探母；〔註68〕而1949年中共建政後的改本中，則認爲原劇具有溫情主義，〔註69〕遂改爲延昭斥責四郎，以四郎自刎做結，使得觀眾難以接受。〔註70〕與此同時，遷臺以降對《四郎探母》的檢討，同樣具備以時代意義爲標準的特質：在反共抗俄的年代裡，《四郎探母》中不忠不孝的思想，難以激發民族正義、救亡圖存，因此應當以其相對完整的藝術性爲基礎予以增刪，以求喚醒民族氣節。〔註71〕換言之，至本文所欲探討的1950、1960年代爲止，《四郎探母》的命運多舛皆因四郎形象而起：楊延輝有「漢奸意識」、「變／失節」之虞。

　　《新四郎探母》的編寫，即在前述政治氛圍與議論中產生：此際的政治審美主導藝術審美，不予修改實在無從解禁，遂有教育部歌劇改良委員會徵求專家意見，統整後委由張大夏執筆改編之舉。不過，針對《新四郎探母》

---

〔註66〕 沈吟，〈也談「四郎探母」〉，《聯合報》第6版，1954年12月9日。

〔註67〕 同註65曾白融主編，《京劇劇目辭典》，頁175、176。

〔註68〕 陳宏，〈《四郎探母》小喜神牽動的親情大戲〉，《陳宏看戲》，（臺北：有容文化，2011年），頁22～33。

〔註69〕 王藍，〈從「新四郎探母」說起〉，《聯合報》第6版，1954年11月29日。

〔註70〕 張煉紅，〈罪與罰：《四郎探母》、《三關排宴》的「政治」和「倫理」〉，《現代中文學刊》（2013年），頁83～96。

〔註71〕 趙鑫源，〈關於「四郎探母」〉，《正氣中華報》第2版，1954年1月31日。

的編寫，此際的文人態度各異，多以藝術性與固有道德立論，認爲該劇唱做並重，反駁四郎助長投共風氣的想像，〔註 72〕以爲不對劇作做任何修改，即是對中共改革的反擊。〔註 73〕而張大夏的改編任務，便在外界的相關議論中進行。

### （二）從漢奸到間諜——《新四郎探母》的編寫

張大夏編寫《新四郎探母》訊息雖見於報端，目前卻無直接劇本可供查考。〔註 74〕目前對《新四郎探母》較爲確切的輪廓描摹，大致來源包括：張白青〈對「新四郎探母」的四點意見〉一文，〔註 75〕空軍康樂大隊大鵬平劇團（以下簡稱「大鵬劇團」）出版《新四郎探母》（以下簡稱「大鵬本」），〔註 76〕以及關鴻賓、林萬鴻《國劇戲考》收錄之《四郎探母》（以下簡稱「關本」）。張白青之作，是閱讀張大夏稿件後的回應。大鵬本雖無標示明確年分，但典藏館所國家圖書館，援引中央研究院近代史研究所郭廷以圖書館所藏《新四郎探母》資訊，認定爲 1955 年出版，參酌張大夏《新四郎探母》曾爲大鵬劇團排演，〔註 77〕且內文與張白青文章記錄出入不大，或爲張大夏之作排演後印行。關本出版單位列有「商社票房」，登場人物表下標註有「根據教育部中國歌劇改良研究委員會修訂本編訂」字樣。整體而言，張白青的文章能使人大致了解張大夏改動之處，而大鵬本則帶著幾分劇團演出本的味道，關鴻賓的選輯行爲，則使審訂本與戲考出版品產生連結，隱藏著推廣普及的期待。

〔註 72〕王藍又接著說：這理由極爲簡單：有那幾個在大陸上向匪投靠的政客與軍閥是受了「四郎探母」的影響才向匪投降靠攏的？那些敗類想和楊四郎相提並論倒是太侮蔑了楊四郎哩。楊四郎並非不戰而降，而係在火線上被俘，降後並未獻計如何攻打宋室以圖立功，而仍時時惦念南朝惦念老母，這比傅作義張治中程潛諸逆的人格要強得太多了。同註 69。

〔註 73〕落拓青杉，〈粉墨瑣談：戲劇與人類天性，爲「四郎探母」改編而作〉，《聯合報》第 6 版，1955 年 3 月 18 日。

〔註 74〕1950 年代末期，國立編譯館曾出版《修訂平劇選》12 集，卻無《四郎探母》一劇，極可能是張大夏 1954 年修編作品不爲人接受的緣故，而舊本又不許演出，因此未曾收錄。曾有姜作棟、林柏年、李效厂修訂，〈序言〉，《修訂平劇選》（臺北：國立編譯館，1958～1959 年）。

〔註 75〕張白青，〈對「新四郎探母」的四點意見〉，《聯合報》第 6 版，1954 年 12 月 10、11 日。

〔註 76〕空軍康樂大隊大鵬平劇團，《新四郎探母》（臺北：空軍康樂大隊大鵬平劇團，1955 年）。

〔註 77〕齊如山，《粉墨瑣談：改訂四郎探母演出之後》，《聯合報》第 6 版，1954 年 12 月 15 日。

圖 4-2　《新四郎探母》（修訂本）書影

　　從《四郎探母》改寫為《新四郎探母》，歷經舊本、張大夏初稿、大鵬本
至關本，其中變動大致如下：

## 表五　《四郎探母》、《新四郎探母》初稿與大鵬劇團及關鴻賓本比較（場目由筆者暫定）

| 場次 | 舊　詞 | 張白青紀錄 | 大鵬本 | 關　本 |
|---|---|---|---|---|
| 第一場坐宮 | （引子）金井鎖梧桐，長嘆空隨，一陣風。 | （引子）被困幽州，家國恨，常掛心頭。 | 從新本 | 從新本 |
| | （念）失落番邦十五年，雁過衡陽各一天，高堂老母難得見，怎不叫人淚漣漣 | （念）失落番邦十五年，心在中原身在番，高堂老母難得見，怎不叫人淚漣漣 | （念）失落遼邦十五年，心在中原身在番，高堂老母難得見，怎不教人淚漣漣 | 同大鵬本 |
| | 那時本宮被擒，改名木易。多蒙蕭太后不肯殺害，反將公主匹配。算來到有一十五載，昨日小番報道：蕭天佐，在九龍飛虎峪，設下了天門大陣，宋王御駕親征。聞聽老娘，押糧來到雁門關口，是我有心，回營見母一面，怎奈關口阻隔，插翅不能飛過。思想起來，好不傷感人也！ | ……只得改名木易，假意投降，意欲等待機緣，報效祖國，不想一十五載，未動干戈，壯志難酬，思歸無路……我幾次想偷過營去；一來探母，二來與六弟暗通消息，共破番兵…… | 從新本……只得改名木易，假意投降，意欲等待機緣，報效宋主，不想一十五載，未動干戈，壯志難酬，思歸無路……我幾次想偷過營去；一來探母，二來與六弟暗通消息，共破番兵…… | 那蕭太后勸我降順他邦，又將鐵鏡公主匹配，改名木易，這且不言。昨日小番報道：蕭天佐在九龍飛虎峪，設下了天門大陣，宋王御駕親征，六弟掛帥，母親解押糧草，來到雁門關口，本當出關見母一面，二來與六弟暗通消息共破番兵，怎奈關口阻隔，插翅難飛。思想起來，好不傷感人也！ |
| | 【二六】……我被擒改名姓方脫此難，將楊字拆木易匹配良緣，蕭天佐擺天門在兩下會戰，我的娘領人馬來到北番…… | 【二六】……我被擒陷番邦身遭大難，假意兒降敵國匹配姻緣，全性命為的是得當報漢，又誰知十五載未起狼煙。…… | 從新本 | 從新本【二六】……我被擒陷番邦身遭大難，假意兒降敵國匹配良緣，蕭天佐窺中原兩下會戰，我的娘領人馬來到北番…… |

| | | | | |
|---|---|---|---|---|
| 第六場見弟 | 【原板】……蕭天佐擺下了無名陣，宋營將官解不明。我命那宗保去巡營，中途路上遇仙人，賜他兵書三卷整，才知番邦陣有名…… | 【原板】……蕭天佐持強來犯境，飛虎峪口動刀兵，百萬貔貅聽號令，殺氣騰騰動鬼神，將身且把寶帳進，不知何日靖胡塵…… | 從新本<br>【原板】……蕭天佐恃強來犯境，飛虎峪口動刀兵，百萬貔貅聽號令，殺氣騰騰動鬼神，將身且把寶帳進，不知何日靖胡塵…… | 【原板】……蕭天佐擺下了無名陣，天波府搬來了老娘親。我命那宗保去巡營，中途路上遇仙人，得來了兵書三卷整，纔知番邦陣有名…… |
| | | 為第七場<br>為兄的現在番邦，官居駙馬，蕭后十分信任，意欲作一內應，與賢弟共破番兵，也好將功贖罪。 | 從新本 | 從新本 |
| | | （叫頭）哎呀，賢弟呀，為兄失落番邦一十五載，縱然宋王不肯降罪，有何面目重返天朝，必須尋一機會，建立微功，也好贖我偷主之罪。 | 從新本<br>（叫頭）哎呀，賢弟呀，為兄失落番邦，一十五載，縱然宋王寬宥，不肯降罪於我，但我有何面目，重返天朝，必須尋一機會，建立微功，也好贖我的偷生之罪。 | 從新本<br>（叫頭）哎呀，賢弟呀，為兄失落番邦，一十五載，縱然宋王，不肯降罪於我，有何面目，重返天朝，必須尋一機會，建立微功，也好贖我的偷生之罪。 |
| 第九場哭堂 | 哎呀母親！孩兒豈不知天倫為大，忠孝當先。此時若是不回去，你那賢德的兒媳，與那小孫子，就要受那一刀之苦。 | 為第十場<br>（叫頭）哎呀母親哪！孩兒失落番邦一十五載，縱然宋王不肯降罪，有何面目重返王朝必須尋一機會建立微功也好贖兒偷生之罪，話已講明，兒要去也！ | 從新本<br>（叫頭）哎呀母親哪！孩兒失落番邦一十五載，縱然宋主恩厚，不肯降罪，孩兒有何面目，重返天朝，必須尋一機會，建立微功，也好贖兒的偷生之罪，話已講明，兒就去也！ | 從舊本<br>母親哪！孩兒豈不知天地為大，忠孝為先。孩兒若不回去，兒那公主，與你那孫兒，俱要受那一刀之苦哇。 |
| | | | 〔加入〕第十一場<br>回遼過場 | 〔加入〕第十一場<br>回遼過場 |

| 第十場<br>擒楊 | | | 爲第十二場 | 爲第十二場 |
|---|---|---|---|---|
| 第十一場回令 | 1.坦承身分<br><br>2.蕭后知其過營探母<br><br>3.獲赦後，鎮守北天門 | 爲第十三場，與原本差異：<br><br>1.不承認身分<br><br>2.不承認探母<br><br>3.稱「出關只爲探軍情」<br><br>4.獲赦後，賜予三千兵眾，與蕭天佐鎮守九龍飛虎峪 | 爲第十三場，與原本差異：<br><br>1.不承認身分<br><br>2.不承認探母<br><br>3.稱「出關只爲探軍情」<br><br>4.獲赦後，賜予三千兵眾，與蕭天佐鎮守九龍飛虎峪 | 爲第十三場，與原本差異：<br><br>1.不承認身分<br><br>2.不承認探母<br><br>3.稱「出關只爲探軍情」<br><br>4.獲赦後，賜予三千兵眾，與蕭天佐鎮守九龍飛虎峪 |
| 新增場次 | | 〔加入〕第十四場〈守關〉，用以鋪墊反正 | 〔加入〕第十四場〈發兵〉 | 同大鵬本 |
| | | 〔加入〕第十五場〈討戰〉，用以鋪墊反正 | 〔加入〕第十五場〈約戰〉 | 同大鵬本 |
| | | 〔加入〕第十六場〈刺佐·降宋〉，四郎反正 | 〔加入〕第十六場〈定計·劫營〉 | 同大鵬本 |
| | | | 〔加入〕第十七場〈刺佐·獻城〉 | 同大鵬本 |
| | | | 〔加入〕第十八場〈降宋〉 | |

資料來源：整理自張白青爲文紀錄、《梨園》錄音、《中國京劇戲考》收錄 1937 年百代 32 面錄音唱詞、〔註78〕大鵬平劇團《新四郎探母》與關鴻賓、林萬鴻《四郎探母》。

透過張白青的文章可知，張大夏編寫中對《四郎探母》的改動，大致是以戲詞修編帶動情節走向與人物形象改變，並且依據四郎反正的伏筆，加入後方宋、遼交戰場次，促成宋軍大勝的結局。

〔註78〕 根據 1937 年百代唱片 32 面錄音整理而成，管紹華飾楊延輝，王玉蓉飾鐵鏡公主，吳彩霞飾蕭太后、四夫人，沈曼華飾楊宗保，李寶奎飾楊延昭，李多奎飾佘太君，朱斌仙飾大國舅，賈松齡飾二國舅，章梓宸操琴。《四郎探母》，梨園：http://liyuan.xikao.com/play.php?name=%E5%9B%9B%E9%83%8E%E6%8E%A2%E6%AF%8D#play_583（2015.07.02）。《四郎探母》，中國京劇戲考：http://scripts.xikao.com/play/80000001（2015.07.02）。

　　戲詞修編主要出現於〈坐宮〉、〈見弟〉與〈見娘〉三場，修改描寫四郎天倫關係的主要唱段，藉此提高政治意涵，埋下四郎反正的伏筆。〈坐宮〉一場改動最多，使劇作的政治正確大爲提升：開場的老引子「被困幽州，思老母，常掛心頭」，便被加入「家國恨」；定場詩的「雁過衡陽各一天」換作「心在中原身在番」；自報家門時，原對蕭太后不殺之恩的感謝被刪除，反而稱自己假意投降，意欲等待機緣、報效祖國；【二六】中思念老母而欲過營探母的動機，變成爲與六弟共通消息以破番兵。〈見弟〉、〈見娘〉中，楊四郎重複地提及戴罪立功的渴望，提醒觀眾四郎具有「臥底報國」的思想。此外，劇作中將〈見弟〉【原板】中的仙人賜兵書，以迷信考量刪除，〔註79〕改寫爲遼兵犯境、宋軍軍威雄壯，則將是次戰爭定調爲「宋室此次用兵是抵抗侵略者的自衛行動」，〔註80〕或有滅敵威風、提振士氣的意圖。

　　爲使四郎完成報效祖國的大業，張大夏除在〈回令〉中做出情節更動之外，並藉此擴充場次，強加宋軍大敗遼兵的結尾。在舊本〈回令〉中，四郎坦承身分後險被問斬，直至公主以死相逼，蕭太后才將其改判往鎮守北天門；但在新本中，卻使四郎堅不吐實，以「出關只爲探軍情」帶過，公主以死相逼、迫使蕭太后赦罪之後，蕭太后卻以四郎助主帥蕭天佐鎮守前線飛虎峪，爲四郎臥底做鋪墊。在〈回令〉之後，張大夏加入〈發兵〉、〈討戰〉與〈刺佐‧降宋〉，使四郎在陣前倒戈、一劍殺死蕭天佐，因而導致遼軍大敗、蕭太后降宋。

　　雖則張大夏透過戲詞改編帶動情節走向，並加入場次擴充，使漢奸四郎成爲委身事敵的抗遼英雄，但出於此間合理性及對既有劇目的影響，卻使觀眾不大買帳：〈回令〉中，四郎「探軍情」之說竟能說服蕭太后，而蕭太后赦罪後還以私自出關的四郎鎮守前線，使人感到十分奇怪；〔註81〕假若再參酌此前既有楊家將系列劇目，則無異於一劍砍去《穆桂英獻寶》與《南北合》，使劇目之間發生矛盾，並且淡化楊家將在戰爭中所付出的努力。〔註82〕一時間，增加場次與四郎反正使得閱讀初稿者議論紛紛，或有王藍〈探母〉止說、北天門裡應外合說、連綴楊家將劇目說，〔註83〕也有參酌劇目認爲反正非必

---

〔註79〕同註75。
〔註80〕同註75。
〔註81〕同註75。
〔註82〕王藍，〈從「新四郎探母」說起〉，《聯合報》第6版，1954年11月30日。
〔註83〕同註53。

要說。〔註84〕及至劇作爲大鵬劇團演出後，觀眾雖然明知唯有修改可以解禁，但對此中增加的場次仍多有非議，〔註85〕招致「狗尾續貂」之譏，〔註86〕而其他劇團亦多照演舊本，因此報紙上不乏重申禁令、不准照舊演唱的訊息，足見演員並未完全改弦易轍。〔註87〕

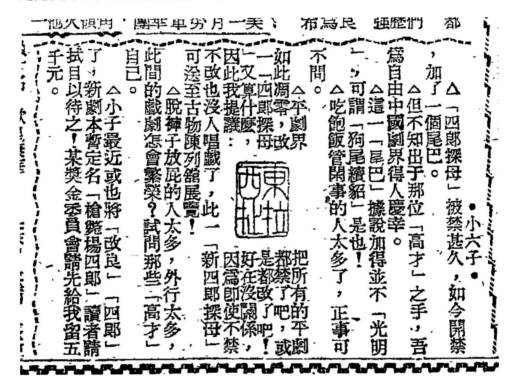

圖4-3　《華報》專欄刊出小六子對《四郎探母》修改之點評，稱其爲「狗尾續貂」之舉，對外行領導內行現象十分不以爲然，最末並諷刺文獎會的文藝獎金徵獎活動。

張大夏修訂本的運用，應屬大鵬本與關本的出版：大鵬劇團演出後，1955年出版《新四郎探母》，封面標註有「修訂本」字樣，《國劇戲考》中則標註

〔註84〕同註53。

〔註85〕老戲迷，〈平劇改良的途徑，從「穆桂英獻寶」到「新四郎探母」〉，《聯合報》第6版，1954年12月21日。

〔註86〕同註73。

〔註87〕〈簡訊〉，《民聲日報》第3版，1955年4月11日。〈「四郎」雖已解禁，「舊本」不准演唱〉，《自強晚報》，1955年4月9日。

爲「根據教育部中國歌劇改良研究委員會修訂本編訂」，假若忽略文字上可能的代換，大鵬本與關本的情節安排幾乎與張白青紀錄一致，僅因爲劇本的性質，在增加場次上顯得更爲詳盡，而戲詞也有些微出入。大鵬本與關本的特殊之處，是兩本將場次擴充至 18 場：原先張白青紀錄中張大夏的修編初稿僅16 場，加入〈守關〉、〈討戰〉與〈刺佐・降宋〉，但在有文本可考的大鵬本與關本中劃分卻愈顯細緻，成爲〈發兵〉、〈約戰〉、〈定計・劫營〉、〈刺佐・獻城〉與〈降宋〉，四郎藉交戰之便送信與延昭裡應外合的描寫被獨立爲一場，初稿中〈刺佐・降宋〉被劃分爲〈刺佐・獻城〉與〈降宋〉，似乎有加強故事敘事性的效用。大鵬本與關本的用詞差異極小，關本有些微從老本子的現象，如〈哭堂〉中對佘太君解釋回遼之必須，即是以公主、兒子性命安危勸說。根據兩本性質，以及關鴻賓本人具備演員與教師身分參酌的推斷，或是關本編纂戲考爲票房出版，預設讀者群以票友爲主，而此際四郎之反正與否或對出版有所影響，因此雖以修訂本爲底稿做出擴充與改動，但在舊劇劇幅中的實際改動之處相對較少。

值得注意的是，目前對《四郎探母》禁戲與改編的研究中，雖曾有邱乙珊提出大鵬劇團演出分爲 18 場的紀錄，但未深入研究內容，〔註88〕此外亦無人針對出版之大鵬本與關本做研究，亦未提及張大夏修編行爲對大鵬本與關本之影響，因此《四郎探母》修編歷程似乎仍不夠清晰，且有誤解之處。韓仁先在其碩士論文《平劇四郎探母研究》中，雖然指出《四郎探母》在歌劇改良研究委員會組織修訂後，曾經交付與大鵬劇團排演，卻以爲四郎在〈見弟〉時交出北番軍事佈署圖，因而使遼軍大敗，歸順趙宋。〔註89〕根據筆者的查考，「獻圖」之說可能有張冠李戴之虞。試想：假如加入「北番軍事佈署圖」此一重要表記，爲何閱讀過張大夏初稿的張白青、王藍未曾提及，而大鵬本、關本也捨去此種設定。再根據「獻圖」爲線索尋找，可知「獻圖」一說出自顧正秋回憶中，是顧正秋劇團（以下稱「顧劇團」）面對《四郎探母》被禁的解套方式，〔註90〕也是日後劉嗣爲國防部振興國劇研究發展委員會修

〔註88〕邱乙珊，《臺灣戒嚴時期禁戲初探 —— 以國光劇團禁戲匯演劇目爲例》（臺北：國立臺灣師範大學國文學系碩士專班碩士論文，2012 年），頁 64〜67。

〔註89〕韓仁先，《平劇四郎探母研究》（臺北：輔仁大學中國文學研究所碩士論文，1990 年），頁 118〜119。

〔註90〕顧正秋口述、季季執筆，《休戀逝水 —— 顧正秋回憶錄》（臺北：時報文化，1997 年），頁 332。

改《四郎探母》劇本時的處理方式。〔註91〕因此，韓仁先的討論，或將顧劇團經歷、劉嗣改本與張大夏改編混爲一談。

## 第三節　軍中政治工作與軍中文藝催生的京劇創作與改編

　　軍方以京劇反共的實驗，反而並非完全來自於政黨的文藝論述脈絡：軍中文藝工作由國軍政戰部門統籌，以部隊爲主體，具備「反共抗俄」的任務，此外亦不排除尋求社會文藝交流發展。〔註92〕軍中文藝活動與京劇發展，事實上兼具娛樂性及宣傳性兩種特質：在部隊本身擁有的京劇資源之外，並因其歸屬於政戰部門，肩負政治工作任務，而使兩者產生緊密關聯。〔註93〕如前一章所述，早在抗戰時期，軍方已懂得利用票友、演員負擔部隊文化娛樂與宣傳任務，而由抗戰、國共戰爭到遷臺後，政治工作雖仍保有強烈的歷史情結，〔註94〕但目標已從「抗日」、「防共」，〔註95〕向「適應當前反共抗俄革命戰爭的需要」轉移，〔註96〕無異於使文藝活動與京劇發展，在宣傳的任務

〔註91〕劉嗣，〈四郎探母〉，《細說國劇第二卷》（臺北：三三書坊，1986年），頁44～53。

〔註92〕在李肆的回顧中，軍中文藝工作的目標包括：（一）需要反共抗俄的文藝；（二）文藝到軍中去；（三）作家到軍中去；（四）希望軍中作家在自由中國作家協助下，共同完成軍中文藝灌輸工作。軍中文藝的要求則是：（一）文藝到軍中去；（二）創造軍中文藝。四個口號爲：（一）兵寫兵；（二）兵畫兵；（三）兵演兵；（四）兵唱兵。李肆，〈中國文藝的方向〉，《軍中文藝創作集第二集》（臺北：軍人之友社總社，1955年）。

〔註93〕政工基本任務包括：（一）推行政治教育；（二）展開文化宣傳；（三）執行心戰工作；（四）整飭軍中紀律；（五）確保部隊安全；（六）辦理戰地政務；（七）實施軍中體育及康樂活動。值得注意的是，娛樂與宣傳往往也是推行其他工作的重要載體。國防部總政治部編，《國軍政工概況》（臺北：國防部總政治部，1959年），頁19。

〔註94〕以「襄助國軍掃除國內障礙，抵抗外來侵略，實現「建立三民主義新中國」的政治理想（亦即民有、民治、民享的政治理想）」爲歷史任務，以「平時襄助整軍建軍，使國軍成爲國家的武力，革命的武力，現代化的武力」及「戰時鼓舞士氣，激勵民心，使國軍成爲「戰無不勝，攻無不克」的勁旅」爲一貫目標。同註93國防部總政治部編，《國軍政工概況》，頁17。

〔註95〕國軍政工史編纂委員會編，〈國軍政治工作綱領〉，《國軍政工史稿（上）》（臺北：國防部總政治部，1960年），頁675～679。

〔註96〕國軍政工史編纂委員會編，〈國軍政治工作綱領〉，《國軍政工史稿（下）》（臺北：國防部總政治部，1960年），頁1416。

性上轉向。因此，軍中的京劇創作與改編，雖與政黨、政府發動的，社會文藝中的京劇創作有異曲同工之妙，但出於任務性、組織性與資源掌控性等緣故，其中落實程度或比社會文藝更強，甚至成爲社會文藝京劇創作的實驗園地。

在軍中文藝工作中，京劇回應政策的途徑仍不脫改編與創作：改編的逐行，以國軍文化康樂大競賽最具規模，且爲編演一體的設計；在創作方面，有《康樂月刊》與軍中文藝獎金徵獎，及聯勤文化示範營嘗試集體創作《逃出樊籠》。〔註97〕不過，有鑑於軍中文藝獎金、聯勤文化示範營之記錄不全，劇本難以查考，〔註98〕本文擬專注於競賽與《康樂月刊》兩項，根據其持續性與相對完整度，運用新聞資料與刊出劇作，描摹軍中京劇創作、改編中對政策回應的軌跡。

## 一、集編演於一體的國軍文化康樂大競賽

國軍文化康樂大競賽（以下簡稱「文康競賽」）由國防部總政治部統籌，於 1953 年至 1964 年間逐年舉辦，是統合全軍專業、業餘表演人才，針對多種形式表演藝術切磋的競賽。考察 1953 年至 1964 年間的活動辦法，茲將歷屆競賽項目表列如下：〔註99〕

### 表六　國軍文化康樂大競賽歷屆競賽項目

| 年　度 | 競賽項目 | 備　註 |
|---|---|---|
| 1953 | 戲劇（平劇／話劇）<br>歌詠（獨唱／齊唱）<br>反共抗俄書畫<br>壁報<br>軍中刊物 | |

---

〔註97〕〈聯勤文化示範連，昨舉行演習〉，《聯合報》第 3 版，1953 年 8 月 26 日。

〔註98〕已知沈元雙《養女恨》獲得軍中文藝獎金，並參與廢除養女運動演出。〈總政治部藝術獎金，錄取作品發表，作者即可持據領獎〉，《聯合報》第 2 版，1952 年 1 月 8 日。

〔註99〕康樂競賽在各單位頻繁舉行，如部隊、黨部等單位都曾舉辦。以 1951 年苗栗國軍某部爲例，其「秋季康樂大競賽」，雖未以文化爲名，但部分項目與之相關，該競賽項目包括：軍棋、象棋、健康比賽、國語講演。〈苗栗駐軍康樂競賽〉，《聯合報》第 2 版，1951 年 9 月 24 日。

| 1954 | 戲劇（平劇／話劇）<br>歌詠（獨唱／齊唱）<br>書畫<br>壁報<br>刊物<br>演講 | | 專業組、業餘組區分之始 |
|---|---|---|---|
| 1955 | 戲劇（平劇／話劇）<br>歌詠（獨唱／齊唱）<br>書畫<br>壁報<br>刊物<br>演講<br>象棋 | | 集中、分區辦理意見 |
| 1956 | 戲劇（平劇／話劇）<br>獨唱<br>書畫<br>刊物<br>象棋<br>文藝作品 | | 後加入合唱<br>分區辦理<br>巡迴評審 |
| 1957 | 戲劇（平劇／話劇）<br>獨唱<br>書畫<br>刊物<br>象棋<br>文藝作品<br>大合唱<br>輕音樂 | | 文化、康樂部門分開辦理<br>康樂分區辦理<br>平劇專業組僅有陸軍兩隊參加 |
| 1958 | 八二三砲戰，大會與分區競賽停辦，僅作獻壽演出。<br>（康樂總隊、陸軍話劇，海軍豫劇，國樂三十分鐘，空軍平劇，聯勤輕音樂） | | |
| 1959 | 逐級競賽 | 軍歌齊唱<br>歌詠獨唱<br>輕音樂 | （48）感惠字第 2130 號<br>逐級競賽<br>金像獎賽改爲祝壽表演<br>優秀個人<br>優秀團隊 |
| | 金像獎賽<br>改爲<br>選優祝壽表演 | 陸軍話劇一齣<br>海軍平劇一齣<br>空軍豫劇一齣<br>聯勤歌舞節目一套<br>康樂總隊話劇一齣 | |
| | 表揚優秀個人及團隊 | 各軍種選拔人員、團隊呈報國防部議獎 | |

| 1960 | 小型康樂 | 說書<br>笑話<br>鼓詞<br>相聲<br>雙簧<br>民謠小調 | 營→團→師 |
| --- | --- | --- | --- |
| | 輕音樂 | 歌唱、演奏、舞蹈、小型歌舞劇 | 九十分鐘為原則 |
| | 軍歌齊唱 | 學校組／部隊組 | 曲目自選一首、抽唱一首 |
| | 選獎優秀 | 優秀作家（編劇／作曲）<br>優秀康樂人員 | |
| | 祝壽表演 | 各總部辦理競賽挑選平劇、話劇、地方戲、輕音樂及康樂團隊各一排練，報國防部評選決定各總部祝壽表演類型與節目內容。 | |
| 1961 | 軍歌演唱 | 學校組／部隊組 | 國防部（50）詳謹字第八五四號令頒〈國軍康樂團隊基層演出督導考核辦法要點〉反省水準提高，不須再勞師動眾 |
| | 獎勵優良團隊 | | |
| | 觀摩表演 | 各軍種選拔優秀團隊一隊參與祝壽演出 | |
| | 獎勵優良人員 | | |
| 1962 | 著重優良康樂團隊表揚，平劇、輕音樂、話劇各選業餘與專業予以獎勵，選拔優秀團隊演出 | | |
| 1963 | 軍歌演唱 | 各總部自行策劃、分區實施 | |
| | 獻壽表演 | 康樂總隊：金鹿獻壽晚會<br>陸軍：雄獅獻壽晚會<br>海軍：神龍獻壽晚會<br>空軍：飛虎獻壽晚會<br>聯勤：銀駝獻壽晚會 | |
| | 團隊獎勵 | 康樂總隊：專業一隊<br>陸軍：專業三隊、業餘七隊<br>海軍：專業二隊、業餘二隊<br>空軍：專業二隊、業餘二隊<br>聯勤：專業醫隊、業餘二隊<br>警總：業餘二隊<br>憲兵：業餘二隊 | |
| | 優秀表揚 | 軍中影劇、電影、音樂等工作優異之現職人員 | |

| 1964 | 軍歌 | | 各級業餘康樂團隊奉命撤銷 |
|---|---|---|---|
| | 小型康樂 | 小型樂器演奏<br>小型合唱團<br>雜藝<br>口技 | |
| | 民間遊藝 | 舞龍<br>舞獅<br>踩高蹺<br>彩船 | |
| | 藝工隊選優 | 擇優參加獻壽公演 | |
| | 專業隊選優 | 分　國劇／輕音樂／話劇辦理 | |

資料來源：本表格整理自周世文論文《國軍一九五〇年後音樂發展史概述》，國防部國軍史政檔案影像借調閱系統。

　　文康競賽辦理目的中，既包括促進軍中康樂活動發展的意圖，亦有向社會各界介紹軍中康樂情形的用意，而將總決賽設置於十月底，則使之具備為總統祝壽的性質。〔註100〕在競賽辦理中，京劇得以連年舉辦的原因，或是娛樂性與部隊資源所致：就娛樂性而言，即便競賽中已見輕音樂、話劇或各類小型康樂活動，而此間娛樂風向也逐漸轉變，但此時的京劇尚稱大眾，在軍中演出受到普遍歡迎，尤其抗戰以來不乏票友與演員投身軍旅，甚至隨之遷臺的眷屬，都是潛在的表演資源與觀眾群，政戰部門應當也注意到此一現象，方有將之納入競賽項目之舉。文康競賽中，目前已考證出的京劇競賽（是時稱「平劇競賽」）敘獎及參與情況大致如下：

## 表七　國軍文化康樂大競賽平劇競賽歷年參賽劇目與評比結果

| 年度 | 評比結果 | 專業組 | 業餘組 | 競賽規則評審標準 | 評審名單 |
|---|---|---|---|---|---|
| 1953 | 1 | 陸軍七〇四七部隊<br>虎嘯平劇隊《古城訓弟》 | | 競賽規則：<br>演出劇齣數不限，連布景在內，演出時間不得超：過90分鐘， | 齊如山<br>關鴻賓<br>王振祖<br>高華 |
| | 2 | 空軍供應司令部<br>天馬平劇隊《穆桂英獻寶》 | | | |

〔註100〕　〈國軍康樂競賽，今晚揭幕，總表演為期十天〉，《聯合報》第3版，1957年10月31日。〈全部賽程共計十二天，康樂大競賽今行開幕禮〉，《華報》第4版，1954年10月30日。

—115—

| | | | | | |
|---|---|---|---|---|---|
| | 3 | 金門防衛區代表隊<br>陸軍八四一〇部隊《普天同慶》 | | 每隊演出人員不得超過 50 人。評分標準演員技術 40%<br>文武場技術 30%<br>選戲 15%<br>前後臺工作精神 15% | 沈元雙<br>童世璋<br>周玉祥 |
| | 未得名 | 陸軍九三〇一部隊<br>《虎牢關》、《武家坡》、《寶蟾送酒》<br>陸軍七四一〇部隊<br>《睢陽忠魂》<br>聯勤二五三四部隊<br>《吳鳳成仁》（即《社口莊》）<br>陸軍七〇三八部隊<br>《滿門忠烈》<br>陸軍裝甲兵旅三三平劇隊<br>《戰太平》<br>海軍三〇〇三部隊海光平劇隊<br>《遇后龍袍》 | | | |
| | 表演場次 | 大鵬平劇隊《木蘭從軍》 | | | |
| 1954 | 甲等 | 陸軍七八四二部隊<br>《陸文龍》<br>海軍政工大隊<br>《精忠報國》<br>空總平劇隊<br>《木蘭從軍》 | 海軍第三造船廠<br>《大保國》<br>空軍一六〇五部隊<br>《巾幗英雄》<br>聯勤第二被服廠<br>《穆桂英獻寶》 | 評分標準：<br>演員技術 40%<br>文武場技術 30%<br>選戲 10%<br>配當 10%<br>前後臺工作精神 10% | 齊如山<br>關鴻賓<br>王振祖<br>高華<br>沈元雙<br>童世璋<br>周玉祥<br>劉豁公<br>陳定山<br>金素琴<br>趙培鑫 |
| | 乙等 | 陸軍六二四二部隊<br>《薦賢興漢》<br>陸軍七七三二部隊<br>《信陵救趙》 | 陸軍八〇四一部隊<br>《荀灌娘》<br>聯勤橡膠廠<br>《荀灌娘》 | | |
| 1955 | 第一名 | 空軍康樂大隊<br>《鄭成功》 | 空軍供應司令部<br>《鎮潭州》 | | 齊如山<br>關鴻賓<br>王振祖<br>高華<br>沈元雙<br>童世璋<br>周玉祥 |
| | 第二名 | 陸軍〇一二三部隊<br>《古城訓弟》 | 陸軍橡膠廠<br>《荀灌娘》 | | |

| | | | | |
|---|---|---|---|---|
| 第三名 | 海軍政工大隊《全節歸漢》 | 海軍第三造船所《父子興唐》聯勤第二被服廠《龍鳳呈祥》 | | 劉豁公陳定山金素琴趙培鑫王爵包緝庭趙建璋 |
| 未得名 | 陸軍裝甲兵部隊《赤心義膽》陸軍○五八九部隊《反莽興漢》 | ○六二三部隊《大英傑烈》聯勤第一被服廠《穆桂英獻寶》 | | |
| 1956 | 參與：陸軍三隊海軍一隊空軍一隊 | 參與：陸軍二隊海軍一隊空軍二隊聯勤二隊冠軍：空軍供應司令部《勾踐復國》 | 評審團巡迴至演出單位評審 | 評審名單不詳 |
| 表演場次 | 11.02／《新梁紅玉》 | | | |
| 1957 | 陸軍兩個劇隊參賽 | 不詳 | 文化、康樂部門分開競賽。軍種逐級競賽，分區總決賽，分臺中（陸軍）、高雄（海軍）、臺南（空軍）、宜蘭（聯勤）、臺北(保安、憲兵)優勝者赴臺北參與祝壽表演。 | 各軍總決賽評判：孫雪岩、申克常、蘇煦人、董心銘 康樂競賽總表演指導：黃少谷、齊如山、劉景山、徐永昌、賈景德、何成濬、馬壽華、劉瑞恆、杜夫人、劉豁公、黃得仲、敖伯言、包緝庭、王爵、丁秉燧 |
| 1958 | 八二三砲戰，已舉辦競賽者按程序完成，分區決賽停辦，僅於中山堂中正廳安排祝壽節目：10.31.20:00／康樂總隊話劇《松柏長春》11.01.19:30／陸軍總部話劇《祖逖》11.02／海軍總部豫劇《萬壽無疆》11.03／空軍總部平劇《蟠桃大會》、《木蘭從軍》11.04／聯勤總部輕音樂表演 | | | |

| | | 參賽、獲獎狀況不詳 | 抽籤決定參賽權<br>參賽、獲獎狀況不詳 | （48）感惠字第2130號：各軍種選擇優秀團隊呈報參與祝壽演出。計：陸軍話劇一齣，海軍平劇一齣，空軍豫劇一齣，聯勤歌舞節目一套，康樂總隊話劇一齣。 | 評審名單不詳 |
|---|---|---|---|---|---|
| 1959 | 表演<br>場次 | 11.04／陸軍總部平劇《龍鳳呈祥》 | | | |
| 1960 | 國軍康樂<br>大競賽祝<br>壽表演 | 10.30／空軍總部藍天康樂隊表演輕音樂及小型康樂節目，招待新聞界人士。<br>10.31／海軍總部演出平劇《百戰興唐》，招待政府首長及民意代表<br>11.01／聯勤總部粵劇《齊魯風雲》，招待勞軍捐款熱心人士<br>11.02／陸軍總部康樂隊話劇《向陽門第》，招待教育界人士。 | | 改原各總部優勝團隊角逐方法，由各總部競賽挑選平劇、話劇、地方戲劇、輕音樂及各康樂團隊一隊排練，呈報國防部評選，再行決定各總部參與祝壽表演的團隊、表演類型與劇目。 | 評審名單不詳 |
| 1961 | 選優<br>原則 | 各軍種優勝單位表演康樂晚會五天：<br>10.31／康樂總隊《錦繡前程》<br>11.01／陸軍歌舞形象劇《戰鼓笙歌》<br>11.02／空軍平劇《興唐滅巢》」<br>11.03／海軍演出輕音樂<br>11.04／聯勤平劇《八義圖》<br>每日下午八時，在臺北市中山堂。 | | | 評審名單不詳 |
| 1962 | 祝壽<br>活動 | 國軍康樂演出：<br>10.31／平劇《八百八年》<br>11.01／平劇《龍鳳呈祥》<br>11.02／話劇《國恩家慶》<br>11.03／話劇《國恩家慶》<br>11.04／豫劇《戰洪州》<br>11.05／歌仔戲《狸貓換太子》<br>11.06／《凱歌》歌舞劇<br>11.07／《凱歌》歌舞劇 | | | |
| | 優良康樂<br>團隊表揚 | 獲獎狀況不詳 | 獲獎狀況不詳 | | 評審名單不詳 |

| | | | | |
|---|---|---|---|---|
| 1963 | 晚會 | 10.30／陸軍形象劇《勝利的樂章》<br>10.31／海軍輕音樂《海的讚美》、《神龍獻壽》<br>11.01／空軍崑劇《富貴長春》、平劇《梁紅玉》<br>11.02／聯勤歌舞《飛駝獻壽》<br>11.03／康總話劇《收復兩京》 | | 評審名單不詳 |
| | 最優康樂隊平劇組 | 第一名／陸光平劇隊<br>第二名／大宛平劇隊 | | |
| | 選拔平時演出成績優良康樂團隊 | 專業組第三名／陸光平劇隊 | | |
| 1964 | 選優 | 大鵬國劇隊<br>《陸文龍》<br>海光國劇隊<br>《蘇武牧羊》<br>明駝國劇隊<br>《班超傳》<br>龍吟國劇隊<br>《忠孝節義》<br>大宛國劇隊<br>《毋忘在莒》<br>陸光國劇隊<br>《陸文龍》 | 各級業餘康樂團隊奉命撤銷 | 董心銘、劉嗣、滕樹勳 |

資料來源：本表格整理自周世文論文《國軍一九五〇年後音樂發展史概述》；《中央日報》；《聯合報》。

　　文康競賽京劇競賽計辦理十二屆，時至今日競賽劇本已無處可尋，但從報刊中的演出紀錄，以及戲迷對劇作的評論，仍可描摹此際文康競賽的創、編、演情況。整體而言，無論京劇競賽最終呈現為逐級競賽或是選優演出，都對軍中京劇演出團隊的精實化，以及劇目豐富性的提升，具備重要的影響。

## （一）康樂團隊精實化

　　京劇競賽促成的團隊精實化，主要環繞著制度改革展開。觀察歷屆京劇競賽的變革，大致包括以下幾項：競賽組別劃分，更符合藝術性的時間規範，逐級辦理、巡迴評審與分區辦理辦法，以及選優制度形成。

　　競賽組別劃分爲職業、業餘兩組，具備競賽公正的意義。此際各級國軍單位皆有康樂團隊，或有專業演員，也有官兵、眷屬，各團程度不一，若以 1953 年首屆根據防守區、防衛部與各軍總部分派團隊的模式競賽，唯恐有欠公允，遂在隔年便以專業（陸軍所屬甲、乙種康樂隊，海軍政工大隊，空軍康樂大隊）、業餘（無正式康樂隊編制，演出人員皆爲軍單位所屬官兵，利用業餘組成之康樂團隊）分爲兩組競賽。〔註 101〕在競賽後期，演出團隊亦逐漸走向專業化：1958 年八二三炮戰後，多屆演出改爲選優參與祝壽晚會；至 1964 年時，業餘團隊也爲裁撤，是年競賽並無業餘團隊演出；而在 1965 年開辦國軍文藝金像獎時，民間京劇演員與技藝精湛的票友多已投入軍中，加上既有軍中劇團的整併，直接賦予軍中京劇演出團隊菁英化與專業化的特質。

　　所謂更具藝術性的時間規範，是指以劇目爲出發點，而非以競賽辦理爲原則規範時間，使劇作得以更好地呈現。在 1955 年海光平劇隊演出《全節歸漢》時，還因規定競賽時長爲六刻鐘的緣故，導致劇幅「爲適履，而削足」，〔註 102〕但在 1956 年演出時，已經增加至兩個半小時，〔註 103〕而後期辦理觀摩、祝壽演出時，已規劃爲一天一場，想必能使演員劇藝與戲劇效果得到更好的發揮。

　　逐級辦理、巡迴評比與分區辦理，皆是競賽規模擴大對競賽程序的直接影響：逐級辦理始於 1954 年，應是因應是年參與團隊增多的規範之舉，此一舉措也成爲日後競賽或選拔的基礎；巡迴評比始於 1956 年，由總政治部組成巡迴評判團至各演出單位評審，免去各參與劇團受到勞師動眾、舟車勞頓之苦；分區辦理的方法則在 1957 年形成，在逐級競賽後，以各軍種爲單位，分別聚集於臺中（陸軍）、高雄（海軍）、臺南（空軍）、宜蘭（聯勤）、臺北（保

〔註 101〕周世文，《國軍一九五○年後音樂發展史概述》（臺北：東吳大學音樂學系碩士論文，2004 年），頁 178～185。

〔註 102〕……競賽時間，爲六刻，是鐵案如山的不少移動，而六刻鐘又演不完，所以是劇「卡頭！去尾！減中間」，弄成支離破碎，前後情節不銜接。假若「全節歸漢」是新戲，那麼再減兩場，仍不爲人所知。唯此戲是熟戲，而且是少安獨有熟戲，平常唱是一樣，競賽變了這樣，爲任何人所不能認頭（按：應爲「同」）！這在「選劇」方面已輸了！輸在「爲適履，而削足」！……前面所說的「選劇」失策，是說選劇之大小，沒有配合規定時間支長短，並不是選劇意思之不當……。陳鴻年，〈我看「全節歸漢」〉，《華報》第 4 版，1955 年 11 月 10 日。陳鴻年，〈我看「全節歸漢」〉，《華報》第 4 版，1955 年 11 月 11 日。

〔註 103〕沙錚，〈國軍康樂競賽業餘平劇冠軍，「勾踐復國」將在臺北公演〉，《聯合報》第 6 版，1956 年 11 月 1 日。

安、憲兵）等地總決賽，使其中優勝者至臺北參與總表演。〔註104〕

　　選優制度的形成始於 1961 年，是另立名目使競賽準備與日常演出兩不相誤的設計。至 1961 年時，總政治部已察覺到競賽促成文化水平、康樂活動品質提升，競賽此種方式似乎已經無法使軍中康樂再上層樓，且注意到競賽帶來的勞師動眾，因此是年辦理辦法便依據倡導軍歌教唱、獎勵向基層演出績優團隊、獎勵康樂優秀人員、選拔優秀表演團隊熱烈祝壽爲原則設計，〔註105〕以優勝團隊爲演出團隊，直接免去逐級演出競賽的辦理。此後至 1964 年間，大致都從此種發展。

### （二）京劇競賽中的劇作運用

　　京劇競賽所用劇本，是此前修編方法與此際政策修訂的總和。在劇團編演中，以舊劇修編是最基礎的做法，此外亦不乏運用政府、政黨推出之新編劇本的案例，並且出現禁止使用附匪作者劇本的規定。

　　舊劇修編是競賽當中最常使用的劇本創作方式：劇團以劇作及表演中既有的藝術性與精采程度爲考量，另外增添當時需要的時代意識改編而成。1953年的京劇競賽中，王叔銘爲空軍供應司令部（以下簡稱「空供部」）平劇研究社編《穆桂英獻寶》，〔註106〕即是在原本《轅門斬子》的基礎上，增修、加入改革主題與意識。〔註107〕不過，各劇團編者程度不一，而時代意識又是「反共抗俄」，因此難免加入當代語彙，恐有出格的隱憂，因此此際便曾見戲迷爲文討論京劇競賽中的「道白」問題，並倡議改良中應儘量向「官中詞」靠攏，〔註108〕欲使新思想、舊藝術無所扦格。此外，許是由於意識形態所致，舊劇演出多有易名之舉，如《全節歸漢》即《蘇武牧羊》，《反莽興漢》爲《斬經堂》等，〔註109〕緊扣民族氣節與掃逆等元素定名。

　　對政府、政黨藉由社會文藝推出新編劇作的運用，包括教育部修訂本與

---

〔註104〕同註 101。

〔註105〕同註 101。

〔註106〕頤■，〈王叔銘是戲劇家〉，《聯合報》第 3 版，1954 年 9 月 5 日。

〔註107〕同註 85。

〔註108〕高天行，〈平劇的「道白」問題〉，《聯合報》第 6 版，1954 年 12 月 4 日。

〔註109〕此外尚有《父子興唐》爲《白良關》。包緝庭，〈國軍康樂競賽平劇觀感（二）〉，《聯合報》第 6 版，1955 年 11 月 17 日。包緝庭，〈國軍康樂競賽平劇觀感（三）〉，《聯合報》第 6 版，1955 年 11 月 19 日。包緝庭，〈國軍康樂競賽平劇觀感（五）〉，《聯合報》第 6 版，1955 年 11 月 21 日。

文獎會獎助劇本的使用。教育部所修訂的京劇劇本，在前一節已有探討，可知其具有實際運用的期望，但在實務方面，《修訂平劇選》運用狀況不明，而《新四郎探母》使劇界難以接受，僅見文康競賽中曾有使用《鎮澶州》教育部修訂本的紀錄。《鎮澶州》教育部修訂本，係在 1955 年競賽中由空供部演出，並獲得該年度業餘組冠軍，且因爲捨去楊繼業「魂子」、運用教育部劇本等原因，在獲獎後爲教育部贈旗，〔註110〕由此可見教育部對修訂本運用的重視。〔註111〕文獎會獎助劇本的運用，包括齊如山《勾踐復國》爲空供部演出，〔註112〕以及費嘯天的《李貞娘》爲陸軍裝甲兵司令部康樂隊演出，〔註113〕排演時皆以劇團條件爲主要考量，取劇作爲骨幹裁剪而成。此外，李熙的《精忠報國》爲海軍國劇隊搬演，〔註114〕也是社會文藝作家劇作爲京劇競賽採用的事例，而大鵬劇團的《鄭成功》則可能來自於軍中文藝獎金或費嘯天作品，〔註115〕聯勤二五四三部隊的改良平劇《吳鳳成仁》來源則有待查考。〔註116〕

---

〔註110〕……教部所以贈旗的原因，係澶州之內，原上的，改了楊家三世老家人，傳授梅花鎗，收服楊再興，不惟破除迷信，抑且按照教部核定本演出，是以贈旗。……陳鴻年，〈教育部贈旗鎮澶州〉，《華報》第 4 版，1955 年 11 月 22日。陳鴻年，〈教育部贈旗鎮澶州〉，《華報》第 4 版，1955 年 11 月 23 日。

〔註111〕教育部贈旗一度引起「雨後送傘」、錦上添花之説。陳鴻年認爲空供部辛苦排練、競競業業，贈旗當在競賽前夕，如此不論勝負如何，都能壯其聲勢，並體現教育部對核定本的肯定，獲獎後頒贈則是「雨後送傘」，大有埋怨教育部錦上添花、忽略團隊努力的意味。見報隔日，魏子雲便爲文解釋：空供部 10月 6 日新生廳首演時，教育部便曾詢問戲界人士劇本版本，知其演出國立編譯館印行版本，認爲「空軍供部能切實執行政府頒訂的劇本，值得獎慰與推揚」，欲贈送紀念品，但演出之後空供部隨即返回駐地，且全軍忙碌競賽事宜，唯有等到賽後頒獎較爲適宜。陳鴻年，〈教育部贈旗鎮澶州〉，《華報》第 4版，1955 年 11 月 22 日。陳鴻年，〈教育部贈旗鎮澶州〉，《華報》第 4 版，1955 年 11 月 23 日。魏子雲，〈關於教育部贈旗「澶州」事〉，《華報》第 4版，1955 年 11 月 24 日。

〔註112〕同註 103。

〔註113〕費嘯天，〈改良平劇的好實例「李貞娘」觀後〉，《聯合報》第 6 版，1957 年11 月 14 日。

〔註114〕茵如，〈海軍國劇隊的『岳母刺字』〉，《華報》第 4 版，1954 年 10 月 24 日。

〔註115〕包緝庭認爲 1955 年大鵬劇團獲冠軍之《鄭成功》，是 1951 年軍中文藝獎金獲獎作品，而呂訴上則稱大鵬劇團於 1956 年以費嘯天之《鄭成功》奪冠，確切時間與作者皆須更進一步的證實。包緝庭，〈國軍康樂競賽平劇觀感（七）〉，《聯合報》第 6 版，1955 年 11 月 26 日。〈總政治部藝術獎金，錄取作品發表，作者即可持據領獎〉，《聯合報》第 2 版，1952 年 1 月 8 日。呂訴上，〈鄭成功的戲劇，平劇「鄭成功」，曾得文康競賽冠軍獎〉，《聯合報》第 7 版，1961年 5 月 17 日。

　　禁止使用附匪劇本的原則，目前可見出現在總決賽、總演出之前各軍種的逐級競賽中。依據（49）泳預字第 1853 號，聯勤總部針對下轄單位擬定分級競賽辦法細則時，便在「平話劇或地方劇」一項，提出劇本由各單位自行決定、負責檢查，並不得使用附匪作者之作品改編的原則，另外雖有將劇本呈報本部備查的規範，但平劇、地方劇則相對寬鬆，僅需提出本事即可。〔註117〕

　　在文康競賽京劇競賽的連年辦理下，除去競賽制度逐漸穩固，劇作實驗落實，對演出方面與劇團組成也產生一定影響，並且直接反映於劇評當中。在演出方面，包括表演藝術、劇場技術的改變。在表演藝術上，出於軍中劇團角色行當不如此前大陸時期齊整，演出質量也無法比擬，再用觀賞名角的眼光檢視軍中劇團無疑是自尋煩惱，因此多數劇評都注意到全劇的呈現，其次才是個別演員在劇作中的發揮，鼓勵的態度更多於批判。在劇場技術方面，則出現幻燈字幕的運用，使觀眾理解劇情，〔註118〕或可視為劇場字幕投影的先聲。在劇團組成方面，是對參賽人員的身分要求，間接促成演員在軍中長期服務：平劇競賽限制參賽身分，要求以軍人或軍眷組成，除編劇以外禁止自社會網羅，如為聘雇人員更須在原軍種服務一年以上。〔註119〕換言之，演員若欲參賽，即須為軍方聘雇，無跨刀演出的可能。

　　整體而言，文康競賽京劇競賽的辦理，已使軍中劇團演出資源得到整頓，並且初步建立劇作至劇團間，社會文藝與軍中文藝的連結網絡。因此，1965年國軍文藝金像獎設置的京劇競賽，與之後曾短暫出現的觀摩演出，實質上皆為以文康競賽京劇競賽為基礎的轉型，並且持續至 1994 年，直到 1995 年陸、海、空軍京劇團為裁撤。

## 二、《康樂月刊》刊出的京劇創作

　　《康樂月刊》的出版，是檢閱軍中文藝發展的重要園地。總政治部發展

---

〔註116〕《吳鳳成仁》又稱《社口莊》。〈藝文走廊〉，《聯合報》第 3 版，1953 年 9 月 19 日。〈競賽全部項目〉，《聯合報》第 3 版，1953 年 9 月 28 日。〈國軍文化康樂競賽，歌詠部分揭曉，今日演出兩場平劇〉，《聯合報》第 3 版，1953 年 10 月 4 日。

〔註117〕參看國防部史政檔案影像借調閱系統文件號 00011703 號。

〔註118〕費嘯天，〈改良平劇的好實例「李貞娘」觀後〉，《聯合報》第 6 版，1957 年 11 月 14 日。

〔註119〕〈國軍康樂競賽，定九三開始，國防部頒實施綱要〉，《聯合報》第 3 版，1959 年 8 月 2 日。

軍中文藝有兩個途徑，一爲援引社會文藝協助發展，一爲軍方依照既定計畫辦理。在社會文藝協助方面，主要體現爲邀請民間社團、文藝界人士，透過廣播、展覽、座談、軍中文化示範營等形式合作，使作家了解軍旅生活，〔註120〕亦使文藝經驗得到交流。軍方對文藝發展的計畫，則是以部隊爲主體，引介社會文藝力量，並且創造屬於部隊自身的文藝，具體化爲兵寫兵、兵畫兵、兵演兵、兵唱兵的策略，〔註121〕鼓勵官兵創作、自娛娛人，具備取之於部隊、用之於部隊的理想，具體化爲獎金、展覽、競賽等項。軍方的京劇創作中，對政策有所回應的創作與改編亦不脫以上途徑：文康競賽中既有劇團創作，也有文獎會獎勵劇本，而《康樂月刊》也徵得一批「改良平劇」。

做爲總政治部康樂總隊機關誌，《康樂月刊》是集徵獎、活動訊息與報導等效用於一身的雜誌型刊物，僅配給於國軍單位內部流通，〔註122〕目前可考期數爲1951年至1954年間出刊，計39期。〔註123〕《康樂月刊》定位爲提供三軍康樂資料之用，因此徵獎、刊載稿件類型多元，包括理論、創作、教學、評論、報導等，而康樂方法又多於理論介紹。其中對京劇劇本徵求的規範中，雖未明確標註編寫原則，但參照徵稿類型及刊登作品而言，或與獨幕劇規定有異曲同工之妙，要求創作涵義正確、與反共抗俄有關，劇作宜少人物、布景簡單、取材新穎並適于軍中上演，〔註124〕不僅具備響應政策的性質，也十分注重實用性。

在目前可考期數中，《康樂月刊》與京劇相關的稿件主要有兩類：一爲討

---

〔註120〕同註12曾慶華，《國軍新文藝運動之研究》，頁29～35。

〔註121〕同註92。

〔註122〕原擬發行一萬五千份以普及至連級單位，但早期僅能發行三千份至團級單位，曾被反映無法普及運用，後來則增加至每月一萬六千份，不過仍以部隊配給爲主。陸軍第三五七二部隊政治部交通分站反映：本部只收到一本供中山室用，希望增加發行數量，其次建議平劇指導最好逐期連載以便學習研究。編者敬覆：經費所限，刻正設法呈請。〈康樂信箱〉，《康樂月刊》第4期（1951年10月），頁47。《康樂月刊》第29期（1954年8月），版權頁。

〔註123〕或是出於部隊內部刊物定期回收之故，目前國家圖書館僅藏有38期，分別爲4至31期，以及33至42期。編輯中可見合刊與專號設計：合刊部分，包括12、13期合刊爲軍中康樂工作輔導專號，24+25合刊爲康樂總隊四週年紀念特刊；專號部分，是22期爲新年號，23期設定爲反共義士專號，26期是慶祝領袖當選總統就職專號，37期則爲康樂總隊五週年紀念特刊。

〔註124〕康樂總隊，〈本刊徵稿啓事〉，《康樂月刊》第27期，（1954年6月），頁16～17。

論京劇改良之作，總計一篇；其次為京劇劇本，總計 15 篇；〔註 125〕此外則為零散的相關報導、文章。筆者整理刊出京劇劇本時，援引京劇演出慣習，除蒐羅標示為「改良平劇」、「平劇新編」者，並將《小放牛》、《探親家》一類小戲改編作品亦視為京劇創作納入清單：

### 表八　《康樂月刊》刊出京劇劇本創作

| 劇　　名 | 作　　者 | 刊載期號 | 頁　　數 | 場次 | 原　　型 |
|---|---|---|---|---|---|
| 花子拾彈 | 魏懋傑 | 5 | 3～5 | 1 | 花子拾金 |
| 新小放牛 | 致遠 | 5 | 6～7 | 1 | 小放牛 |
| 新化子拾金 | 龍震 | 6 | 28～29 | 1 | 花子拾金 |
| 勝利回家 | 錢測雲 | 8 | 22～29 | 1 | 紡棉花 |
| 改良小放牛 | 丁衣 | 9 | 8～9 | 1 | 小放牛 |
| 新女起解 | 客氣 | 11<br>14 | 11：43～45<br>14：15～16 | 1 | 女起解 |
| 打漁殺匪 | 客氣 | 16<br>17 | 16：5～8<br>17：7～10 | 7 | 打漁殺家 |
| 血海深仇 | 嚴武 | 18 | 3～7 | 1 | 女起解 |
| 忠烈緣 | 魯風 | 19 | 32～41 | 5 | 大英傑烈 |
| 新武家坡 | 陳鍼 | 20 | 28～32 | 2 | 紡棉花 |
| 新拾黃金 | 戰士歐陽績義 | 20 | 34～35 | 1 | 花子拾金 |
| 新探親 | 魏懋傑 | 21 | 33～41 | 2 | 探親相罵 |
| 賀新年小放牛 | 立僧 | 22 | 6 | 1 | 小放牛 |
| 祭灶請醫 | 亦云 | 22 | 37～45 | 3 | |
| 大拜壽 | 人慧 | 31 | 16～18 | 1 | 小放牛 |

資料來源：本表格整理自《康樂月刊》。

　　《康樂月刊》對京劇改良的討論，僅有嚴肅〈論改良平劇〉一文：該文總結過去戲曲改良經驗，反對迷信、下流、淫穢的內容，建議設置專責機構修編，肯定京劇必須改良，但拒絕文明戲（即是本文提及的「時事新戲」一脈）的傾向。而十分有趣的是，或許因為刊登作品皆為官兵創作的原因，事實上所有刊出作品都帶有舊瓶新酒與「文明戲」的特質。

〔註 125〕33 期有力行《夫妻從軍》被標為改良平劇，但考察內容實為相聲串兩角小戲，因而不予計算。

　　透過前述的徵稿啓示可知，《康樂月刊》要求的京劇創作，應具備涵義正確與反共抗俄的特點，究其根本仍是抗戰以來追求民族精神、國家意識的老路數，並隨著時代變遷，被期望用於表現新時代的任務。亦即，此時的官兵若要參與京劇創作，其實就是再度面對舊形式「京劇」寫作新時代故事的挑戰。而考察這些官兵作家的創作方式，或是出於舊瓶新酒與時事新戲的思維，大致皆具備以下特點：（一）劇作短小精幹；（二）以當代爲背景，勝利爲目標；（三）文詞直白、說多於唱；（四）取材徵引豐富；（五）穿戴、道具運用自由。

　　劇幅短小的特質，主要呈現於場次偏少、人物簡單，連帶使得故事線單純。這些劇作或是移植歌舞小戲而來，或是採用本戲的精采段落修編，角色場面較爲簡單，是單主軸敘事的宣傳劇作。在改編中，劇作基本上從原劇固定套路：取材《花子拾金》者，以丑角插科打諢敘事支撐全劇，故事線爲丑上－拾金－爨弄；寄調《小放牛》者，即是丑、旦相遇、男女對歌；由《武家坡》、《紡棉花》改編而成者，架構是思夫－試妻－團圓，《紡棉花》並在思夫、試妻時穿插各類曲藝、歌唱；《大英節烈》改編者，包括擾民－戲惡－懲惡－結親情節；《打漁殺家》的演繹，取遇舊－討稅－迫親－佯嫁－懲惡串聯；《探親相罵》取見女－相罵－重歸舊好故事線，並將媳婦受虐改去。在改編之中，作者多運用著名劇作並保留原劇架構，加強其中的趣味性與政治正確，甚至《新武家坡》、《新拾黃金》等劇作並在劇末標註演出方式，提供有心移植者指示，規劃甚是全面，運用上確實較爲便利。

　　在改編當中，這些作品不約而同地選擇描寫當代，全然不藉助歷史題材。因此，此批作品中多運用大陸／臺灣、共匪／國軍、摧毀人倫／建設臺灣等元素，構築二元對立、是非善惡的語境，並且召喚勝利的想像。以《女起解》相關的修編爲例，故事架構仍然相似，只是內容經過大幅改寫：原劇敘述解差崇公道押解女犯蘇三往太原複審，而在《康樂月刊》的作品中，皆被更改爲解放軍押送女犯前往前線慰勞；在結局的編寫上，《新女起解》結局改爲解放軍與女犯逃跑參與游擊隊，《血海深仇》則以游擊隊長爲女犯失散兄長，使游擊隊搭救女犯、兄妹相認，以解差投誠做結。其他劇作中，結局也多爲對勝利的期待，或以勝利結尾。

　　出於描寫當代與說理的需求，劇作中的語彙更顯多元，唸白也隨之增加。語彙的運用，主要爲因應時代推進產生的用語變化，以及此時此地政治、社

會環境衍伸出的反共語彙、世界現況與政令宣導等類，或可以《新探親》一劇爲例。《新探親》演鄉下媽媽邢敏生在農暇之時，帶著兒子傻子進城，到苗栗探望女兒山水妹與親家母金國妹，並在得知女婿參軍後與金國妹惡言相向，經過一番厮打、爭辯後，邢敏生終於爲金國妹說服，全劇並以陳述反共抗俄、光復祖國的迫切與希望做結。《新探親》的故事設定上，具備新舊思想對立，且以新思想說服舊思想的特質。邢敏生是舊思想的代表人物：她雖然因爲「三七五減租」帶來土地與耕牛而高興，但在得知金國妹出門開會時，卻仍有婦道人家爲何不在家中習針黹的疑慮，而在得知女婿明義參軍之後，反應則是「好鐵不打釘！好男不去當大兵！」，並認爲共匪竊據大陸與臺灣百姓無關、臺灣壯丁不應參與反攻大陸，配合連串的責罵、撒潑，以及被「官太太」想像說服等設計，將其坐享其成、不思付出的心理活動，描寫得分外深刻。親家母金國妹則是思想相對與時俱進的角色：金國妹被設定爲「婦女會委員」，先生訓練「自衛隊」協助保衛地方（應即目前所謂「民防」），所認知的世界動向，是蘇俄扶持中共，漸次向南韓、印度、越南推進，並帶有血洗臺灣的意圖，因此認爲好青年應該請纓殺匪、鼓勵明義從軍。女兒山水妹則屬於新舊思想交會下的產物，是被新思想說服的角色，也做爲說服舊思想的幫襯：女兒山水妹來到金家後，婆母教她讀書，學習英文、數學，每日讀報、寫日記，資訊接收相對豐富，預計將被保送至「政工幹部學校」受訓，做爲一個妻子，她同樣鼓勵明義參軍，承襲婆母的相同論調試圖說服母親。就全劇思想主旨而言，《新探親》確實是陳述民族團結與反共抗俄之作，除在寫作中對大家都曾著墨的彼時彼地「中共」、「大陸」有所描寫，同時注意到此時此地對臺灣的建設，描寫更爲細緻深刻，因此使得關心面向更廣泛，其中的政令宣導意味更深遠。此外，出於此批劇作多依據小戲改編，本身唸白即較爲吃重，但爲作者水平、宣傳與說理所致，或是追求笑料等緣故，無論是小戲改編或其他本戲選場改編，也多有加強唸白的現象，無異於促成話劇化的傾向。

　　創作取材豐富包括三個面向，一是對熟知唱段的運用，一是「戲中串戲」運用的娛樂形式來源廣泛，其三是藉助其他藝術形式成功塑造的角色形象，將之轉譯爲劇作角色使用。

　　對熟知唱段的運用有兩種來源，其一是翻製既有劇作時，對其中唱段改編唱詞，一是在劇作中加入其他劇作的著名唱段改編運用。劇作中既有唱段

的改編，或以《新女起解》爲例，路途上的【流水】，以及【西皮三眼】四恨等主要唱段皆爲保留，但內容卻大異其趣，【西皮三眼】所恨的對象，已被改爲史達林、毛澤東、人民政府與匪幫們。在劇作中加入其他劇作的著名唱段改編運用，可以《忠烈緣》爲例：該劇翻製來源爲《大英節烈》的茶館一場，在擴充劇幅之餘，並刪去比刀、拉弓的橋段，且加入一段【流水】，唱道「聽他言不由我內心喜歡」，該段架構類似〈坐宮〉中，鐵鏡公主的一段【流水】「聽他言不由我渾身是汗」，僅刪去「原來是楊家將把名姓改換，他思家鄉想骨肉就不得團圓」兩句。此種向經典唱段取材的作法，或許因爲不用特別琢磨安腔，只求聽似合轍，因而也普遍出現在其他劇作中。

　　「戲中串戲」的使用，集中於《花子拾金》與《紡棉花》改編者：在兩劇既有架構中，向來便包含調笑歌唱，且爲劇作可看性所在，因此任憑演出者依本身條件徵引地方劇種、曲藝、時調或其他表演形式套用，而在《康樂月刊》此批創作中，則多有因應反共國策做相應修改的狀況。目前可考劇作中，對「戲中串戲」的運用材料如下：

表九　《康樂月刊》劇作戲中串戲穿插唱段／曲藝總表

| 劇　名 | 唱段／曲藝 |
|---|---|
| 花子拾彈 | 改《賀后罵殿》有賀后在金殿一聲高罵<br>改《罵毛延壽》未開言不由我這牙根咬恨<br>改《探母‧巡營》帳中領了父帥命<br>改《天水關》姜伯約在校場忙傳令號<br>改《魚藏劍》一事無成兩鬢斑 |
| 勝利回家 | 月兒彎彎照九州<br>編《罵毛澤東》【流水】<br>《鎖麟囊》【二六】春秋亭外風雨暴<br>改良湖北花鼓調《被害女申冤》<br>編紹興戲《記心頭》<br>歌曲《三個姑娘》 |
| 新拾黃金 | 海軍萬國旗語<br>改《三家店》將身兒來至大街口<br>改小調《賣梨羔糖》<br>拉洋片<br>《法門寺》生、旦、淨、丑唱段 |

資料來源：本表格整理自《康樂月刊》。

運用其他藝術形式中成功塑造的角色，並吸收、轉化爲京劇演出，僅有《祭灶請醫》一劇。《祭灶請醫》分爲三個場次、篇幅短小，但情節稍嫌鬆散：頭一場先上土包子與匪兵劉標，以思想學習抓哏，緊接著上匪首「毛賊燈」與妻「毛藍蘋」兩個角色，毛賊燈因政局動盪而心神不寧，又聞劉標祭灶，認爲是給國特傳遞消息，遂將劉標槍斃，繼之親自祭灶，卻爲灶王責罵而患病，要求土包子去往請醫；次一場爲過場，爲土包子尋找莫醫生，是請醫的過程，大致爲《老黃請醫》前半段；第三場前半循《老黃請醫》後半段發展，寫莫醫生問病，指出毛賊燈賣國無藥可醫，並在三場後半以小鬼入夢勾魂，帶領毛賊燈遍覽漢奸下場／鐵幕動搖／反共復國基地，以神威、果報威嚇復歸，並以國軍反攻、毛受驚而亡做結。換言之，《祭灶請醫》幾可說是全劇新編，吸收民間祭灶傳統以爲劇作引子，加入《老黃請醫》中請醫問病的情節，再連綴反攻勝利、匪首暴斃的結局。

**表十　《祭灶請醫》場次與角色**

| 場　次 | 內　　　容 | 角　　色 |
|---|---|---|
| 第一場 | 1.土包子訪劉標，學習思想<br>2.毛賊燈心神不寧，劉標祭灶遭槍斃<br>3.毛賊燈祭灶，灶王發怒，毛病加重 | 土包子、劉標、毛賊燈、毛藍蘋、辣子雞顧問、灶神 |
| 第二場 | 1.土包子請醫 | 土包子、莫醫生 |
| 第三場 | 1.診斷<br>2.勾魂觀覽漢奸下場／鐵幕動搖／反共復國基地<br>3.魂歸，國軍反攻，毛驚嚇而亡，生擒毛藍蘋 | 土包子、莫醫生、毛賊燈、毛藍蘋、辣子雞顧問 |

資料來源：本表格整理自《祭灶請醫》。

職是之故，《祭灶請醫》的敘事與角色安排在此中便十分獨特：在敘事上，劇作以反面角色爲主角，寫其窮途末路的景況；在角色姓名與性格安排上，則對兩岸時局多有指涉。敘事的獨特，是與其他劇作相較所得：在《祭灶請醫》之外的作者，多以群眾、士兵爲主角，書寫勝利的想像，而《祭灶請醫》卻描寫毛賊燈患病至暴斃的過程，藉此陳述暴政必亡的思想。在此指導原則

下，《祭灶請醫》中的角色安排與人物性格也十分特別：毛賊燈的報應是故事主線，其槍斃祭灶人與親自祭灶、怒罵灶王，正體現其思想上的投機特質；貫穿全場的土包子，串場的劉標與莫醫生，主要透過活潑的語彙將中共亂象宣之於口，其中土包子、莫醫生，更在劇作中自陳是梁又銘漫畫中的同名角色；灶王、小鬼與反攻的國軍，代表民間信仰與現實社會對中共的制裁；而戲份極少的毛藍蘋，則純粹是個只顧邀約蘇聯顧問尋歡作樂的角色，帶有醜化其私生活的傾向。

　　穿戴、道具運用自如，是抗戰以來軍中演出的遺緒。此時軍方對基層部隊發展京劇的支持，是針對士兵票友提供資源，因此不能將之與專業劇團，如大陸時期商業劇場大京班，或是各軍總部扶植的劇團相比。基層部隊票友在研究、搬演京劇時，本來就依循軍中文藝的克難原則，而軍方提供的資源，包括此處提及的《康樂月刊》理論或創作，與「軍中文化康樂箱」附有的京胡、二胡，〔註126〕若有消耗或其餘需求則端看官兵自籌，或多依賴勞軍捐獻，如商社票房便曾出版《平劇戲考》轉交《聯合報》，囑託代為捐贈國軍單位配發使用。〔註127〕或許正是對部隊票友演出之簡陋有所體察，此批官兵作家創作中，附有穿戴、道具的作品，多採當代與傳統混用的方式：相對傳統者，如《花子拾彈》的老漢，身穿破褲褂、白吊搭，手裡拄著棍，撿到一顆手榴彈；相對出格者，或是前述提及的《祭灶請醫》，依據漫畫形象打扮土包子與莫醫生，使毛賊燈勾臉如奸雄、歪戴紗帽、斜肩玉帶，灶王是天官像，蘇聯顧問要穿列寧裝，國軍的降落傘部隊穿戴國軍裝備、完全本色出演；而多數劇作也註記時裝、戲裝混雜打扮。

　　透過對《康樂月刊》收錄劇作的考察可知，在該刊物的編纂中，確實依據發展軍中文藝的意圖而設計，並且對軍中康樂環境有所體察，也以稿費為誘因促成官兵創作投稿，提供康樂團隊與個人審美趣味的發聲機會。可惜的是，《康樂月刊》的創作，或因劇幅關係，或因來稿內容與稿源問題，〔註128〕使其補助作品完全背離傳統的審美趣味，步上「文明戲」的後塵，具備拋棄

〔註126〕〈端午佳節將屆，各地籌備勞軍〉，《聯合報》第4版，1953年6月4日。
〔註127〕〈商社票房，捐平劇考〉，《聯合報》第3版，1955年9月1日。
〔註128〕試想：假若官兵有能力且有心創作，無論其寫作何種題材，只要成品為長篇鉅制，則無法投往要求短小精幹的《康樂月刊》，反而應當投往文獎會；假若以稿費為目的，文獎會的稿費更為豐厚，《康樂月刊》全然無法比擬。因此，兩份刊物在既定的市場區隔下，似乎又隱然形成稿源的區隔。

式的特質，時至今日再想尋找劇作演出紀錄，根據票友、演員對創作的工具性與藝術性認知來看，實在不大容易。

# 第四節　小　結

本章開篇時，筆者曾拋出文藝論述帶領京劇發展的假設，但經歷本章討論後不難發現，京劇在此時的政治參與度相較於過去更低。政府或政黨建立文藝論述的過程中，雖然幾度召喚出抗戰以來文藝為政治服務的論述，並對其依據時代變遷、目標轉向做出再詮釋，但此際的京劇討論事實上並未廣泛地在文藝界與京劇界發酵，因此完全無法與抗戰時期左翼文人、劇人的實驗，乃至於 1949 年中共建政後的戲曲改革相比。更甚者，此時的論述與京劇發展並無直接的指導關係，關聯性也不夠緊密，反而是出於此際軍中多設有劇團，在其政治工作既有目標與文康活動的發展原則下，不僅能夠以京劇競賽做為京劇創編的實驗園地，並曾引介社會文藝中的京劇創作改編運用，相形之下成效較為卓著。因此，軍中專業、業餘劇團的演出，實際上已觸碰到劇本創作、排演、劇評等項，隱然形成日後以軍中劇團為核心、溝通各方的劇作實驗網絡。

出於戰事失敗遷臺的緣故，此時無論政府、政黨或軍方，都意圖運用可被掌握或潛在的文藝資源做為政治言說之用，意欲對各界敘述反共抗俄的道理，而京劇此種藝術形式也在此時再度受到青睞。在 1949 年至 1964 年間，無論是團體或個人，透過徵獎、審訂或修編等方式，都在繼承清末以降京劇發展經驗的基礎上，博採國／共、商業劇場／軍中劇團創作方式與展演辦法的長處，捨棄抗戰時期創作「新歌劇」的方式，尋覓相對適合京劇形式的題材，累積一批運用民族氣節寫就的歷史劇，或向當代取材的時事新戲劇作。值得注意的是，此際的京劇市場仍以傳統審美觀為主流，直接運用京劇形式創作反共抗俄主題劇作，反而有不受待見的疑慮，而各個制度向來有其固有的資源與發展網絡，也因此使得創作間的強項與落實程度各不相同。同樣為反共抗俄服務：社會文藝的《文藝創作》，與政府社會教育中的修編工作，集結大批相對成熟的票友與作家，創作較為典雅、傳統；軍中劇團具備演員與演出任務的優勢，集創作、改編、演出於一身，藝術得到相對整體的發展；而《康樂月刊》刊載的官兵作品，則循時事新戲的創作路數，雖然結構鬆散，

但貴在宣傳直白。不過，無論內容之雅俗及細緻程度，此批劇作的生命皆十分短暫。

政治言說是機制建構的主要緣由，也是作者、演員的創編原因，但劇作無法獲得認同也與此密切相關。從創作機制的爬梳中可知，政治言說的危機即在於政治審美指導傳統審美，導致「京劇劇本」本身產生「缺陷」，而戲迷、觀眾抱持相對傳統的欣賞標準，遂使此批劇作幾乎沒有市場。觀察此批劇作，即便是《文藝創作》刊登的作品，與既有劇目相比亦不夠精彩，而在《四郎探母》改編與否的議論中，更可得知老戲迷對改編的反對與嘲弄態度。在此情況下，新創編的劇作自然被掛在一旁，失去反覆錘鍊的機會，而一些程度較低的創作，應該也難入戲迷法眼，如《康樂月刊》作品雖然活潑，但其中帶有強烈的八股敘事與乾癟描寫，無論是藝術性與娛樂性皆較為缺乏，至於教育部的其他修訂與出版工作，或與《四郎探母》殊途同歸。此批作品在實際運用上的接受度在此暫時按下不提，留待下一章中結合搬演、傳習與出版等項做綜合評述。換言之，此時政府、政黨與軍方鼓勵的創作原則，尤其是因應時代需求置入反共抗俄意圖，事實上就是此批創作為人厭棄的緣故。

整體而言，此時創編新作為政治言說服務的實驗確實慘遭失敗，但在嘗試過程中，卻使得京劇資源進行整合，成為日後臺灣京劇發展的基礎。此批劇作出於內容的緣故，並未得到觀眾歡迎以及更多搬演機會，不僅不能使用，同時消耗文藝獎助資源，也未能促成劇藝進步。不過，此間為創作政策戲所致，對創作題材已有初步篩選、釐清市場接受度，並且促成作者、演員與劇團的聯繫，發展固定的展演途徑，尤其在第二章提及的娛樂市場消退影響下，逐漸形成日後臺灣京劇展演以軍中劇團為主力的樣貌。在本章中，雖然對政策戲政治言說的意圖以及創編機制形構有所討論，但僅能代表此時京劇發展的單一面向，至於政策戲的執行程度是否與接受程度相等，則無法得到相對確切的解答。職是之故，在下一章中，筆者擬將本章產出的作品，參酌劇團日常根據娛樂性、劇藝導向新創編的作品，以及其他創編機制推出的劇作，置於當時的京劇發展中，一併探討劇作所獲得的運用，相信能對此際大眾的審美意向有所提示。

# 第五章　創作改編與市場影響概覽
## （1949～1964）

　　在前一章中，筆者已大致梳理出政策如何建構並驅策創編機制運行，是國策／政策被轉化為文藝論述，並且被吸收制定為政策，向各種藝術形式輻輳的過程，但在此過程中，或是出於藝術審美的影響，京劇較少自發性地回應政策，反而是政府、政黨與軍方發動作家與官兵票友，試圖以京劇為載體，投入回應政策的創編。不過，劇作預設用於演出，是為搬演而生，前章的探討僅能描摹政策催生下的，較有代表性的京劇創編行為與內容，尚未確實檢視劇作演出活動，不僅不能代表政策引導創編的全貌，更無法追尋此際菊壇的反應。為此，本章擬將政策引導的創編機制，與劇團的常態性創編參照討論，並將之置於此際的京劇活動脈絡中逐一檢視，藉助實際運用以為旁證，以求對政策性創編與劇團常態性創編給予相對公允的歷史定位。

　　綜合前面數章的討論，至此已能釐清出遷臺至 1964 年間，京劇發展的大致源流：這是一個繼承與整合的時代，在演員、作家、觀眾與政策面上，都以清末以來的京劇傳統為基礎，由此得到新的發展。在演員方面，人才已出現整併的趨勢，並且透過教育紮根，逐漸形成伶、票與學生共構的演出體系，為演出與教學服務。在創作方面，前一章已可見到為政策引導的創編機制中，對文人票友、官兵票友的召喚，並且能夠觀察到此間創作特質的歧異，但針對劇團與演員創作的脈絡尚不夠清晰。在觀眾的方面，則是審美與市場的雙重變動：在審美方面，海派京班在臺演出雖然有相對悠久的歷史，但此時著迷於京朝派的文人握有話語權；在市場變動上，京劇發展的腹地更小，新興的娛樂方式也帶走一些觀眾，年輕的觀眾卻未能即

時培養、補進。在政策面上，此際的政府、政黨與軍方仍然延續過去工作方式，以查禁、修訂與鼓勵創作等手法，意圖壓抑部分劇作，或改編舊作成為符合政策之作，或發動創作以豐富劇目，但劇團的實際做法，以及對前述政策的看法，則還有待深入挖掘。換言之，此際的京劇發展中，仍然維持娛樂藝術與政治宣傳傳統並行的態勢，若欲討論創編機制的整體發展，便應當以此兩個傳統為線索。

　　透過此前的探討，本章擬處理以下問題：（一）綜觀此際的京劇發展，其創編機制與設置原因為何；（二）在這些創編機制中，劇作採用何種方式寫作；（三）此批劇作的演出狀況如何，是否與特定場合、媒體或團體相關，其原因何在；（四）市場限縮與劇團整併，是否對劇作產生影響；（五）創編之作的傳習狀況。根據於此，本章中將依照「創作」與「運用」兩大主軸設計，首先處理此際京劇創作與演出作品背後的創編機制，與構成劇作的創作方式，其次整理劇作展演途徑並檢視其中的選戲原則，最末考察此際的劇本出版，藉此了解此際創作、演出與推廣中，繼承政治宣傳傳統的政策創編之作，與繼承娛樂藝術傳統的劇團常態性創編，在政府、演員與觀眾的觀感中，究竟分別得到何種評價。

## 第一節　創作改編機制與方式

　　考察此前談論臺灣京劇創編的研究時，研究者往往出自藝術考量、著重於藝術手法翻新，而以雅音小集為起點，但提及遷臺之初至雅音小集創辦間的京劇創編作品，或是著重於政策對京劇的影響，而偏向個案式的、劇作的改編版本研究，甚至一筆帶過；或廁身於電視京劇節目研究之中；或因商業劇場的、娛樂性的創編較為常態而捨去不提，遂導致讀者無法以相對俯瞰性的角度，觀察此間京劇創編機制的樣貌。事實上，根據京劇史的研究而言，出於清末以來諸多政治變局的影響，京劇創作已然明確地分化為受政治宣傳或娛樂藝術傳統影響的兩條脈流，除去執政當局提出的禁戲之外，兩者向來並行不悖，且在此間相互激盪，對創作與編寫方式也有相當的嘗試與拓展。因此，1950年代的京劇創編機制與寫作模式，基本上可說是根基於此前經驗，並且因應時代、市場與藝術等條件產生變異的發展。

　　根據文獻資料閱讀可知，此時的創編機制係由文人創作，以及劇團常態

性編演共構，並依據不同群體或任務編組，產生不同的創編目標與方式。因此，本節擬由創編機制形成與劇作創編方式兩點切入，選擇相對有規模、具代表性與特殊性的創編機制，透過對報刊資料與前人研究的考察，期望做出相對統合的整理。

## 一、創編機制的總和

透過第三章對抗戰時期京劇發展的討論，已可以明顯地感受到，創編機制影響劇作內容甚鉅，並且足夠影響創作者意向，賦予其中差異性。在抗戰後不久，國共內戰爆發，至 1949 年中共建政後，京劇發展已然分化為最主要的臺灣／大陸兩大支流，並且在不同的意識形態與政策引導下，出現相異的發展，其中便囊括了創編機制的設置與劇作創作方式。以大陸而言，中共以政治考量設置戲曲改進局主理戲曲改革事務，在戲班收歸國有、改良舞臺規範、要求藝人政治學習等制度與思想的改良之外，發動創作新編歷史劇或現代戲以為統治需求服務，並在此中規範出創編劇作與指標性劇團的連結，以及地方劇種、劇團進京習藝的模式，是創作到演出的緊密網絡，但在 1949 年以降的臺灣京劇創編中，則未構成此種高度規範化且緊密的創編與展演網絡。

從前面章節中的探討可知，臺灣的京劇政策相對鬆散，不如大陸有明確的政策規範與其脈絡，也因此使得政策劇作與娛樂劇作有消長空間，觀眾與演員的選擇性更大，更貼近既有的劇作創編搬演生態。綜觀此際的京劇創編發展，除在前一章所提出的政策導向創作機制與作品外，尚有文人、劇團針對商業劇場或其他場合的創編作品，是故此處擬以創編機制設置緣故為主要分類，以前述政黨徵獎、社會教育與軍中文藝三項，參酌新興媒體，以及劇團常態性創編、學校教育與出國戲，計分為五項討論。

### （一）政黨推動的獎助寫作

如前一章所述，政黨推動的獎助寫作，主要為中華文藝獎金委員會（以下簡稱「文獎會」）的徵獎。該獎金的設置，是政黨出資、設置機構，吸引文人創作的機制。在此機制中，背後的最高指導單位是中國國民黨，以黨內的中央改造委員會第四組辦理，提供資金成立文獎會，主理收件、審核與給獎等事宜。

在文獎會訂定的徵獎辦法中，是以「反共抗俄」與「國家民族意識」為

獎助主旨，徵求包括京劇劇本在內的各類文藝創作，並給予高額獎金，此後又成立文藝創作社，出版文獎會機關誌《文藝創作》刊載得獎作品，並選輯單行本與文集出版，直至 1950 年代中期方才停止獎助、終止出版業務。在文獎會的運作中，無論是主事者張道藩或是任職委員，以及《文藝創作》編輯，多爲具備文藝涵養、黨政資歷者，部分甚至在大陸時期已有參與文學論戰的經驗，或許正是此前經歷培養出帶有政治正確認知的審美觀，承辦人本身又具備文學素養，遂使審查作業中能使兩者相互妥協與調和，不僅保持一定專業性，給獎作品也有相當的水準：這批作品多尋求歷史題材編寫，向當代取材寫作則爲孤例，因此較爲傳統、不易出格。不過，或許出於文獎會業務以創作徵獎爲主，寫成以後才代爲尋求排演的緣故，正如前一章的探討所言，已知實際搬演者較少。

## （二）社會教育催生的修訂、出版與活動辦理

在社會教育的範疇而言，是延續抗戰以來「以戲劇教育爲社會教育核心」的概念，因而在既有的劇本修編業務外，於活動辦理中也有新作產生。

劇本修編業務如前一章所探討，包括國立編譯館長期性辦理的劇本審訂與出版，以及教育部歌劇改良委員會所做個案式、突發性的劇本修編。國立編譯館的作業原則，是社會教育與反共國策的雙重考量，在最大限度保留劇作內容的前提下，用最小幅度的更動，針對劇作做出考訂與備註。教育部歌劇改良委員會的修訂，是針對被禁劇目的修訂，意圖使有政治正確疑慮的傳統老戲，能經過修訂後重登舞臺。不過，兩者都屬政府發動文人、學者的修編，除去少數劇作如《四郎探母》、《鎭潭州》外，實際的運用情況並不明確。

社會教育運動擴大週（以下簡稱「社教週」）中，除去既有的傳統劇目演出，亦曾以新創編作品登臺。社教週的辦理，是由各級、各地方教育主管機關聯合舉辦，〔註1〕在中央與地方同時舉行，選定國父誕辰後一週，除具備紀念意義外，還帶有普及社會教育、提高民眾文化水準、激發民眾愛國情緒，以及完成戡亂建國使命的期待，〔註2〕是故辦理方法中便可見「發揚民族精神暴露匪俄暴行，改造社會風氣爲重心，以新穎通俗爲原則」等語。在歷年社

---

〔註 1〕 〈社教運動七委員會籌備各項活動，委員會召集人均聘定〉，《聯合報》第 3
版，1951 年 11 月 8 日。
〔註 2〕 〈本年國父誕辰起舉辦社教擴大運動週，業經排定各項活動節目〉，《聯合報》
第 3 版，1951 年 10 月 8 日。

教週演出中的新創編之作，目前僅知 1950 年演出齊如山新作《征衣緣》，並被錄製爲「社教運動週活動紀錄片」於隔年播映，﹝註3﹞1956 年社教週以趙之誠編寫《黃帝》，交由金素琴、李金棠演出，﹝註4﹞其餘則多挑選既有劇目演出。

### （三）軍中文藝發動創作、競賽與劇團演出任務

如前一章所做討論，軍方也是發動京劇創編的一方，尤其是軍中不乏票友與演員匯集，以及政治工作中具備的反共原則，或對勞軍任務、商業演出的參與，都使得其得以繼承政治宣傳與娛樂藝術的雙重傳統，在兩條路線上屢有產出。

軍中文藝發動的京劇創編，即是前一章已有梳理的《康樂月刊》，具備「自軍中來，軍中去」的理想，向官兵徵集「涵義純正而配合國策」的作品。出於稿源緣故，其中可考十五齣「改良平劇」多爲小戲改編，其次才爲本戲改編，背景一致設定爲當代，語言更爲俚俗，與《文藝創作》刊載得獎作品大異其趣，可惜尚無法考證出是否確爲演出。前一章提及的軍中文藝獎金徵獎、聯勤文化示範營，也屬軍中推動的京劇創編，可惜目前皆未找到確切紀錄劇作內容與演出情形的材料。

國軍文化康樂大競賽（以下簡稱「文康競賽」）京劇競賽，是在軍中京劇演員、票友雲集的背景下，將官兵自娛自樂的藝術形式轉化爲競賽辦理之舉，並期望以此提升官兵文化水準、達到國軍宣傳力量總動員，同時藉此普及康樂工作。而在京劇競賽的辦理中，各劇團也確實爲了達到主辦方要求的宣傳效果，或有修編戲詞的嘗試，或是因應演出時間規範，對劇作有所剪裁。

除去爲政策而創編之外，出於軍中劇團原本即擔負巡迴勞軍任務，且爲國防部容許向外做商業演出營生，劇團在安排劇目時勢必要照顧軍中與民間觀眾的審美，遂使劇團本身也屢有創作與改編推出。此外，此際市場衰微，促成民營劇團演員向軍中轉移，連帶使得軍中劇團更加壯大，無異於將創作、演出的動能往軍中整合。

---

﹝註3﹞〈社教擴大運動週，今舉行開幕儀式，程部長等將親臨主持，各項活動程序已排定〉，《聯合報》第 3 版，1951 年 11 月 12 日。

﹝註4﹞哈公，〈評金素琴的「黃帝」〉，《聯合報》第 6 版，1956 年 11 月 16 日。李元皓，《不辭遍唱陽春——京劇鬚生李金棠生命紀實》（宜蘭：傳藝中心，2014 年），頁 64。

## （四）新興媒體中的京劇創編

相較於前述三項創編機制的產生與執行，都在前一章已有初步梳理，此處討論的新興媒體，包括電視與電影兩項，則屬於全新的範疇。

### （1）電視京劇節目製播

電視京劇節目的製播，始於 1962 年開臺的臺灣電視公司（以下簡稱「臺視」），目前以黃慧芬《臺視「國劇社」電視戲曲研究》研究較爲詳盡。臺視京劇節目的製播，事實上是政策對媒體的運用：臺視背後有官方的大量挹注與官股，被期許做爲政令宣導、社會教育利器，藉此發揚傳統文化，遂使臺視在節目安排上多循上述原則，京劇也因而被列入製播項目，安排在週六晚間熱門時段播出。〔註5〕

臺視京劇節目是在臺電視臺製播京劇節目之始，其對京劇創編機制的貢獻大致有三，皆爲電視媒體特性與京劇藝術特質的相互調和：在摸索電視京劇節目製播的作業模式上，具備電視京劇製播的奠基意義；因應節目播出時間改編劇作，無異於在保留場次架構的原則下，促成劇作小部分修編；藉助節目製作，也對舞臺美術與故事敘事有所改革。

製作方式的摸索，是指從外包製作到電視臺內任務編組製作的轉變：在開臺初期，臺視將京劇節目製作業務外包給票友，給予製作費、提供攝影團隊，但票友雖懂戲，卻對節目攝製毫無概念，而演員時間也難以配合，因此不久後便轉由電視臺內部組織團隊，或是棚內製播，或是劇團演出錄影播放，〔註6〕嗣後的京劇節目製作也多循此模式。節目製播促成內容修編，僅在部分棚內製播節目中可見，是爲使劇幅符合播映時間之舉，〔註7〕而劇團演出錄影播放則無此問題。舞臺美術與敘事的改革，同樣爲棚內製作所造成：因應舞臺美術的設置，一度加強演員與布景互動，使布景影響身段安排；〔註8〕製作技術促成敘事的修改，則可以《奇雙會》刪去鴉神爲例，是劇改由重疊鏡頭在一畫面中展現監獄與閨房兩個空間，〔註9〕無異於打破戲曲舞臺的時間、空

---

〔註 5〕何貽謀，《臺灣電視風雲錄》（臺北：臺灣商務印書館，2002 年），頁 57。黃慧芬，《臺視「國劇社」電視戲曲研究》（臺北：中國文化大學戲劇學系碩士論文，2012 年），頁 12～15。

〔註 6〕黃慧芬，《臺視「國劇社」電視戲曲研究》（臺北：中國文化大學戲劇學系碩士論文，2012 年），頁 17～20。

〔註 7〕同註 6 黃慧芬，《臺視「國劇社」電視戲曲研究》，頁 26～34。

〔註 8〕同前註。

〔註 9〕同註 7。

間概念，使之不再侷限於線性表現。值得一提的是，以臺灣的京劇發展而言，臺視此種割裂畫面串聯時空的作法十分前衛，而在舞臺的實際運用上，還須等到更晚近持續借鑒舞臺劇編劇技法創編新作後才見使用。

### （2）攝製京劇電影與大陸互別苗頭

京劇電影的製播，早在二十世紀初已見嘗試，但臺灣的京劇電影製播似乎與此關聯性不大。考察京劇發展史，京劇首次錄製爲電影，是 1905 年任慶泰爲譚鑫培拍攝的《定軍山》，任慶泰並因此開啓一系列的折子戲錄製活動，〔註 10〕不過此時的實驗性質較強，還以摸索與累積經驗爲主，並未將攝製技術做系統性的紀錄予以普及，在臺的京劇電影攝製似乎也無法直接從此處得到滋養。

此際在臺的京劇電影攝製，除去發展傳統文化的意涵外，皆具備與中共一別苗頭的意圖：1955 年攝製《洛神》，是爲與中共自 1952 年起、針對梅蘭芳拍攝戲曲電影的計畫打對臺；〔註 11〕1961年攝製《梁紅玉》，則是爲與中共《楊門女將》在海外播放爭勝。〔註 12〕誠然，今日重看兩部作品，品質都與其假想敵「中共戲曲電影」的藝術成就差上一截，即便是飾演梁紅玉的徐露，在晚年給予《梁紅玉》的評價中，也認爲劇作美學風格較不成熟，無法與假想敵《楊門女將》相提並論。〔註 13〕不過，京劇電影的攝製，卻無異於開啓臺灣的京劇電影製作嘗試，使京劇藝術與電影有初

圖 5-1　《香港工商晚報》刊出《梁紅玉》廣告，在利舞臺、樂宮戲院播映。（1963.03.13）

---

〔註 10〕魏時煜，《東西方電影》（香港：香港城市大學出版社，2014 年），頁 29～31。

〔註 11〕李元皓，〈打對臺文化的現代意義：臺灣京劇電影《洛神》、《梁紅玉》研究〉，發表於《第 13 屆國際青年學者漢學會議：華語舞臺的新聲與複調——華語戲劇暨表演研究新趨勢》，國立中央大學英美語文學系戲劇暨表演研究室、國立中央大學黑盒子表演藝術中心，2015 年 10 月。

〔註 12〕姚鳳磐，〈不拿片酬的女主角徐露〉，《聯合報》第 8 版，1961 年 12 月 5 日。

〔註 13〕李殿魁、劉慧芬，《露華凝香：徐露京劇藝術生命紀實》（宜蘭：傳藝中心，2006 年），頁 69。

步接觸，由《洛神》到《梁紅玉》，已可見到劇作改編與演員運用，攝製與出品方式等項的改進。

在劇作選編方面，是歌舞片到故事片、由簡單而困難的嘗試過程：〔註 14〕《洛神》以錄音翻製，〔註 15〕由齊如山執筆、〔註 16〕抽換「水詞」，〔註 17〕劇中人物相對簡單，首重歌舞；但在《梁紅玉》攝製時，已嘗試另起爐灶「胡編」一臺戲，雖則未能將角色安排周延，但已使各個演員的特質得到發揮。〔註 18〕以演員運用而言，則體現了劇作性質差異，以及劇校演員成熟的雙重意義：

圖 5-2　《民聲日報》刊出《洛神》廣告（1956.10.17）

《洛神》屬於梅派獨有的歌舞戲，以金素琴爲洛神、劉玉麟爲曹子建，但劇中其他演員並非向其他劇團徵調成熟演員，反而採登報招考、施以訓練的模式；〔註 19〕而在《梁紅玉》攝製時，或許是劇作唱唸做打並重的緣故，劇中演員皆須有一定的京劇表演水準，且此際大鵬劇團附設訓練班培育的演員已初見成績，因此《梁紅玉》的卡司即全由大鵬劇團與訓練班學生擔任。〔註 20〕

在攝製方面，《梁紅玉》運用彩色新藝綜合體闊螢幕，〔註 21〕且運用七堂交錯使用的繪畫布景與實景，〔註 22〕

〔註 14〕望天，〈「中製」二十年〉，《聯合報》第 6 版，1955 年 8 月 4 日。

〔註 15〕同註 11。

〔註 16〕〈「洛神」影片，訂下月初開拍〉，《正氣中華報》第 1 版，1955 年 6 月 17 日。

〔註 17〕同註 11。

〔註 18〕同註 11。

〔註 19〕〈洛神影片下月開拍〉，《民聲日報》第 4 版，1955 年 8 月 3 日。

〔註 20〕梁紅玉爲徐露，韓世忠爲馬榮祥，朱采玉爲鈕方雨，李玉蓮爲古愛蓮，尹鴻達爲韓母，蔡松春爲劉延慶，陳玉俠爲韓尚德，鄭克美爲韓延直，孫元坡爲金兀朮，張世春爲解元，馬元亮爲杜充，王鳴兆爲哈米蚩，吳少昆爲黃炳奴。〈彩色平劇影片，梁紅玉開鏡了〉，《聯合報》第 8 版，1961 年 12 月 5 日。

〔註 21〕〈彩色國片「梁紅玉」，本月中可在臺上映〉，《民聲日報》第 4 版，1962 年 3 月 1 日。

〔註 22〕〈李秀英抵達馬德里訪問，國劇片「梁紅玉」昨開鏡〉，《正氣中華日報》第 4

與《洛神》採黑白拍攝、舞臺紀錄片形式相較之下，《梁紅玉》顯然更具視覺刺激性。在出品方式，則是從國內播映的勞軍康樂片，到臺港合作、向外行銷的轉變：《洛神》由軍友總社與中國電影製片廠（以下簡稱「中影」）合作，〔註23〕定位為勞軍康樂影片，並曾獲總統頒發褒揚狀，〔註24〕且曾在《更生報》副刊中連載戲詞。〔註25〕《梁紅玉》的製作上，則是臺、港兩地的合作模式，在臺北士林中央電影公司攝影廠開鏡，由香港新光影業公司出品，製片為徐昂千、導演為香港的卜萬蒼，〔註26〕攝製完成後且為行銷海外。〔註27〕

　　除《洛神》與《梁紅玉》外，1961 年中亦有新聞指出中影與復興劇校接洽，欲合作拍攝京劇電影《陸文龍》，擬由齊如山編劇，以宗由為導演。〔註28〕但據此考察史料時僅見合作新聞發布，未有攝製流程與發佈會新聞，加以製片方李潔曾表示「如無百分之八十的把握，這部平劇片不能開拍，因為「成（按：應為『威』）震長空」耗資邊鉅，已使中影不能負荷，再加上要把「陸文龍」拍得盡善盡美，花的錢必不可少」，〔註29〕且是年 12 月又有大鵬劇團《梁紅玉》開鏡，復興劇校平劇片《陸文龍》想必是無疾而終。

## （五）劇團常態性創編、學校教育與出國戲

　　假若前述幾個創編機制的形成，是依據政府與政策所需，進而尋求傳統藝術形式為媒介的創編，相形之下，在劇團常態性創編與學校教育中，則更為注重觀眾觀感與京劇本身藝術特質，多依循娛樂性格與傳統審美而行。因此，此種創編形式除為劇團常態性使用之外，其中劇作更具有歷久彌新的藝術價值。

　　劇團的常態性創編，多由商業演出與軍中一般演出任務促成，在其中以劇團重要演員為主事者，創編時往往將觀眾喜好與營利擺在第一順位，顧及

---

　　　　版，1961 年 12 月 5 日。王會功，〈我看了「梁紅玉」的試片〉，《聯合報》第 6 版，1962 年 11 月 7 日。

〔註23〕　〈中電製片廠，招男女演員〉，《臺東新報》第 2 版，1955 年 7 月 6 日。

〔註24〕　〈「洛神」金素琴等六員，總統頒褒狀獎勵，昨由蔣堅忍副主任代表頒發〉，《正氣中華報》第 1 版，1956 年 3 月 4 日。

〔註25〕　〈即將在本市上映的：洛神全部唱詞〉，《更生報》第 6 版，1956 年 3 月 12～17 日。

〔註26〕　〈彩色平劇影片，梁紅玉開鏡了〉，《聯合報》第 8 版，1961 年 12 月 5 日。

〔註27〕　〈曼谷去年十大賣座國片〉，《聯合報》第 8 版，1964 年 1 月 10 日。

〔註28〕　姚鳳磬，〈中影籌拍「陸文龍」〉，《聯合報》第 7 版，1961 年 5 月 23 日。

〔註29〕　同前註。

劇團重要演員的劇藝發揮，因此多以傳統劇目爲改編搬演首選。在此際參與商業演出的劇團，除去民營劇團之外，尚有向外營業的軍中劇團，兩者的創編機制都具備此種特性。

　　民營劇團在商業劇場的創編行爲，或可以顧正秋劇團（以下簡稱「顧劇團」）的經驗爲例。顧正秋於永樂劇院演出時，曾在 1951 年至 1953 年間，爲營利或報答觀衆捧場排出八齣新戲，其中的創編手法即可視爲多數劇團演出創編手法的縮影：在顧劇團中，顧正秋與其他演員根據過去的看戲經驗整理劇作，貼演此前顧劇團未曾演出的劇目，且是早先已有的劇作，並依據演員意向或自身條件做出調整。由演員的觀劇經驗編排劇作，或可以顧劇團新排《董小宛》爲例：該劇是根據過去觀賞麒麟童演出《董小宛》的印象，並參照顧正秋所抄唱念單篇而成。〔註 30〕演員意向與條件對劇作選擇的影響，則可以劇團要角顧正秋本人爲例：顧正秋本工青衣，不喜說白、做工爲重且具有玩笑性質的花旦戲，但在商業考量下仍曾經貼演，並且因應自身條件修改，如排出《花田八錯》是朋友建議而爲之，演《勘玉釧》則不從荀腔。〔註 31〕

　　軍中劇團在商業劇場與軍中一般勞軍演出時，大體上也是以主要演員意向與演員特質爲派戲的首要考慮因素。以海光國劇隊貼演劇目爲例，即是隊長胡少安選擇劇目、徵詢隊員意向而排定：根據馬渝驤回憶在海光貼演《八義圖》的經驗，即是由隊長胡少安擇定劇目後分別詢問演員，了解演員對該劇唱唸熟悉與否，選角之後經過對戲、排戲方能貼出。〔註 32〕

　　學校教育中的劇目學習，或許是出於對藝術紮根與保存的考量，並顧及未來畢業進入劇團演出的可能性，教師傳習劇目的原則，與劇團常態性創編的概念十分相似，仍以既有劇目學習爲主。以馬渝驤回憶中，國立藝術專科學校國劇科（以下簡稱「藝專國劇科」）的學習與演出爲例，便多爲口傳心授模式下，對既有劇目的傳承：馬渝驤曾學習並演出《玉堂春》、《汾河灣》、《樊江關》等劇，《孔雀東南飛》則由周金福指導身段、自唱片學習唱腔；宋丹昂曾演過《貴妃醉酒》；沈灝演出《金山寺》。〔註 33〕考察此際報刊中對其他戲曲學校中京劇傳習與演出的介紹，如復興劇藝實驗學校（以下簡稱「復興劇

---

〔註 30〕顧正秋口述、劉枋執筆，《顧正秋舞臺回顧》（臺北：時報文化，1976 年），頁215～222。

〔註 31〕同前註。

〔註 32〕2016 年 5 月 5 日、9 月 29 日，訪問國立藝專國劇科二期畢業生馬渝驤於臺南。

〔註 33〕筆者推測或爲中華戲曲學校之《孔雀東南飛》。同前註。

校」），以及依附於軍中劇團下的各個附設訓練班，也多循此路數學習、演出。即便藝專國劇科在第一屆主任張大夏主持下，曾排演其編成的《二城復國》，並且爲泛政治性地詮釋爲「全照歷史編排，且有戰鬥意識」之作，但考察其內容以《伐齊東》連綴《黃金臺》、《火牛陣》而成，〔註34〕實質上仍爲既有劇目的串聯改編。

　　出國戲促成的創編，具備展示劇藝、宣揚國威與文化正統等重層意義，劇團組成往往相對精簡，因此亦選擇既有劇目，僅在情節上予以連綴，或增刪、調整詞句。整體而言，出國戲編排的選擇與思維，相較於劇團常態性創編或學校教育中的劇目選擇，無論是出發點或最終抉擇皆無太大歧異，由於實際操作擬在後方創編方式中專門討論，此處便先按下不提。

　　根據上述五點討論可知，創編機制確實引導創作走向，且出於此際的京劇界流動，以及政治與社會的混亂局勢，促成各方以營利或政策爲目的，提高創作的自覺與動能，並因爲娛樂藝術與政治宣傳兩種性質夾雜其間，政府與政黨、劇團或觀眾都帶有各自的期待。以政府與政黨而言，它期待京劇爲政治言說服務，並且在民間劇團、演員轉投軍中後，利用政治工作體系規範的便利性，在其間遂行創作實驗。以劇團角度出發，無論在民營時期，或是演員進入軍中劇團以後，能夠營利的商業演出才是劇團與個人生存的根本，貼演劇目首重觀眾意向。假若以觀眾角度探討，京劇的藝術層面才是觀眾欣賞的對象，政策賦予的反共復國熱情僅限於一時，因此純粹爲政策而寫就的創作，市場前景實在堪憂。職是之故，要了解劇作如何面對短時間之內的市場考驗，以及長期下來的政治、社會與菊壇生態的變動與篩選，還須回歸創編方式討論，尤其京劇做爲一種有既定聲腔、表演程式的戲劇類型，創作者如何以之回應政治宣傳與娛樂藝術兩種審美觀賦予它的要求，便是劇作存續的關鍵，十分值得深入挖掘。

## 二、臺灣的京劇創編方式（1949～1964）

　　考察京劇創編的作品類型時，單純依循過去的討論向度，或者運用新／舊之分一言以蔽之，在本研究中皆是十分不智的：此際的京劇創作多在既有劇目的基礎上，或改寫以置入思想，或折射演員個人特質，或以凸顯劇團技藝水準爲目的做出修編，最終形成文本或舞臺上的樣貌，是以「再詮釋」的

---

〔註34〕孫克雲，〈看藝校「二城復國」〉，《聯合報》第 6 版，1956 年 7 月 25 日。

特質十分強烈。

討論向度是構成歷史廣度與討論縱深的重要因素，過去常見的探討路數大致有以下三類：其一是以創作機制為出發點，著重於闡釋劇作的政治／藝術性格；其二則以藝術形式為主軸，討論此一藝術形式中，題材如何與形式磨合，創造劇作的最終樣貌；其三則是分析劇作時常用的內容探討分類。可惜的是，若依據前述三種探討路數討論此際創作，卻僅能描繪劇作的出產機制，依舊無法觸碰劇作的構成方式。

以新／舊之分檢視，則罔顧京劇自身創編的規律，將使討論無所適從。綜觀臺灣的京劇發展中，「新戲」或「新劇」是相對寬鬆的形容詞，使用上相當廣泛：（一）純粹創編新作並演出，可被稱為「新戲」；〔註 35〕（二）京劇翻製其他劇種作品，改以皮黃腔演唱亦然；（三）一戲班到某地演出可被稱為「新戲」，該班於該地首次推出之劇目，亦可能稱為「新戲」；〔註 36〕（四）此前該團或演員不會的戲，經過學習後貼演，同樣可以「新戲」為號召，但事實上皆為前人曾經演過的劇目。〔註 37〕職是之故，單純依循新聞中與舊劇

---

〔註35〕 ……空軍大鵬劇校為參加國軍觀摩演出，創作了一齣「獻瑞祝壽」新戲，旨在闡明「暴政必亡」及異端邪說為人神共憤，天地不容，而以尊崇孔教，掃蕩紅魔，宇宙昇平，表達效忠領袖之忱……〈大鵬排新戲〉，《聯合報》第 9 版，1974 年 9 月 30 日。……大鵬劇校新編的「獻瑞祝壽」，集全校菁英於一堂……在這齣新戲中，有動聽的曲牌，也有大段的皮黃唱腔……。黃漢，〈大鵬獻演新戲祝壽〉，《聯合報》第 9 版，1974 年 10 月 4 日。……空軍大鵬劇校，將演出集議研究的新戲「獻瑞祝壽」。「獻」劇在闡明「暴政必亡」、「異端邪說」為人神共憤，天地所不容。劇中六合眾仙，尊崇孔教，掃蕩紅魔，宇宙昇平。藉以申明「一人有慶，兆民賴之」為「仁者壽」之真情。……〈國軍藝工祝壽，明起進入高潮〉，《聯合報》第 9 版，1974 年 10 月 7 日。

〔註36〕 ……欲在臺博好聲譽。宜頻排新劇。以舊劇間之。如宏碧緣及紅蝴蝶其他全本。與在支那等處曾演。而為各班在臺未演者。一一演出乃可。……〈鶯啼燕語〉，《臺灣日日新報》第 7078 號，1920 年 2 月 25 日。轉引自徐亞湘，《史實與詮釋：日治時期臺灣報刊戲曲資料選讀》（宜蘭：傳藝中心，2006 年），頁 223。

〔註37〕 ……春節期間，私立復興劇校假國光戲院作新正開臺的盛大公演，為期共十日（由初一到初十），其劇目（戲碼）貼出，除該校以往享譽諸劇外，尚排有「少年立志」（即神亭嶺）、「雙姣奇緣」、「挑滑車」、「打花鼓」、「搜孤救孤」、「大破摩天嶺」、全部「王寶釧」及全部「貂蟬」等新戲。這些新戲均係舊有的名劇，有的是今日菊壇罕見之戲，有的雖其他劇團經常貼演，然就復興之學生言，尚屬首次貼出，茲就這些新排諸劇簡介如后，聊供同好春節娛樂的參考。……紅葉，〈國劇新談〉，《聯合報》第 8 版，1960 年 1 月 26 日。

相對的「新戲」一詞討論，對考察劇作創編方式並無實質意義。

　　有鑑於此，討論此際劇作的創編方式，還須回到劇作自身，將之與傳統、已有的劇目或審美做出參照，專注於劇作如何構成。為此，此處將以劇作為主軸，鎖定前一章中可考的劇作，以及報刊中有較為詳實紀錄的創作，並借鑑抗戰時期創作類型與大陸戲曲改革分類，參酌為本文尋找恰當的分類方式。

　　根據考察，此際劇作創編的構成方式大致有以下四項：（一）舊劇排演；（二）舊劇改編；（三）「新編」歷史劇；（四）現代戲。舊劇排演與舊劇改編看來似乎有所重疊，但筆者以演員中心與編劇中心兩種考量，劃分為演員排演／文人提供論述並改編兩項。舊劇排演中，納入此際移植的「匪戲」一類：「匪戲」專指兩岸分治後大陸創作或唱紅的劇目，其中有部分舊劇改編新排之作因藝術性為臺灣移植。現代戲的創作最少，又具備向當代史事取材的特質，因此劃歸新編歷史劇中一併討論。透過前述依據劇作構成所做的分類，再參酌創編機制做重層檢視，相信能使此際的京劇創編模式更為清晰，並能夠觸及身為藝術核心的演員，以及做為消費市場支柱的觀眾，折射出京劇表演體系與消費族群背後所認同的審美觀。

## （一）舊劇排演：為演而編

　　「舊劇排演」是以舞臺演出為出發點的分類，通常由演員與劇團主導，並在創編之中因應演員自身條件修改身段、唱腔，或是連綴數齣演出，具備濃厚的再創作意味。而時稱「匪戲」的大陸劇作，其中有部分為兩岸分治後改編之舊劇，並受臺灣菊壇青睞，透過錄音或唱片排演，具備舊劇加工排演的特質，〔註38〕嚴格來說亦屬「舊劇排演」此列。

　　依照演員自身條件編修劇目，或以戴綺霞《木蘭從軍》為例。戴綺霞可說是在臺海派旦角的代表人物，做表、武功了得但嗓音稍差，因此要排演唱做並重的梅派戲《木蘭從軍》時，便依據自身條件掐去唱段，並加入更多的武功與做表：在花木蘭射獵野味一場，戴綺霞在唱崑曲曲牌之餘，大耍槍花、盡情展現身段做表；而從軍之前的場次，則因應花弧傳授木蘭武藝，與曹駿麟研發出一套與眾不同的對劍。〔註39〕

---

〔註38〕王安祈，《臺灣京劇五十年（上）》（宜蘭：傳藝中心，2002 年），頁 94～97。
〔註39〕此套對劍後來用於獲 1957 年第三屆羅馬國際特種影片展優勝獎的電影《木蘭從軍》裡。徐亞湘、高美瑜，《霞光璀璨——世紀名伶戴綺霞》（臺北：臺北市政府文化局，2014 年），頁 116～118。

連綴劇目演出或使之成爲串本，也是舊劇排演的方法之一，此中亦不乏改編、刪減或續寫等手法的運用。藝專國劇科的《二城復國》最能體現此種特質：或是出於角色調配的考量，張大夏寫作《二城復國》時，將原本可由《伐齊東》、《黃金臺》與《火牛陣》串聯的田單救主、復國故事，〔註40〕砍去《伐齊東》與大半的《黃金臺》，由世子爲奴演起，把重頭文武老生改爲重頭青衣，但也因此招致喧賓奪主的疑慮。〔註41〕此種安排也普遍見於其他劇團演出，如大鵬劇團演出全本《白蛇傳》，即加入新編的〈下山〉、〈收青〉，捨去〈盜庫〉、〈散瘟〉；〔註42〕或是復興劇團排演出國戲《貂蟬》時，以《鳳儀亭》爲主幹，加入《汜水關》、《人頭會》並吸收其他劇作的特殊表演。凡此種種都是相關例證，〔註43〕足見劇團編演時的彈性。

在臺灣對「匪戲」的吸收過程中，流派藝術與劇作涵義是影響取捨的最重要條件。兩岸分治後，中共在戲曲改革工作中發動演員創新整舊，其中便不乏流派宗師重新演繹既有劇目，並且以其藝術性得到相對高的評價，這些演出錄音透過廣播或唱片輾轉流入臺灣，不僅戲迷趨之若鶩，劇團也隨之搬演，如《八義圖》便有唱片行世，海軍所屬的海光劇團也曾據此排演用於商業演出。〔註44〕劇作涵義，則是匪戲爲捨棄的重要原因：在當時敵我分明的政治氛圍下，大陸劇作被當局視爲帶有「不良毒素」予以查禁，並且被指示應當演出固有劇本或與中共改本相異者，〔註45〕尤其是大陸在抗戰時期與兩岸分治後創作的大批現代戲，劇中極盡歌頌中共建設、呼籲響應中共改革之能事，不僅劇作本身已然違背戲迷審美，也因爲政治意識的緣故，相關創作完全不見於此際的臺灣舞臺。

〔註40〕 事由伊立結交世子未果，攛掇鄒妃陷害迫使世子出逃演起，經歷田單救主盤關過關，世子在太史敫家爲奴，緊接著樂毅伐齊爲燕太子忌，田單用火牛破陣，最終收復失地、重光齊疆。曾白融主編，《京劇劇目辭典》（北京：中國戲劇出版社，1989 年），頁 93～96。

〔註41〕 碧瘦，〈粉墨瑣談〉，《聯合報》第 6 版，1956 年 8 月 2 日。

〔註42〕 魏子雲，〈粉墨瑣談，「白蛇傳」之我觀〉，《聯合報》第 6 版，1955 年 9 月 2 日。魏子雲，〈「白蛇傳」之我觀〉，《聯合報》第 6 版，1955 年 9 月 6 日。

〔註43〕 張彥，〈改編的出國戲：貂蟬〉，《聯合報》第 6 版，1962 年 10 月 2 日。

〔註44〕 馬渝驤老師回憶起海光排演《八義圖》時曾提及，此劇排出來十分轟動，而且成爲海光營業演出貼演劇目。2016 年 5 月 5 日，訪問國立藝專國劇科二期畢業生馬渝驤於臺南。

〔註45〕 〈八義圖，可能演出〉，《聯合報》第 7 版，1961 年 5 月 16 日。

## （二）舊劇改編：為編而編

「舊劇改編」係指作者選擇既有劇目改編者，因此劇作往往可以看到既有劇目的架構與影子，但是否有機會搬演、透過何種途徑搬演，端賴編者是作家或劇團而定，因此以此原則與前述「舊劇排演」做出區別。舊劇改編包括兩類，其一是既有劇作的改編，其二是衍生出的小戲填充。

選取既有劇作改編者，出於出產體制吸引稿源與篩選，以及作者對京劇演出的掌握程度，劇作在內容、用詞與篇幅上皆可見差異。大體而言可以分為單純依據舊劇修編，或將之轉化為當代題材兩項討論，其間並受到娛樂藝術性格或政策指導的影響。

為娛樂而編者，首重演出精采與否以及其中的藝術表現，因此多發生在制度相對穩固、行當齊全的劇團或劇校中，如此才能放手創編而較不容易為角色搭配所限制。以當時較具指標性的大鵬劇團為例，便曾以此方式編演《脫骨記》與《寧武關》：《脫骨記》的編演在 1960、1961 年間，取材自元雜劇《楊六使私下三關》、梆子《寇準探地穴》，翻為皮黃演唱；《寧武關》是京劇既有劇目，因取自於崑曲而唱崑腔，但在大鵬劇團的改編中，則加入「程腔二簧」演唱。〔註46〕

為政策而編，是政策向藝術形式靠攏的創編模式，以藝術包裹政策。此種創編有兩種路數，一為政策先行、作品求涵義純正，一為藝術先行、政策僅為包裝。政策先行的作品，多出自《文藝創作》、《康樂月刊》與教育部主持的劇作修訂中，創編方式與特質在前一章中已有初步梳理，在此不擬重提。藝術先行、政策包裹的作品，則出自於電視與電影：臺視的京劇節目製作，無論是棚內拍攝者或錄製劇團演出播映者都屬此類，若以《人面桃花》數度翻拍、幾易其稿為探討對象，〔註47〕更可被視為其中專注於故事敘事特質的縮影；在電影攝製上，從所選劇目到拍攝過程也可見依循京劇規律的傾向。換言之，在電視或電影的攝製經驗中，對觀眾觀賞經驗而言，藝術水準才是真實感受，而社會教育或與中共打對臺的意義次之；但之於政府方面來說則相反，是出於政策中維護正統的意圖，進而提供藝術發揮空間。

以既有劇作向當代轉化，是指藉助既有劇作的架構敘說當代故事，此批

---

〔註46〕桂良，〈一年來大鵬編、排、演（上）〉，《華報》第 3 版，1961 年 5 月 1 日。
　　　　桂良，〈一年來大鵬編、排、演（下）〉，《華報》第 3 版，1961 年 5 月 2 日。
〔註47〕同註 6 黃慧芬，《臺視「國劇社」電視戲曲研究》，頁 20～26。

劇作皆出自於《康樂月刊》，由於創編特質與書寫方式在前一章已有介紹，此處則不擬重提。

## （三）新編歷史劇與現代戲：以古況今或舊瓶新酒

在以舊劇為基礎的排演與改編之外，尚有一批新編劇作向古今歷史取材，或可借用大陸的創作分類，參酌新編歷史劇與現代戲兩類討論。此批創作多出自《文藝創作》刊載與文藝創作社出版品，而社教週《黃帝》，文康競賽《社口莊》亦屬此類，且皆帶著幾分「以史為鑑」的意味：劇作多以歷史上的興亡盛衰、民族衝突做為背景，藉由勝利想像折射維護正統的意圖，並反映此際的反共抗俄需求與民族氣節。而現代戲的創作，則以《文藝創作》刊出之《弒父獻妹》，與《正氣中華報》刊出的「時事平劇」《毛酋進宮》為代表。〔註48〕不過，根據目前可考資料的類型差異，以劇本或演出紀錄為材料做探討，其中反映的資料豐富程度截然不同。

可考資訊的差異，連帶使得創作樣貌相對平面或立體：假若面對劇本，雖有文本可供閱讀，但僅能討論涵義至劇作的書寫；而報刊中對演出的紀錄與實況描述，雖然沒有完整的唸白、唱詞，卻因為執筆者在紀錄間所做的分析與品評，或能對場面安排與演出概況做出提示。

僅有劇本可考的創作，多出自於《文藝創作》刊載與文藝創作社出版品中，劇作多數無同名劇目，少數有同名劇目但大異其趣，如前章所述《節義圖》無同名劇目，前章討論之《陳圓圓》敘事主軸改變，由於前一章中已有討論，在此不再做說明。值得注意的是，雖則此批劇作多出於文人、票友之手，但多數未被搬演，因此僅能根據劇本觀察創編機制制定的投稿原則如何被轉化運用，透過何種情節與安排構成故事，使得討論上相對平面。

報刊討論多為演出紀錄與實況描述，雖然未能提供劇本以資研究，目前也無法在他處覓得劇本，但從劇情大意、思想意涵與舞臺呈現的紀錄，則能讓人了解劇作對既有的京劇藝術形式如何化用，此中又以社教週《黃帝》資訊較為齊全。社教週演出的《黃帝》由趙之誠編寫，具備書寫歷史、套用京劇既有表演套路，及吸收其他藝術形式等特質。

綜觀京劇劇目，並非全無書寫黃帝戰蚩尤的劇作，但或許是為加強正義／邪惡的二元描述，從汪笑儂《戰蚩尤》到趙之誠《黃帝》之間，劇作情節

---

〔註48〕〈毛酋進宮〉，《正氣中華報》第 3 版，1950 年 3 月 1 日。

已有擴充。汪笑儂的作品中，故事線相對簡潔，由蚩尤爭勝寫起，繼之黃帝親征與之相持不下，嫘祖遂趕赴自薦良策、登壇做法引來大霧，最終使黃帝大獲全勝，斬蚩尤於車前。〔註49〕而趙之誠的作品中，則加入此前相同題材劇作未有之情節，且被認爲具有闡釋國家建設的意圖：〔註50〕如教民養蠶紡織是爲經濟建設，並因此機緣與嫘祖遇合；或加入九天玄女贈甲冑，嫘祖以之仿造十萬套送至前線，成爲大破蚩尤的關鍵，被解讀爲指涉軍事建設；原劇中嫘祖做法引大霧的設計，到此則安排爲製造指南車，是爲科學建設；此外還安排倉頡造字的橋段，被認爲指涉文化建設。

出於劇作情節擴充，隨之造成表演增加，因此對京劇既有表演套路與其他藝術形式有所吸收。運用京劇既有表演套路的紀錄大致上有兩個方向，一爲丑角唸白的運用，一是嫘祖形象的塑造：根據前章討論，丑角【數板】因表演規範所致，可以游離於戲劇內外，是最常爲作者運用，置入時代語彙與思想的途徑，《黃帝》一劇便設計用以陳述反共抗暴的思想；〔註51〕嫘祖形象給予觀眾的既視感，由於劇作中的「賢德」設定，而使其與《霸王別姬》、《三娘教子》流於一路。〔註52〕向其他藝術形式的吸收，則包括嫘祖採桑時的採桑女群舞，以及嫘祖與黃帝相遇調情，〔註53〕都與過去《戰蚩尤》的編排大異其趣。不過，雖則《黃帝》在創作中尋求歷史故事說理，並爲情節擴充之故，借鑑過去的表演套路與其他藝術形式，似是對表演資源整合有初步嘗試，但劇終由男主角挑出「中華民國萬歲」的大標幟，〔註54〕終究無法跳脫抗戰以來的政治宣傳劇作創編思維與表現手法。

所謂現代戲，係指以當代爲背景的創作，全新構思而不向歷史取材、借古喻今，也不以小戲填充。目前可考、確實以現代題材全新創作僅周正榮《弒父獻妹》，與《正氣中華報》刊出的「時事平劇」《毛酋進宮》：周正榮之作在前一章中已有論述，或因周正榮的演員身分對藝術形式掌握明確，劇作構成中還能見到其他既有劇目的橋段化用；《毛酋進宮》則寫毛澤東對史達林稱

---

〔註49〕同註40 曾白融主編，《京劇劇目辭典》，頁6。《戰蚩尤》，中國京劇戲考：
　　　　http://scripts.xikao.com/play/70005101（2016.09.15）。
〔註50〕同註4。
〔註51〕同註4。
〔註52〕〈冷眼旁觀談劇本荒〉，《聯合報》第8版，1959年10月1日。
〔註53〕同註4。
〔註54〕同註52。

臣、唯唯諾諾情狀，〔註55〕唱少白多，但創作者資訊全不可考，僅能以《正氣中華報》之軍報背景推斷，該劇作或許也出自官兵之手。值得注意的是，出於劇作創作意旨，前述《養女恨》與《逃出樊籠》可能也屬於現代戲創作：沈元雙之《養女恨》曾有配合保護養女運動演出紀錄，報導中稱劇作內容陳述養女痛苦，希望社會大眾伸出援手，並喚醒養父母良知，〔註56〕可見其中以皮黃聲腔演當代養女故事的可能性極大；《逃出樊籠》留存資訊不多，僅知其為聯勤文化示範營集體創作，根據該活動目標「以文化充實戰志，以戰志爭取勝利」參酌劇目望文生義，〔註57〕或許也屬現代戲創作，但皆有待更多資料的發掘。

　　透過本節的考察可知，諸多創編機制不見得單為政策或藝術服務，以政策為出發點的創作，不見得必定被置入明確的宣傳內容，而看似富含藝術性的作品，也可能不全然專為娛樂而生：出於各創編機制對政策／藝術的化用，遂使得創作意義的討論更顯複雜；而創編機制到劇作構成，則無法統一參照搬演訊息做探討。創編機制使創作意義更為複雜，是在創編機制、劇作來源、作品內容與構成方式的層層考察中，在借用京劇藝術形式創作的大前提下，作品最終被用於不同用途，並且得到不同的包裝與詮釋。機制到作品構成無法參考演出訊息討論，則完全是材料有無的緣故，至多因為作者或演出受到報導記錄，使人有機會一窺作者或劇團如何自既有藝術表現中選取材料以構成劇作。職是之故，在本節由創作端起頭，從創作機制到劇作構成的討論過程中，似乎在在地提醒筆者，假若反向考察演出場合對劇作的選擇，相信能使劇作接受程度與觀眾喜好更為清晰。

## 第二節　創作改編之傳演

　　劇本是預設用於演出的創作，但卻只有部分劇作能得到排演機會，並在演出反覆錘鍊下成就其藝術性，本文討論的京劇創編作品亦然。在前一節討論中可知，某些創編機制本身即依附劇團、媒體或特定場合而行，是創編演

〔註55〕　同註48。
〔註56〕　〈省保護養女會，在基演養女恨，深得觀眾好評〉，《聯合報》第2版，1952年4月20日。秋柳，〈伶票群像：新思想舊道德的沈元雙〉，《聯合報》第6版，1955年6月3日。
〔註57〕　〈聯勤文化示範連，昨舉行演習〉，《聯合報》第3版，1953年8月26日。

合一的途徑，但其他劇作僅知爲編而編、演出資訊幾不可考，因此清查劇作的演出頻率與運用緣由便顯得十分迫切。可惜的是，如同此前章節中的研究回顧一般，學界對劇作的審視多由禁戲或創作等視角出發，尚未將之與演出性質或場合結合論述，逐使禁戲、創作與其置身環境的關係不夠立體。

有鑑於此，本節擬將目標鎖定於劇作演出，並以前面章節中對劇作形成與構成形式的梳理爲基礎，設定演出場合爲主要探討類目，參照劇團、劇作與禁戲等材料，運用王安祈在《臺灣京劇五十年》中整理之〈民國 35～44 年京劇演出報紙戲單〉，〔註58〕及徐亞湘國科會專題研究計畫《臺灣民間京劇傳統之研究》研究結案報告書中〈戰後臺灣報刊京劇演出檔期整理（1950～1960）〉兩份材料〔註59〕搭配報刊探討，以求了解劇作在場合、演出目的與劇團自身的多重考量下，究竟如何選擇或「被選擇」。

參酌演出性質與展演途徑考察，由於觸及團體組成與演出目的所致，部分傳播途徑具有極高相似性，本文大致劃分爲以下幾類探討：（一）商業劇場與營業戲；（二）勞軍戲、勞軍團；（三）公演；（四）京劇競賽；（五）出國戲；（六）其他展演途徑。雖然分類可能不夠完善，但透過演出任務性、禁戲政策或劇團意向等因素的考察，或能對演出場合如何影響選戲原則做出初步討論。

## 一、商業劇場營業戲

商業劇場的營業戲演出，純粹以營利爲導向，因此更注重演員配當與觀眾喜好，無論在 1950 年代前期民營劇團、軍中劇團共同參與市場時，或在 1950 年代後期隨著演員投往軍中、軍中劇團整併，使軍中劇團漸成爲日後京劇商業演出主力的過程中，此種特質皆十分明顯。究其根本，完全是「營利」之故。

「營利」對劇團之重要性，在於演員藝術與觀眾消費相互成就的特質：之於民營劇團而言，戲劇演出是其賴以維生的手段，唯有敏銳地觀察觀眾意向、隨之貼演劇目，使觀眾樂意購票觀賞，才有賺錢的可能；對於軍中劇團而言，由於軍方給予的薪餉微薄，因此被允許在勞軍任務之外從事商

---

〔註58〕同註38，王安祈，《臺灣京劇五十年（上）》，頁 198-281。
〔註59〕徐亞湘主持，《臺灣民間京劇傳統之研究》，國科會專題研究計畫：
　　　　http://ir.lib.pccu.edu.tw/retrieve/46794/992410H034042MY2.pdf（2016.08.02）。

業劇場演出，遂有劇團的「對外公演」，透過營業演出以補貼劇團開支，在此前提下，劇團自然須以團內演員優勢爲主要考量，並體察觀眾喜好與觀賞意向貼演劇目。亦即，置身在以「營利」爲目的商業劇場中，劇團須以京劇自身的藝術與娛樂性質爲號召，顧及聽戲與看戲的傳統派戲。相形之下，搬演前述創編機制爲政策寫成作品的事例，無論是舊劇改編或新編歷史劇都十分罕見，即便可見也屬特定劇團行爲，而本地京班或票友則似乎未曾參與其間。

　　商業劇場中政策創編作品的演出，包括民營劇團演出的文獎會補助作品，以及 1950 年代中期以降《新四郎探母》的演出。文獎會補助作品的演出，或因文獎會爲獲獎作品代爲尋求排演的緣故，〔註60〕可考的演出紀錄散見於1950 年代前期，與其出產年代多相去不遠，如：齊如山創作的《征衣緣》在1951 年由文藝創作社出版，演出紀錄集中於 1950 年至 1952 年間，由顧劇團演出 8 場；〔註61〕趙之誠所作的《林四娘》一劇，於 1954 年在《文藝創作》35 期刊出，隔年由關鴻賓領導自由中國國劇團於環球戲院連演三日，之後則再無音信；〔註 62〕周正榮創作的《弑父獻妹》，於 1954 年在《文藝創作》38期刊出，隔年於周正榮搭班的關鴻賓領導自由中國國劇團中演出二日，雖然劇評曾見於報端，之後也再無演出；〔註 63〕較爲晚近的商業劇場演出文獎會作品事例，則爲齊如山《勾踐復國》於 1960 年 5 月至 6 月間爲大鵬劇團演出，是次演出性質屬勸募勞軍基金對外售票公演，距離作品於 1952 年在《文藝創作》刊出，並由文藝創作社出版單行本，已然過去九年。相較於文獎會作品演出稀少，《新四郎探母》的演出則全然相反：出於政策明令禁止演出舊本，因此在 1955 年張大夏寫成《新四郎探母》後，雖然屢見舊本違規演出，〔註64〕但也不乏劇團貼演修訂本。

---

〔註60〕齊如山，〈一年來自由中國的平劇〉，《文藝創作》第 21 期（1953 年 1 月），頁17～21。

〔註61〕1951 年 11 月 11 日（日）日戲，按時間考察，疑爲週日所加勞軍場次。

〔註62〕哈公，〈藝文圈內：「林四娘」和平劇〉，《聯合報》第 6 版，1955 年 1 月 20 日。

〔註63〕王安祈紀錄爲《弑父救妹》，徐亞湘紀錄列有《弑父獻妹》、《弑父救妹》，考察參與演員、演出日期與地點，兩劇應皆指周正榮之作。覃靖，〈周正榮及「弑父獻妹」〉，《聯合報》第 3 版，1954 年 9 月 19 日。

〔註64〕老戲迷，〈平劇改良的途徑，從「穆桂英獻寶」到「新四郎探母」〉，《聯合報》第 6 版，1954 年 12 月 21 日。

圖 5-3、5-4　《民聲日報》刊出海光劇團公演劇目，清一色為骨子老戲，包括始於〈坐宮〉、止於〈回令〉的《四郎探母》（1960.08.22）；《民聲日報》刊出復興劇校籌募教育基金公演劇目中，則可見《新四郎探母》（1959.11.15）

　　綜上所述可以發現，商業劇場的派戲原則，係以藝術生態為主要考量，政策意圖雖曾以相對柔性或剛性的手段介入商業劇場，但都僅是一時之間的點綴。考察確實被商業劇場試點推出的政策修編劇目，多數在文辭、表演上較貼近既有的京劇表演傳統，除去《弒父獻妹》寫作當代反共題材、略感狗血外，其餘都以民族氣節為號召。政策的柔性手段，包括政府機關或政黨機構向劇團引介作品試點，雖然能在一時間使作品得到演出可能，但在短時間內即為劇場生態自然淘汰。剛性的指導，則是禁戲規範與其配套措施，在禁止特定劇目演出之餘，並可能加強劇目修訂本的演出頻率，但參酌前章與本章中對《四郎探母》的討論可知，禁戲雖有箝制但非十分徹底，因此作品也可能禁而不絕。換言之，商業劇場的生態以營利性質與觀眾意向為最高指導原則，因此更容易保有京劇自身的藝術性、娛樂性，並對政策催生的創編作品產生排擠作用。

## 二、勞軍戲與勞軍團

勞軍戲與勞軍團的演出，皆以慰勞官兵爲前提，並且因應任務編組的差異，在參與者、演出形式與場域有所分別：在參與者方面，民營劇團由演員組成，軍中劇團則伶、票共構，勞軍團則包括民營劇團簡編或伶票夾雜，甚至全由票友組成等模式；在演出形式上，牽涉到演出或清唱；在演出場域中，或是民營劇團劇院演出，或是軍中劇團與民間勞軍團在駐地表演。持平而論，無論場合與形式的分別，選戲的原則倒是相去無幾，皆由傳統的、藝術性的審美出發。以下便由勞軍戲、勞軍團兩個分類，分別討論其組成、演出形式與選戲原則。

### （一）勞軍戲

勞軍戲可分爲民營劇團劇院演出，以及軍中劇團巡迴駐地演出兩類。

民營劇團演出勞軍戲，是指國防部以公文規範劇院規劃勞軍場次，並給予劇院勞軍補助的演出辦法，但劇團確實加場演出後，卻因爲稅捐等種種原因，劇團實際分得的補助猶如杯水車薪，不平之鳴屢屢見諸於報端，﹝註65﹞足見勞軍場次反而成爲戲院、劇團的沉重負擔。目前京劇界對民營劇團勞軍演出之回顧，大抵上還以顧正秋在永樂劇院的演出經驗較爲清晰：大約在1949年秋季，出於軍方公函指示，顧劇團依例在週日早場安排勞軍戲，並且因應觀眾要求，比照週末晚場辦理，多貼演唱工繁重的劇目，使身爲挑班要角又爲老闆的顧正秋備感吃力。﹝註66﹞

軍中專業或業餘劇團的勞軍演出是劇團本分：演員在投往軍方劇團、接受軍方薪餉之餘，無異於同意由軍方規劃演出的條件，服從政戰部門對其團隊的調動。因此，無論原有的軍方演出計畫如何排定，軍中劇團是否已向外洽談商業演出場次，一旦接獲軍方臨時交辦的演出，劇團仍須隨傳隨到，商業演出場次則另外引介他團代替。﹝註67﹞討論軍中劇團勞軍演出的選戲原則較爲困難，軍中劇團多巡迴於臺、澎、金、馬等地，演出遍及各部隊駐地、

---

﹝註65﹞ 馬午，〈影劇勞軍史話〉，《聯合報》第6版，1954年4月27日。〈臺灣戲院業的負擔〉，《聯合報》第6版，1957年8月30日。〈侵吞電影補助，聲稱全部輸光〉，《聯合報》第3版，1958年8月10日。

﹝註66﹞ 同註30顧正秋口述、劉枋執筆，《顧正秋舞臺回顧》，頁239～241。

﹝註67﹞ 勞軍戲還具備磨練的意義，與跑碼頭有異曲同工之妙。同註38王安祈，《臺灣京劇五十年（上）》，頁50～51。

環境條件不一，且因為具備對內演出的特質，除散見於一般報刊外，又以軍方開辦的外島報紙，如金門《正氣中華報》之記載相對詳實。透過報刊查考可知，政策創編作品的演出頻率遠低於傳統老戲的演出：軍中專業劇團演出劇目仍多為傳統老戲，政策創編之作的訊息缺乏，雖然偶爾可見《新打城隍》、《鄭成功》演出訊息，但都與特定劇團有關，〔註68〕劇作未在其他多數劇團中傳演。軍方業餘劇團或康樂隊的資訊較少，目前僅知演出期間還需實行軍中康樂輔導工作，項目包括平劇、話劇、雜技、電影等，〔註69〕其演出與輔導當中的選戲原則，究竟服從傳統審美觀，或是遵循政治言說的需求，都十分值得未來進一步挖掘。

## （二）勞軍團

勞軍團的組成，屬於相對短期的任務編組，由社會賢達、政府機構或政黨組織，邀集伶、票組成，甚至全為票友，或約請軍中演員、業餘劇團，以及邀請民營劇團簡編演出等模式，足跡遍及臺灣本島與外島各部隊駐地。職是之故，出於參與者、環境等條件影響，以及勞軍團安排，節目設計彈性較大，既可能容納各種表演形式組織而成，也可見專門組織演員演、唱京劇的規劃。

由各種表演形式構成的勞軍團中，京劇清唱或演出是常備項目，因此勞軍團中往往有伶、票兼有，部分還曾約請軍中劇團演員參與。此間較具規模者為各軍總部組織勞軍團，或邀集軍中專業演員簡編參與，或以業餘劇團與其他表演團體組團。而演員在前線演出，選戲原則仍以傳統劇目為主：以海軍總部組織秋節前線勞軍團為例，即有海軍所轄京劇演員胡少安、梁正瑩、高德松、趙君麟與王質彬等人，在金門演出《鐵公雞》、《文章大會》與《一戰成功》等劇；〔註70〕而空軍自組的春節環島空軍基地勞軍團，則有戲劇演出與音樂晚會，演出京劇《宇宙鋒》、豫劇《老羊山》，〔註71〕相關事例不勝枚舉。在民間組織的勞軍團中，也多有「平劇清唱」一項，選唱傳統劇目選段，並且曾有香港影劇界組織勞軍團在駐地與前線勞軍的紀錄，〔註72〕雖然

---

〔註68〕〈大鵬劇團抵嘉義勞軍〉，《民聲日報》第4版，1951年5月13日。
〔註69〕〈七四二一康樂隊巡迴勞軍〉，《康樂月刊》第36期（1955年3月），頁20。
〔註70〕〈海總勞軍團第一隊抵金〉，《正氣中華報》第1版，1956年9月21日。
〔註71〕〈空總勞軍團，昨抵中勞軍〉，《民聲日報》第3版，1957年2月20日。
〔註72〕〈港歌劇勞軍團昨抵花演出，明轉臺東勞軍〉，《聯合報》第3版，1956年5月30日。〈旅港來臺藝人，後天勞軍公演〉，《聯合報》第3版，1956年11月6日。

諸多勞軍團演出或清唱紀錄不甚明確，但依據其演出條件推斷，表演型態與選戲原則亦可能大致相似，只是演出水準良莠互見，無法與長期活躍於商業劇場的民營劇團相比擬。此外，前述討論中為政策創編的劇作，似乎未被用於前線勞軍演出，但「改良平劇」的演出雖然極少，卻仍有跡可循。〔註73〕

　　民營劇團簡編勞軍，包括清唱與演出兩種形式，皆具備因陋就簡、求其精彩的特質。勞軍清唱時，演員多選擇傳統劇目選段，如顧正秋選擇《鎖麟囊》【二六】、胡少安唱《借東風》選段；而正式演出時，則以角少、戲好為原則，因此劇目仍為傳統劇目，尤其是生、旦對兒戲，如《武家坡》、《汾河灣》或《梅龍鎮》等劇，或再加上丑角演出《拾玉鐲》；假若駐地有劇團，則可能以駐地劇團為底包搭配演出，如胡少安便曾與百韜劇團合作《搜孤救孤》。〔註74〕

## 三、公　演

　　依據活動被賦予的目的，公演在預設對象、售票或籌款與否，甚至表演形式等方面都有出入，演出由伶、票共同參與，並且因應舉辦單位意向，偶有為政策創編劇作的演出空間。而公演中的京劇演出，或是專演京劇，或是採清唱方式與其他表演形式並列，主辦單位包括政府機關、軍方單位，邀集演員、票友參與，規模及卡司端看場合與主辦單位職權大小而定。以政府機關舉行的公演而言，其舉行地點在中央或地方，辦理目的為何，以及主辦者職權與掌握資源，都是其中的重要影響因素。

　　規模大者，出於演出單位賦予意旨不同，選戲原則也可能出現歧異，如：香港影劇界回國勞軍團對此際政策創編無感，京劇界救濟大陸水災災胞義演有既有的窩頭會形式可循，兩者皆傾向傳統劇目的唱、演；但國內中國電影戲劇界反共抗俄協會京劇公演，社教週演出，以及為總統祝壽演出，或組織反共藝人演出，則有政策詮釋的空間。

　　香港影劇界連年回國勞軍演出，巡演足跡遍及臺灣本島與外島，演出形式由此產生分別：駐地、前線勞軍行程中，影歌星多清唱傳統劇目選段，

---

〔註73〕……胡夫人的「借東風」，王鳳亨的黑頭，和胡慧君的改良平劇「毛澤東賣國的好（按：應為「奸」）賊」，均獲得前哨戰士們如雷的掌聲……〈北市今日開始秋節勞軍活動，理髮業、三輪車、捐獻日得勞軍，總數約可達十萬元〉，《聯合報》第3版，1957年9月6日。

〔註74〕同註30顧正秋口述、劉枋執筆，《顧正秋舞臺回顧》，頁226～239。

〔註75〕而售票公演則有清唱傳統劇目選段，〔註76〕以及「登臺彩排平劇」之紀錄，〔註77〕並有籌款義演，〔註78〕以及向軍中劇團洽借文武場面、戲箱與班底演出的紀錄。〔註79〕京劇界自發舉行的救災義演，劇目堅實而陣容齊整，售票所得完全捐助救災，演員分文不取：如1954年時，京劇界便曾響應總統號召，爲救濟大陸水災災胞舉辦義演，是次便排出《大鬧嘉興府》、五演《紅娘》、三演《失空斬》、《大溪皇莊》的劇目與陣容。〔註80〕

　　同樣爲1954年，中國電影戲劇界反共抗俄協會爲慶祝總統副總統就職所排出的公演劇目，則有被政治詮釋的空間：協會邀集電影、話劇、京劇界名角參與公演，〔註81〕向大鵬劇團、永樂戲班借將，排出《打城隍》、《回荊州》、

〔註75〕〈星群南飛記〉，《聯合報》第4版，1954年5月23日。〈香港影星勞軍團，昨分赴金澎馬祖〉，《聯合報》第3版，1954年5月24日。

〔註76〕5月24日便包括《金鎖記》、《楊宗保》、《打漁殺家》、《鎖麟囊》、《黃鶴樓》、《女起解》、《汾河灣》、《二尤》、《吊金龜》、《別窰》等節目。〈群星昨勞軍公演，萬人喝采・掌聲如雷〉，《聯合報》第3版，1954年5月25日。〈曼華・莎菲，各展玉喉〉，《聯合報》第3版，1954年5月25日。

〔註77〕5月30日至6月1日間，則排定《鐵公雞》、《牧虎關》、《金雁橋》、《十三妹》、《穆柯寨》、《白馬坡》、《鳳還巢》等劇。〈香港影劇明星，明起公演三天〉，《聯合報》第3版，1954年5月29日。

〔註78〕〈港臺影星公演，明日節目排定，全部歌舞雜耍清唱，場地限制平劇不便彩排〉，《聯合報》第3版，1956年8月18日。

〔註79〕預設劇目爲爲：……十一日平劇：一，「老黃請醫」（洪波飾醫生），二，「挑滑車」（胡金濤飾高沖），三、全本「大翠屏山」（準代殺山——子素秋飾潘巧雲，王元龍飾石秀，劉長林飾潘老丈，唐迪飾楊雄。）十二日平劇：一、蘇三起解（梅太葦飾蘇三），二、「吊金龜（柴淑英飾康氏），三、「追韓信」（袁仁觀飾蕭何鍾啓英飾韓信），三、全本「失街亭」（唐迪飾馬稷，何柏青飾前後孔明，李和聲飾司馬懿，金佩珠中孔明，劉長林飾老軍。）……〈港星公演，節目排定〉，《聯合報》第3版，1956年11月10日。十一日當天實際演出爲《珠簾寨》、《挑滑車》與全本《大翠屏山》。〈港星平劇勞軍，昨晚正式開鑼，胡金濤挑滑車功架十足，王四爺扮石秀返老還童〉，《聯合報》第3版，1956年11月12日。

〔註80〕……今晚節目如下：（一）大鬧嘉興府，（二）五演紅娘，由畢正琳、張正芬、戴綺霞、陳美麟、劉玉琴分飾。（三）三演失空斬，由胡少安、李金棠、周正榮分飾孔明。（四）大溪皇莊（美女跑車），由王豔秋、羅婉華、于玉蘭、畢正琳、梁玉瀅、蘭畹華、金牡丹、劉玉霞、張正芬、陳美麟、劉玉琴、戴綺霞等飾眾美女。……〈名伶響應救災　今起聯合義演〉，《聯合報》第3版，1954年9月21日。〈簡介救災義演的空城計和群英會〉，《聯合報》第3版，1954年9月21日。〈平劇界全體動員，救災聯合大公演〉，《聯合報》第3版，1954年9月15日。

〔註81〕〈自由中國影劇界，大公演盛況空前〉，《聯合報》第3版，1954年5月28日。

《大白水灘》、《陸文龍》、《一戰成功》與《十美跑車》六齣，雖然多數為既有傳統劇目，但根據其中《打城隍》毆打城隍改為毆打匪幹，以及前四齣在報刊行文中以「打回大陸」名之的現象來看，都可以發現籌辦單位應是有意識地回應反共國策。〔註82〕

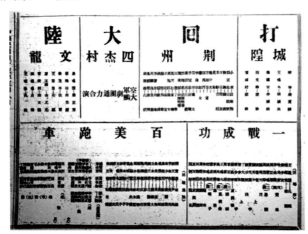

圖 5-5　《華報》刊出自由中國影劇界慶祝總統副總統就職演出廣告，卡司眾星雲集，廣告中已將《大白水灘》改為《大四杰村》。（1957.5.27）

　　社教週的辦理在前一節中已有概略討論：社教週是為推動社會教育設置，選取國父誕辰後一週間，以發展社會教育為主旨，安排種種節目、兼及各種藝術形式，其中便包含一場京劇演出，公開演出而不售票，至多分發入場券，〔註83〕歷年演出多選擇既有劇目，〔註84〕但也曾有新作《勾踐復國》、

〔註82〕……自由中國電影戲劇界反共抗俄協會，為慶祝總統副總統就職，定今（廿七）日晚八時在中山堂舉行自由中國戲劇界人士聯合大公演，電影、平劇、話劇界的著名演員，全體登臺，全部為平劇節目，計有「打」「回」「大」「陸」、及「一戰成功」「百美跑車」等六齣，以大鵬劇團及永樂戲班為基幹，預計需六小時方可演畢。〈總統昨召宴港影劇界回國勞軍觀光團員〉，《聯合報》第 3 版，1954 年 5 月 27 日。

〔註83〕〈紀念國父誕辰擴大社教運動，教部訂頒活動辦法，籌備會已正式成立〉，《聯合報》第 3 版，1953 年 11 月 4 日。

〔註84〕1953 年，由大鵬平劇團演出《木蘭從軍》；1954 年，為自由中國劇團演出《陸文龍》、《荀灌娘》；1955 年，由大鵬劇團演出《遇后龍袍》、《機房訓子》、《古城訓弟》；〈地方戲劇、國語演講、壁報，今分別舉行比賽〉，《聯合報》第 3 版，1953 年 11 月 16 日。〈社教週活動昨多方進行，音樂會、地方劇賽、廣播大會及漫畫壁圖展等，分在中山堂新公園舉行〉，《聯合報》第 3 版，1954 年 11 月 18 日。〈紀念　國父誕辰，社教運動週定今天開幕，展開各項教化活動〉，

〔註85〕《征衣緣》、〔註86〕《黃帝》，〔註87〕以及反共抗俄劇作《新送京娘》的演出紀錄。〔註88〕參照社教週「以發揚民族精神暴露匪俄暴行，改造社會風氣為重心，以新穎通俗為原則」的指導原則，〔註89〕再對照歷年演出劇目推測，京劇部門的選戲原則應偏向民族氣節，而新編作品與反共抗俄創作則出於意涵緣故，偶爾為主辦單位運用。

為總統祝壽舉辦之公演，曾為總統府指示不宜大肆鋪張，〔註90〕此間多為各機構與地方自發性組織演出，安排劇目以賀壽、喜慶為主，但若為僑界組織之祝壽勞軍團，勞軍團除喜慶節目演出外，在祝壽賀詞中勢必提出反共復國等詞彙，〔註91〕使祝壽與反共產生連結，並隱含著視中華民國為正統的意涵。而1949年後來臺的演員，向被冠以「反共藝人」之名，當局也多以其投誠特質為良好範例，以之為號召、策畫演出，如1958年時即有軍友社主辦「平劇勞軍大公演」，邀集反共藝人呂舜華、李湘芬、張語凡，以軍中劇團演員搭配演出，分別安排招待政要與對外售票場次，貼演劇目皆為傳統劇目。〔註92〕

規模小者，包括地方晚會、軍民聯歡晚會與招待會等名目，票房公演亦可納入此類。地方晚會與軍民聯歡晚會的辦理，係由地方政府、鄉鎮公所或駐軍策畫，多在逢年過節或各種紀念日舉辦，但表演者多由地方票友或駐軍所屬康樂隊承擔，因此形式以清唱為主，演出陣容則不比各軍所屬大劇團，開出劇目或選段以傳統劇目為主。值得注意的是，此際曾有為政令宣導舉辦演出的訊息見報，〔註93〕除此之外，公演中雖然少有「改良平劇」演出紀錄，

　　　　　《聯合報》第3版，1955年11月12日。

〔註85〕〈紀念國父誕辰，社教運動週今展開活動，上午舉行開幕式，頒發遊藝優勝獎〉，《聯合報》第3版，1952年11月12日。

〔註86〕同註3。

〔註87〕李元皓，《不辭遍唱陽春——京劇鬚生李金棠生命紀實》（宜蘭：傳藝中心，2014年），頁64。

〔註88〕〈社教週今最後一日，新公園內節日豐富，昨音樂會均為世界名曲，兒童讀書比賽今日頒獎〉，《聯合報》第3版，1951年11月18日。

〔註89〕同註83。

〔註90〕〈國難實非慶樂時，總統勸停祝壽〉，《聯合報》第1版，1951年10月25日。

〔註91〕〈港自由影人昨祝總統嵩壽，今遊陽明山出發前線勞軍〉，《聯合報》第3版，1953年11月1日。

〔註92〕〈反共藝人平劇公演，票價戲碼均經決定，中影不擬選片參加亞洲影展〉，《聯合報》第3版，1958年3月7日。

〔註93〕【佳里訊】此間蕭壠糖廠，為宣傳防諜，定廿四日晚七時在該廠B二倉庫公演平劇。〈各地簡訊〉，《聯合報》第4版，1953年5月24日。

但仍有駐軍劇團表演事例。〔註94〕

## 四、京劇競賽

京劇競賽的辦理，帶有集結特定群體、活絡所屬文化宣傳力量，或提倡藝術的意圖。目前可考的競賽舉辦，以前一章已有論述之國軍文化康樂大競賽，以及競賽前各軍種逐級競賽規模最大，因此不擬重提，其餘可考競賽資料相對零散，僅臺灣省產職業員工文化康樂大競賽示範表演，以及南部七縣市舉辦京劇競賽兩項，觸及群體與目標都見差異。

臺灣省產職業員工文化康樂大競賽示範表演，是爲擴大慶祝1958年勞動節而舉辦，整合各產業職工規畫節目，連續六天演出話劇、京劇等節目。該次活動中，專門規劃三天京劇演出，分別爲臺灣省產業黨部全本《雙姣奇緣》，臺灣區鐵路黨部《春秋配》、《節義廉明》，臺灣區產業黨部《徐策跑城》、《瓊林宴》與《龍鳳呈祥》，另有臺灣區郵電黨部綜合多種表演型態安排節目，也列有京劇一項。〔註95〕可惜的是，活動雖然名爲「競賽示範表演」，目前可考報刊資料中未見競賽過程，因此節目排定前是否有逐級競賽或節目選拔，仍有待未來考證。

南部七縣市舉辦京劇競賽，則由政府機關輔導，集結多個縣市、號召各界參與，具有統合各省籍演、唱人才，使京劇向下紮根的意圖。是次活動由省立臺南社教館輔導，針對澎湖縣、屏東縣、高雄縣、高雄市、臺南縣、臺南市、嘉義縣舉辦，先由縣市選拔代表，再由縣市代表參與最終競賽。活動辦法中，分爲彩排與清唱兩組，以下再細分社會與學生兩組：學生組以縣市境內各校肄業者爲限，分中學／國校兩組；社會組中以縣市設有戶籍（三月以上）或服務者爲限，並依據本省／外省分組。〔註96〕該次競賽中，參賽劇目經點評見報者皆爲老戲，而也確實有本省、外省籍學生與社會人士參與，但競賽活動本就對票友較爲有利，是否能確實推廣京劇，持續吸引社會各界

---

〔註94〕 海軍某艦隊某軍艦，爲聯絡地方感情，在基隆仁愛國校禮堂舉行軍民同樂晚會兩天，招待駐基海軍各單位官兵與地方黨政軍機關首長，以該艦海嘯劇團演出改良平劇《活捉毛澤東》、話劇《山城火花》等節目。〈駐基海軍舉行晚會招待各界〉，《聯合報》第5版，1951年12月2日。

〔註95〕 〈慶祝勞動節，產職業員工康樂賽開始，公路員工康樂賽結束〉，《聯合報》第2版，1958年4月23日。

〔註96〕 〈南部七縣市舉行平劇賽〉，《聯合報》第6版，1960年12月17日。

投入京劇演、唱，則尚有疑慮。〔註97〕

## 五、出國戲

　　出國戲係指劇團在國外演出，帶有宣揚國威色彩，在友邦政府安排的展演場次外，也可能做商業演出。目前可考的劇團出國紀錄分屬軍方劇團與劇校，包括大鵬劇團、復興劇校與藝專國劇科，民營劇團或自由藝人也曾出國演出，劇作多為既有傳統劇目，少部分劇作曾有裁切或改編現象。

　　大鵬劇團角色硬整，是軍中劇團之佼佼者，在顧劇團散班後更是國內首屈一指的京劇團，因而常為政府組織出國，或為僑界與大使館邀請，出國演出次數較多，足跡遍及菲律賓、韓國、泰國、希臘、英國、愛爾蘭與法國。大鵬劇團出國演出的運作模式，大體上採劇團帶訓練班並選拔菁英的形式，演出劇目皆為傳統劇目，並在售票演出與招待政要觀賞場次中，運用文宣品介紹劇情，且多有媒體訪問記錄。在 1964 年以前，可考的出國演出紀錄大致如下：循前述模式運作者，如 1956 年赴菲律賓，〔註98〕及 1957 赴韓國演出；〔註99〕1956 年底組織多種藝術形式之「中華民國藝術演出團」，其中京劇部分即由大鵬劇團擔當，〔註100〕赴泰國、〔註101〕越南演出，越南售票演出且具義

---

〔註97〕紅葉，〈南部七縣市平劇競賽簡評〉，《聯合報》第 6 版，1960 年 12 月 25 日。

〔註98〕馬尼拉亞劇院公演貼演劇目為《閨房樂》、《大戰宛城》、《三岔口》、《花田錯》、《木蘭從軍》、《釣金龜》、《巾幗英雄》、《新四郎探母》等劇，招待政要、使節劇目則為《坐塞盜馬》、《拾玉鐲》及《金山寺》。〈大鵬劇團載譽菲島，陳之邁電王總司令致謝〉，《聯合報》第 3 版，1956 年 11 月 21 日。

〔註99〕擬定劇目包括第一日：《盜仙草》、《小放牛》、《大戰宛城》。第二日：《宇宙鋒（帶金殿）》、《間樵鬧府》、《大金山寺》。第三日：《全部巾幗英雄（梁紅玉抗金兵）》。第四日：《吊金龜》、《馬上緣》、《慶頂珠》、《鬧龍宮》。第五日：《滑油山》、《拾玉鐲》、《群英會》、《借東風》、《華容道》。第七日：《青石山》、《四進士》。第八日《查頭關》、《打瓜園》、《龍鳳呈祥》。第九日：《太君辭朝》、《古城會（代訓弟）》、《翠屏山》。〈大鵬出國主角跑龍套，明星使控影迷流眼淚〉，《聯合報》第 6 版，1957 年 7 月 15 日。〈赴韓一週演出九場，大鵬劇團載譽歸來〉，《聯合報》第 3 版，1957 年 7 月 30 日。〈大鵬歐洲行，先到希臘，再去倫敦〉，《聯合報》第 6 版，1957 年 8 月 18 日。

〔註100〕〈赴泰藝展覽籌組就緒〉，《聯合報》第 3 版，1956 年 11 月 20 日。〈我藝術團公演，泰王伉儷蒞臨觀賞〉，《聯合報》第 2 版，1956 年 12 月 20 日。

〔註101〕演出《斬顏良》、《拾玉鐲》、《姑嫂比劍》與《青石山》。〈國際商展昨開幕，泰王首臨中國館〉，《聯合報》第 3 版，1956 年 12 月 8 日。在振南戲院四、五兩日演出有《時遷偷雞》、《古城訓弟》及《掃蕩群魔》，六、七兩日演出《拾玉鐲》與《長坂坡》，八九兩日演出《樊江關》、《斬顏良》和《鬧龍宮》，

演特質，以所得捐助越北難民；〔註102〕而1957年赴歐訪問，輾轉英國倫敦、愛爾蘭都柏林與法國巴黎等地的「中華民國赴歐國劇藝術友好訪問團」，〔註103〕則以大鵬劇團爲主幹；〔註104〕但1958年、1963年時再次赴菲律賓，則改以小大鵬組成。〔註105〕不過，大鵬劇團爲向西方人展現京劇表演精彩部分，在歐陸演出時特別注重色彩絢麗與武打表演；求其淺顯易懂，因此劇作多以掐頭去尾、刪除中間段落，乃至於簡化唱詞與唸白的方式呈現，以便在兩小時中呈現多齣，〔註106〕究其展現京劇藝術性的目標而言，其實並不恰當。

　　復興劇校成立較晚，相較於大鵬劇團以演員帶學生的方式演出，復興劇校組團演出則由學生組成，在此間有赴泰國演出以及至美洲巡演紀錄，大體上仍爲兼具營業演出與宣慰僑胞任務的安排。復興劇校赴泰國演出，是由僑團邀請參與僑界舉辦之國慶酒會，並安排六場營業演出，嗣後又爲泰國紅十字會籌款、客屬總會與中華總商會曼谷慈幼院義演四場，且爲曼谷地區票房邀請聯合公演，整體而言反應不俗。〔註107〕

---

九日爲星期日，特加日場演出《大白水灘》和《鳳還巢》，十日以後又改了戲碼，貼出《黃鶴樓》、《打櫻桃》和《四杰村》。其中《掃蕩群魔》爲《四五花洞》帶《降魔》，《長坂坡》帶《漢津口》，及《大白水灘》等戲，場面之偉大，非一般劇團所敢上演，遂使僑胞們感到眼福不淺。〈海外藝壇：海外僑胞歡欣鼓舞揚眉吐氣，大鵬在泰國壓倒各國技藝〉，《聯合報》第6版，1956年12月19日。

〔註102〕劇目方面已知有《四五花洞》、《古城訓弟》。〈大鵬劇團在越公演〉，《聯合報》第2版，1956年12月27日。〈大鵬平劇組在西貢演出〉，《聯合報》第4版，1956年12月25日。

〔註103〕〈我國劇團在法，深受各界歡迎〉，《聯合報》第4版，1957年11月25日。〈國劇再度放洋，復興劇校組團二日赴美 參加西雅圖博覽會〉，《聯合報》第6版，1962年9月29日。

〔註104〕目前可知在英演出劇目有《小放牛》、《斬顏良》、《泗洲城》、《三叉口》、《拾玉鐲》、《巾幗英雄》與《天女散花》等劇。〈我國劇團在英演出成功〉，《聯合報》第4版，1957年9月18日。〈老虎將軍，偏嗜平劇〉，《聯合報》第7版，1957年9月16日。〈我國劇演出團譽滿英倫〉，《聯合報》第4版，1957年10月4日。

〔註105〕〈應菲血幹團的邀請，大鵬學生班今飛菲〉，《聯合報》第6版，1958年12月19日。〈小大鵬國劇團，赴馬尼拉演唱〉，《聯合報》第8版，1963年11月27日。

〔註106〕純公，〈中國國劇團在歐演出戲碼的觀感〉，《聯合報》第6版，1958年3月25日。張彥，〈改編的出國戲：貂蟬〉，《聯合報》第6版，1962年10月2日。

〔註107〕在曼谷表演三場，義演六場，公演二十場，並曾電視表演。已知天外天戲院六場公演劇目爲：第一天日場《打灶隍》、《桃花鎮》、《彩樓配》、《金雁橋》，

　　1962 年底，復興劇校組團赴美演出，﹝註108﹞則可見更爲清晰的商演與宣慰脈絡：是年美國休樂克（S. Hurok production）公司派員來臺，﹝註109﹞物色京劇團赴美演出，爲純粹商業的性質，但草約內容並不豐厚，僅負責旅費、不負責食宿，每週酬勞一千美元；﹝註110﹞值此之際，世界博覽會駐遠東代表亦來臺，洽談赴西雅圖二十一世紀世界博覽會演出事宜，﹝註111﹞遂使復興劇校之行以世界博覽會爲開端，輾轉美國、加拿大與南美洲巡演後歸國。出於當時的政治環境所致，此行旋即獲得各部會單位支持，以新聞局爲主辦單位，並獲得撥款添購行頭、資助旅費，﹝註112﹞在美洲宣傳、訪問時，不僅劇團有泛政治性的解釋，﹝註113﹞國外媒體亦曾從此原則撰稿。﹝註114﹞

---

夜場《加官進爵》、《石秀探莊》、《張義得寶》、《八潘金蓮》；第二天日場《加官進爵》、《黃金臺》、《六月雪》、《三本鐵公雞》，夜場《大回朝》、《魚藏劍》、《頂花磚》、《搖錢樹》；第三天日場劇目，因應僑胞要求，與第一晚完全相同，晚場《天官賜福》、《遇后龍袍》、《小放牛》、《夜戰馬超》。爲泰國紅十字會義演劇目爲《搖錢樹》、《魚藏劍》、《麻姑上壽》、《夜戰馬超》。與曼谷業餘平劇社聯合演出，其中一日貼演劇目爲《打灶隍》、《二龍山》、《空城計》、《宇宙鋒（帶金殿）》。〈復興劇團譽滿泰京〉，《聯合報》第 6 版，1958 年 10 月 23 日。〈復興劇校劇團昨日載譽歸來〉，《聯合報》第 6 版，1958 年 10 月 24 日。

﹝註108﹞ 名譽領隊錢大鈞（按：應爲「鈞」），團長王振祖，團員王慶琪、李忠蔭、吳德貴、陳慧柏、曹駿麟、何金寬、林化明、金永康。演員：王復蓉、葉復潤、陳復文、張復建、曹復永、孫復冰、程復琴、何復貞、趙復芬、孫復韻、陳復曉、蕭復山、林復琦、謝復新、薊復中、毛復海、范復之、劉復江、盧復明、王復慶、王復祥、王復裕、茅復傑、曹復國、余復鑫、楊復春、馮復化、陳復舜、鄭復平、呂復保等四十人。〈國劇再度放洋，復興劇校組團二日赴美參加西雅圖博覽會〉，《聯合報》第 6 版，1962 年 9 月 29 日。

﹝註109﹞ ' "Foo Hsing Theatre" Praised' *Selina Journal* [Kansas] 8 November 1962, p.2.

﹝註110﹞ 姚鳳磐，〈復興劇校美國之行〉，《聯合報》第 6 版，1962 年 10 月 2 日。

﹝註111﹞ 同前註。

﹝註112﹞ 同註 110。

﹝註113﹞ 王振祖表示：該團出國除了表揚國粹藝術外，並要強調從大陸逃出來的兒童，在投奔自由以後獻身習藝的事實，來反映此間的安樂。同註 110。

﹝註114﹞ ……This first American visit of the Foo Hsing Children's Theater will take them to 30 U.S. and Canadian cities. The children range from seven to 17 old,. Many of them are orphans and most are children of refugees from the Chinese mainland.……Foo Hsing, Children's Theater of Free China, was founded in order that the ancient dramatic arts of China might be preserved. Distinguished stars of Peking and other Theaters who have fled the mainland make up the drama, music, décor and acrobatic faculties.…… 。譯：……這是復興兒童劇場的第一次美國之行，預計拜訪 30 個美國、加拿大城市。這些兒童的年齡跨度，從七歲至十七歲，部分爲孤兒，且多數是自大陸逃離的流亡兒童。……自由中國

24     Nov. 26, 1962   Globe-Gazette, Mason City, Ia.

AT WARTBURG — This scene from the "Drunken Empress" is one the Foo Hsing Children's theatre will present at Wartburg College, Dec. 6, during an evening of fabulous Chinese tales and music. It is composed of 50 children from Taiwan. This is the group's first appearance in the Western World.

圖 5-6    The Mason City Globe-Gazette 刊出"Foo Hsing Children's Theatre scheduled in WartburgSeries"一文，介紹復興在 Wartburg College Artist Series 的演出，圖為該文所配《貴妃醉酒》劇照。（1962.11.26）

　　相較於大鵬劇團演出經歷，以及復興劇校此前在泰國演出經驗，由於復興劇校美洲巡演為休樂克公司經紀演出，因而該公司在劇目選擇中具有相當的話語權，使復興劇校在推出劇目由劇評家討論之餘，尚須參酌美方指派之導演所提供的建議。職是之故，復興劇校除參酌劇評家對劇目炫技、膚淺的疑慮，同時採納百老匯導演巴萊·海姆斯對中國戲劇本質注重的概念，〔註116〕最終以《貂蟬》為基礎，採濃縮對白並適當融合特殊表演技巧，以加強京劇形象動作的創編方式完成該劇，〔註117〕此外並安排演出《兩將軍》、《拾玉鐲》、《貴妃醉酒》、《白蛇傳》、《三岔口》等劇目。〔註118〕整體觀之，復興劇校美

　　　　的復興兒童劇場，其創建緣由在於保留古老的戲劇藝術，以逃離北京與他處劇團的卓越演員，教授戲劇、音樂、裝飾與雜技。……"Children's Theater to Present, Chinese Opera for Teresans,"   Winona Daily News [Winona, Minnesota] 3 December 1962, p.8.

〔註116〕張彥，〈出國戲：貂蟬〉，《聯合報》第 6 版，1962 年 9 月 29 日。
〔註117〕張彥，〈出國戲：貂蟬〉，《聯合報》第 6 版，1962 年 9 月 29 日。〈國劇再度放洋，復興劇校組團二日赴美參加西雅圖博覽會〉，《聯合報》第 6 版，1962 年 9 月 29 日。
〔註118〕〈國劇再度放洋，復興劇校組團二日赴美 參加西雅圖博覽會〉，《聯合報》第

國行雖然修編劇作，且引進美方導演參與排練，但表演仍以傳統劇目爲基礎，劇作以呈現故事性與趣味性爲首要考量，在表演外才有政治言說的空間。

　　藝專國劇科成立早於復興劇校，但目前可考出國紀錄僅有 1959 年雙十國慶時，組織國劇團赴泰國演出，同樣爲學生組團演出的形式。是次泰國之行，除在僑界組織慶祝晚會中演出大軸外，亦有電視演出與劇院公演，參訪泰國政府單位之藝術機構與學校，未見明確的售票演出資訊，〔註 119〕似乎更偏向宣慰僑胞、文化交流的性質。藝專安排的劇目中，已知有《盜仙草》、《貴妃醉酒》、《樊江關》、《汾河灣》、《金山寺》、《釣金龜》、《搖錢樹》、《鐵弓緣》、《小放牛》、《大青石山》、《白水灘》和《雙姣奇緣》等劇，〔註 120〕同樣沒有政策創編作品的表現空間。

　　值此之際，雖然民營劇團演員開始轉投軍中，但也不少演員尋求組班，除在劇院營業演出外，也有出國演出，或演員個人出國教戲的紀錄，所授、所演劇目皆爲經典之作。出國教戲者如戴綺霞，其在 1960 年、1961 年兩度赴菲律賓，由僑胞所組移風票房邀請教戲、聯合演出，攜去劇本自然是戴綺霞的拿手傑作，如 1960 年帶去《大英節烈》、《紅娘》、《辛安驛》、《天女散花》、《楊排風》、《孝義節》、《蝴蝶夢》，〔註 121〕以及 1961 年帶去的《天女散花》、《全部穆桂英》、《辛安驛》、《拾玉鐲》、《白門樓》、《十三妹》等劇。〔註 122〕單純組班出國演出者如金素琴，在菲律賓時有僑團邀請爲國慶、總統華誕演出，以及與當地票房聯合售票演出籌款勞軍紀錄，〔註 123〕演出劇作可考者仍爲金素琴此前的拿手好戲。

---

6 版，1962 年 9 月 29 日。

〔註 119〕陶克定，〈從臺北到曼谷，藝校國劇團訪泰記行之一〉，《聯合報》第 8 版，1959年 10 月 18 日。陶克定，〈拜會僑團和僑報，藝校國劇團訪泰紀行之二〉，《聯合報》第 8 版，1959 年 10 月 19 日。陶克定，〈國慶日在曼谷，藝校國劇團訪泰紀行之三〉，《聯合報》第 8 版，1959 年 10 月 20 日。陶克定，〈戲院長龍爭看國劇，藝校國劇團訪泰紀行之四〉，《聯合報》第 8 版，1959 年 10 月 23 日。陶克定，〈泰國國家藝術組織，藝校國劇團訪泰紀行之五〉，《聯合報》第 8 版，1959 年 10 月 26 日。

〔註 120〕〈藝校國劇團飛曼谷訪問〉，《聯合報》第 2 版，1959 年 10 月 9 日。

〔註 121〕〈戴綺霞下週二飛菲〉，《聯合報》第 6 版，1960 年 2 月 27 日。

〔註 122〕〈戴綺霞等昨赴菲〉，《聯合報》第 8 版，1961 年 8 月 2 日。

〔註 123〕已知有《送親演禮》、《宇宙鋒》、《拾玉鐲》、《醉酒》等劇。〈金素琴將轉泰國演出〉，《聯合報》第 6 版，1957 年 10 月 23 日。〈陶壽伯將赴寮國，金素琴譽滿菲島〉，《聯合報》第 6 版，1957 年 11 月 3 日。

## 六、其他展演途徑

在前述五項展演途徑外，尚有一些資料不全、難以分類，且相關事例較難發掘，未能系統性論述的京劇演出途徑，主要為媒體傳播中的京劇演、唱，以及堂會演出兩項。

京劇演、唱在媒體傳播中較為重要者，除去前面已有論述的電視與電影外，尚有新聞紀錄片攝製，以及廣播電臺的京劇節目。目前可考的新聞紀錄片攝製，除去前述社教週活動紀錄片包括《征衣緣》鏡頭之外，還有 1957 年 5 月時攝製之大鵬劇團彩色紀錄片：該紀錄片新聞有兩筆，分別登載於《聯合報》與《華報》，敘述與劇目小有出入，但皆為傳統劇作選段，由臺灣電影製片廠拍攝，據稱將在歐陸播放。〔註 124〕廣播電臺京劇節目安排上，分為常態性與年節特別節目，並且曾舉行義唱活動：電臺的京劇播音材料來源，或是整齣與唱段，多源自於既有唱片之播放，以及向劇團錄製之演出實況，亦有約請名伶名票清唱錄音紀錄，〔註 125〕在這些錄音被廣泛運用之餘，電臺也偶有安排晚會轉播之舉，〔註 126〕至於 1958 年為冬令救濟籌款時，更出現點唱、捐款的「義唱」形式，由票友播唱。〔註 127〕值得注意的是，由於此際京劇被政府與政黨視為傳統表演藝術代表之一，被賦予社會教育並隱含彰顯政治正統的想像，因此造成電臺播送中形成以傳統劇目為主的模式，但也有依據政策創編之作的運用空間，如《社口莊》與《新四郎探母》播唱訊息都曾見於

〔註 124〕《華報》稱影片由美國新聞處委託製作，在歐陸播放，從《青石山》、《拾玉鐲》、《盜御馬》、《天女散花》、《盤絲洞》、《巾幗英雄》與《打棍出箱》劇中各選擇一場攝製而成，在美國印洗後送往歐洲放映。《聯合報》則稱安全分署羅可斯提供器材在臺製廠拍攝，與國內攝影師合作，採先錄音再錄影的「雙簧」攝製方式，劇目有全武行《青石山》、哈元章和趙玉菁《巾幗英雄》、哈元章《天官賜福》、程景祥《拾玉鐲》、張世春《盜御馬》、徐露《天女散花》哈元章和馬元亮《問樵》，以及孫元彬、李金和、王永康的《鬧龍宮》。〈大鵬拍彩色片，昨日全部完成〉，《華報》第 4 版，1957 年 5 月 19 日。〈記大鵬拍彩色片〉，《聯合報》第 6 版，1957 年 5 月 22 日。

〔註 125〕念初，〈一個趨向〉，《聯合報》第 6 版，1958 年 9 月 6 日。〈中廣今播出整齣國劇片〉，《聯合報》第 2 版，1959 年 6 月 29 日。顧正秋口述、季季執筆，《休戀逝水——顧正秋回憶錄》（臺北：時報文化，1997 年），頁 339～340。

〔註 126〕〈慶祝廣播節，明天開大會〉，《聯合報》第 3 版，1953 年 3 月 25 日。〈今晚中國廣播公司，舉行擴大廣播晚會〉，《聯合報》第 6 版，1954 年 2 月 17 日。

〔註 127〕〈歲暮天寒貧困待賑，敬請仁人慨解義囊〉，《聯合報》第 2 版，1958 年 1 月 25 日。〈伶票救濟義唱，得款近三萬〉，《聯合報》第 2 版，1954 年 1 月 28 日。

報端。〔註 128〕

　　堂會類型的演出，往往是特定群體在慶祝場合邀請劇團或名伶演出，在大陸時期較爲興盛且名角雲集，遷臺後或因演出資源所致，規模不如以往，最常見者爲各界聞人的祝壽茶會演出，以及機關邀請演出。文人祝壽茶會，或可以齊如山、于右任爲例：齊如山八十高齡時，黨政軍文化藝術各界在聯合國中國同在會會所舉行盛大茶會，活動便包括總統頒字、各界贈送壽屛等環節，晚間則有大鵬劇團演出《新四郎探母》；〔註 129〕于右任身爲監察院長，八十壽辰活動規模更大，計有祝壽酒會、詩歌作品演唱會與書畫展覽會，並演出話劇、秦腔、京劇，〔註 130〕京劇晚會由李湘芬與大鵬劇團演出。〔註 131〕而在藝專國劇科畢業生馬渝驤的回憶中，也曾提及系主任梁秀娟帶領學生參與堂會演出的經驗，如政工幹校便曾邀請國劇科至校內演出《汾河灣》，〔註 132〕考量其面對特定群眾演出，應可歸爲堂會一類。此類演出如何引介，其產業體系如何構成，是否因應時代有所變異，都十分值得注意，有待未來更多探討。

　　根據前述討論可知，此際演出途徑、邀請演出者、參與演出者與活動辦理目的皆十分多元，因此無法認定此間有絕對關聯，僅能根據目前可考資料中，劇目「被選擇」的概況，歸納並推測其選戲原則，但核心的決策機制則有待未來發掘更多資料，方能進一步討論。依據目前所知的劇目運用概況而言，對其影響較深者，應爲活動辦理意旨以及主辦單位意向，雖有時代氛圍帶來的「反共」要求，但至多被用於展演途徑中的論述一環，而政策創編劇作的運用空間較小，多數場合都選擇傳統劇目搭配政治言說。行文至此，已能大致描摹出遷臺後至 1964 年間，劇場、媒體中對劇作的運用概況，而市場究竟接受何種創編作品，答案似乎已不言自明。可惜的是，前述討論僅能觸及民眾接受面，是針對展演中演、唱傾向的梳理，雖然呈現推廣普及的最終樣貌，但推廣的途徑卻不夠明確，因此筆者擬在下一章中針對學戲的媒介，

〔註 128〕　〈藝文走廊〉，《聯合報》第 3 版，1953 年 9 月 19 日。〈各廣播電臺，春節播出特別節目〉，《聯合報》第 2 版，1960 年 1 月 27 日。

〔註 129〕　〈各界祝賀齊如山壽〉，《聯合報》第 3 版，1955 年 12 月 22 日。

〔註 130〕　〈八十團體聯合慶于院長華誕，祝壽節目七日開始，復旦校友明爲右老暖壽〉，《聯合報》第 2 版，1958 年 5 月 4 日。

〔註 131〕　〈臺北賓館昨日盛會爲于右老暖壽，監院今在軍官俱樂部設置壽堂，慶壽書畫展覽昨日揭幕〉，《聯合報》第 2 版，1958 年 5 月 8 日。

〔註 132〕　同註 32。

即文字出版品中「戲考」、歌譜、曲譜類出版品做探討，以求了解此際的京劇文本教材中，究竟爲觀眾與聽眾安排何種內容，間接爲何種劇目帶來傳演可能。

## 第三節　在臺京劇劇本出版品編輯行爲之研究（1949～1964）

　　探討此際的劇本出版編輯行爲，大致上可拆分爲劇本出版與編輯行爲兩個面向討論。目前對劇本出版與編輯行爲研究最盛者還數中文學界，在相關領域的探索已行之有年，並以此形成獨特的研究傳統，可惜的是，其中成果皆與本節討論對象「在臺京劇劇本出版品」無直接關係：劇本出版中，中文學界似乎更偏重以文體爲區分，多研究古典的戲劇創作文本，雖有選集研究但多專注於考訂其中差異；而編輯行爲的研究更少，並且更貼近近代以來的報刊研究。〔註133〕而在材料方面，也因爲劇本出版品具備的推廣介質特性，使其不爲報刊所重視，連帶使得新聞查找十分困難。有鑑於此，討論遷臺後至 1964 年間的京劇劇本出版選輯行爲，勢必要回歸出版品自身，將之置放於京劇發展脈絡中，與此前的選輯出版行爲，乃至於此際的劇作創編作品逐一

---

〔註133〕目前可考京劇劇本出版品之論文，以陸大偉〈《戲考》中的現代意識〉一文爲代表，但其關注編纂行爲、內容與現代性的關聯，著重於二十世紀初《戲考》叢書的編輯，未能對本文討論中的出版事業發展有所回應。而將戲曲之娛樂性與宣傳性做出連結者，僅李元皓於「物我相契── 明清文學學術研討會」發表之〈十九世紀的善戲運動與影響：待鶴齋刻本《庶幾堂今樂》的成書、刊行與搬演〉一文。該次發表以余治組織的善戲運動以及戲劇編纂成果爲研究對象，指出由樂而治的嘗試中，商業與善戲兩股力量的拉扯，以及其人其作在此中的推廣，甚至嗣後對戲曲發展的影響。整體而言，應該是戲考編纂研究又一範例，但該篇論文標註爲會議初稿，相關問題建議諮詢原作者。至於陳才訓〈余治的「善戲」創作與清代勸善運動〉則過於注重劇作中的思想內容，將劇作是否爲舞臺運用理解得過於理所當然。陸大偉（David Rolston），〈《戲考》中的現代意識〉，發表於《第二屆京劇學國劇學術研討會》，中國戲曲學院，2007 年 5 月。李元皓，〈十九世紀的善戲運動與影響：待鶴齋刻本《庶幾堂今樂》的成書、刊行與搬演〉，發表於《物我相契── 明清文學學術研討會》，中央大學中國文學系「古典文學的『物』與『我』」計畫研究團隊、二十世紀中國史學會、中央大學明清研究中心，2014 年 11 月。陳才訓，〈余治的「善戲」創作與清代勸善運動〉，《北京社會科學》（2014 年 10 月）第 3 期，頁 57～66。

比對。

　　討論此前的京劇劇本選輯行為前，必須先回顧明清以來的劇本出版選輯行為，以及劇本出版傳統在二十世紀初的轉向。二十世紀初以前的劇本出版，尤其是明清以來的選輯出版行為，由於長期以來文人的戲曲創作與選輯傳統所致，尚屬「墨本為主」的時代，且都無法確實發揮劇作「一劇之本」的特質。考察文人的戲曲創作歷史中，除去元代文人與戲班有頻繁來往，使劇作得以運用外，戲曲創作向來被視為雕蟲小技，偶爾被用於抒己胸臆，或用於承載教化之用，而明清以來戲曲創編側重崑腔，參酌戲曲發展史而言，似乎僅能在仕宦之家曲友與家班間運用，除非民間戲班選用改編，否則實在難以登臺。在文人選輯中，前述側重崑腔與文人審美的特質又進一步被放大：在戲曲選輯中，所收錄的崑腔折子數目遠多於其他聲腔劇本，參酌此時的戲曲史發展，足見選輯原則已與民間戲曲發展脫鉤；而目前大致可考的幾種選編原則，如依時空條件、作者與藏書家或文學家個人旨趣選輯，〔註134〕都與表演藝術無關，反而更貼近於選編者的個人審美，傾向「向文學拿東西」。因此，即使此際的選輯已產生「劇本選集」、「散齣選本」、「單齣曲文選本」等編纂形式，〔註135〕並有兼顧墨本、臺本以關照文學閱讀與觀演需求的選輯行為，可被視為日後戲曲出版品類型的先聲，但市面上多數出版品本質，似乎仍與戲曲的舞臺搬演意義背道而馳。

　　時至二十世紀初，由於京劇興盛、媒體發展所致，戲曲劇本在京劇相關產業的帶動下，跨入了「臺本為主」的年代，若將之置於戲曲史脈絡觀看，還具備了流行劇種替換、墨本／臺本消長兩種意義。京劇的興盛，直接造成日後的傳播教材編纂：根據第二章中所做探討可知，京劇在十九世紀末已累積強大的創編動能，透過其相對完備的藝術性、表演性，以上海、北京為中心向各地傳播，並在觀眾欣賞之餘，連帶產生反覆聆賞與學習的需求，根基於觀眾的觀看經驗編寫教材。媒體發展對戲曲出版品的影響，在是時各個活躍劇種間都可窺見一二，而最為興盛的京劇自然也順應此一潮流：此時的京

---

〔註134〕依據筆者的閱讀經驗，大致可分為以下幾類：（一）依時空條件之文體選集，如《元曲選》、《六十種曲》，專收北曲的《萬壑清音》等；（二）單一作者之作品集錦，如湯顯祖《臨川四夢》；（三）藏書家或文學家以個人旨趣輯之，如張紫東輯《猶古軒曲譜》等。

〔註135〕黃婉儀，〈《新鐫歌林拾翠》考述──兼論文選型散齣選本〉，《戲劇研究》第 15 期（2015 年 1 月），頁 1～46。

劇欣賞媒介在既有的演出之外，還包括流派宗師、先輩伶人選擇舞臺熱門劇目錄製而成的唱片，以及根據舞臺熱門劇目或唱片翻製而成的戲考、曲譜，為此際或日後學習京劇演、唱累積為數不少的教材。整體而言，京劇出版品已然成為京劇相關產業的重要一環，而對「向舞臺拿東西」的注重，更成為日後多數京劇出版品的基調。

參酌以上討論，筆者針對遷臺後至 1964 年間的京劇劇本出版擬定以下問題：（一）此際的京劇劇本出版緣由為何；（二）出版品透過哪些途徑出版，出版品包括哪些種類；（三）出版品是否帶有預設用途；（四）能否照見編輯中的揀選原則，而篩選過程由誰掌控；（五）在出版品中是否能折射出劇作家對劇作出版的看法。透過前述問題的考察，期望能夠從中初步描摹出此際京劇劇本出版品的發展樣貌。

## 一、京劇劇本出版傳統的雙線繼承

承前所述，京劇劇本出版是二十世紀初以降，在藝術動能積累之餘，遇上中西文化交流下媒體業、出版業質變，由多方統籌而成的商業化產物，遷臺以後的京劇出版業發展樣貌，即延續自二十世紀初以來的京劇出版經驗。查考此際的京劇劇本出版品，其出產機制大致有以下兩條脈絡：其一是過去向舞臺拿東西，注重娛樂性的編輯；其二是政治環境使然，為反共國策或社會教育等緣故，將前述回應政策的創編之作選輯出版的行為，恰與過去臺本／墨本有異曲同工之妙。

### （一）由藝術性出發：為娛樂演、唱而編輯出版

或是出於此間出版品缺乏的緣故，〔註136〕由是催生不少具備藝術性與實用性的商業出版品，亦即此時京劇劇本出版品的主要出版類別。在此批出版品中，最大的特色有二：其一是對預設讀者的觀照，求其藝術性與實用性兼具；其二是透過編者把關與材料的選擇，以加強其準確性。

此際具備藝術性與實用性的出版品，多為民間出版社的小規模出版，為商業行為服務，有預設讀者與實用性考量，以及以藝術審美為出發點的特質。在民營出版社的出版行為中，出版品是具有投資報酬率考量的「商品」。根據「商品」此一線索，進一步可與預設對象產生連結，折射商業行為中對市場

---

〔註136〕張瘦碧，〈平劇考第二輯簡評〉，《聯合報》第 6 版，1956 年 5 月 9 日。

與用途的體察：劇本出版品由票友、觀眾或聽眾購買使用，是演、唱或聽的教材，因此必須提供搬演、學習的可能，或者聆賞時的對正用途。有鑑於此，編輯內容便具備投資報酬率的考量，形成出版內容服從於藝術審美的樣貌：正如本章一、二節中所探討，眞正爲演員重複演出、觀眾喜愛的劇作，仍爲經歷反覆錘鍊的傳統劇目，而此批劇作便成爲編者或出版社的選輯來源；至於前面討論的政策創編之作，或因不適合搬演、未被搬演，舞臺市場占有率本就低下，民間的出版社或編者也不大可能以此爲選輯材料。

　　在服從於藝術審美外，透過此批劇本出版品的閱讀可發現，在前述傳統劇作的編纂過程中，應當已注意到更深一層的準確性課題，因此部分出版品在編輯時選擇運用專業人士總其事，或以舊日出版品爲底本修訂。

　　運用具備京劇專業的編者選輯，可以《國劇戲考》編纂爲代表：《國劇戲考》一套十冊、一冊一劇，清一色選取傳統劇目編輯，劇本前列有登場人物與行當，劇中唱段並附有簡譜，編輯過程中或具備被搬演、推廣的想像。而此種特質，或許正源自於《國劇戲考》出版背後所具備的，強大的經濟與專業支持。出版單位中的商社票房，由臺北商界人士組織而成，多與名票友及劇評家交好，邀請關鴻賓爲票房指導老師，根據其舉辦公演，〔註137〕以及辦理義演、〔註138〕與中廣合辦義播節目等活動辦理經歷推斷，〔註139〕商社票房確實有足夠動機與資源參與戲考之編纂。出版過程中的專業支持，係指以關鴻賓、林萬鴻總其事的舉措：關鴻賓曾任上海戲劇學校校長，〔註140〕高足有顧正秋、張正芬等人，一生持續研究京劇，〔註141〕也多爲學生整理絕本老戲改良演出，〔註142〕而林萬鴻則爲與穎若館主搭配的名琴，〔註143〕透過兩人把關自然能爲出版品提供相對的準確性，加強實用程度。不過，或許是因爲此

〔註137〕〈商社票房公演記盛〉，《聯合報》第 3 版，1955 年 8 月 29 日。

〔註138〕〈明演勞軍好戲〉，《聯合報》第 6 版，1958 年 9 月 2 日。

〔註139〕〈救總續接各方捐款多筆，臺北票友今晚義播平劇〉，《聯合報》第 2 版，1962年 6 月 17 日。

〔註140〕〈上海劇校校友紀念關鴻賓〉，《聯合報》第 6 版，1963 年 5 月 8 日。

〔註141〕〈平劇耆宿又少一人，關鴻賓昨病逝〉，《聯合報》第 6 版，1963 年 3 月 11日。

〔註142〕姚鳳磐，〈張正芬哭關鴻賓〉，《聯合報》第 6 版，1963 年 3 月 11 日。

〔註143〕〈穎若館主今飛菲島〉，《聯合報》第 6 版，1960 年 10 月 4 日。蔡登山，〈盛家孫女穎若館主〉，《晶報》：
http://jb.sznews.com/html/2014-02/20/content_2782711.htm?v=pc（2016.09.15）。

際查禁舊劇，要求演出審訂本的政令所致，在出版品中曾依據審訂本校訂，由於此一問題擬在嗣後探討政策對出版品的影響時專門討論，在此處便先按下不談。

使用舊作翻製，係指以大陸時期的劇本出版品爲底稿，予以修訂翻製而成，在此際脈絡最爲清晰者，還屬李白水於 1936 年主稿的《平劇彙刊》之運用：《平劇彙刊》在 1957 年左右爲梅花館主校編而成《平劇腳本》叢書，並在 1964 年時由文化圖書公司整理爲《平劇戲考》一書。《平劇腳本》由東海書局出版、每冊一劇，根據書後所附叢書目錄推斷，該叢書出版規劃中應有五十冊或更多，編者在并言中開宗明義提出「此間對於舊劇腳本，需要正殷」的修編原則，指出目標爲使「研究皮簧者，得以按圖索驥，無師自通」。因此，全書編輯體例依循李白水配置，規劃有凡例、劇情說明、尖團字尋聲表、登場人員、分幕、過門，之後才是各場之戲詞與唱段工尺譜、簡譜，編纂體制十分細緻。此間的其他類型戲考或曲譜出版，雖然未明確標明與過去出版品的關係，但可能也與舊日出版品相關：根據《平劇歌譜（初集）》在 1954 年出版時，目錄仍包括「上海中央書店印行，每冊定價國幣　元」的字樣推斷，或許其他戲考、曲譜編輯過程中，除去選取既有文本置入的方式，也可能有全本翻製的手法，而此一手法也見於日後在臺的出版品中。以《平劇歌譜》之出版爲例，除在 1954 年《平劇歌譜（初集）》出版時有「上海中央書店印行」的痕跡外，文化圖書公司於 1980 年、1989 年以初集至三集重製《平劇歌譜》合訂本時，則採複印出版品的方式，因此與原件頁數比較時全無任何出入，僅將編者改列爲李白水，其間一再被翻印重製的過程與考量，實在令人玩味。此外，《平劇歌譜》興許也具備聆聽唱片、廣播時，對正與揣摩的功能：若將目錄中部分冷門劇作之唱段與該劇傳世唱片對合，可見其收錄劇幅與唱片一致，想來應是唱片翻製爲曲譜出版之故。〔註144〕

〔註144〕筆者以程寅伯（或「程伯寅」）於 1954 年出版之《平劇歌譜（初集）》、《平劇歌譜（第二集）》，及 1980 年、1989 年出版之李白水《平劇歌譜》爲材料，選取其中冷門劇目爲對象，嘗試以其中收錄唱段與《中國京劇老唱片》收錄唱片比較，可發現以上材料收錄之冷門唱段，幾乎都有劇幅相同、字句不差的唱片可考。以 1954 年出版之《平劇歌譜（初集）》爲例，《孝感天》【反二黃慢板】與 1925 高亭唱片錄製陳德霖之《孝感天》同，《俊襲人》【南梆子】與 1929 年大中華唱片錄製梅蘭芳《俊襲人》唱片同，《西湖主》【西皮二六轉流水】與 1922 年百代唱片錄製白牡丹《西湖主》相同。《平劇歌譜（第二集）》之《胭脂寶褶》【二黃四平散板西皮原板】與 1942 年勝利唱片馬連良《胭脂

　　值得注意的是，目前可見 1945 年至 1949 年間出版品爲國內圖書館典藏，如國家圖書館藏有 1947 年上海春明書店出版、留香館主所編《全齣京戲考》、《全齣京戲考（第二集）》。誠然，依據目前可考的資料，仍無法推斷留香館主著作爲國家圖書館典藏前的流向，無法確切地描摹出兩本著作究竟在何時、透過何種途徑輾轉爲國家圖書館典藏。不過，這兩本著作的存在卻已間接提醒筆者，當光復後臺灣、大陸兩地京班恢復交流之餘，劇本出版品如何在兩岸間流通，或許可成爲未來的探討方向之一。

　　根據以上討論可知，以商業導向爲出版出發點，似乎更貼近於觀衆或演員角度，與其說編者用自身的審美規範讀者，不如說編者注意到讀者的需求，在兩造相似審美的妥協下，因而形成出版品的最終樣貌。此際的多數商業出版品，雖然皆爲傳統劇目的修編選輯，但仍可見政策審訂之作運用的孤例，此種現象擬置於本節第三點討論，此處暫且按下不談。

## （二）政府與政黨主持的出版活動

　　在商業主持的娛樂性出版品之外，此際也可見部分由政府、政黨主持的出版工作，相較於商業出版中的「商品」特質與「娛樂」用途，反而較傾向於「文宣」與「政治言說」的作用。此類出版品主要分爲兩類：一類由政黨主持，是前述爲反共抗俄創編的政策性劇作出版；一類由政府主持，爲社會教育政策中既有的審訂工作選輯。

　　參酌前章的討論可知，政策創編之作以國民黨組織較早，而在出版品編輯方面也是如此。此際政黨支持出版工作的特點，是運用黨政相關機構資源，

---

寶褵》相同，僅缺白簡道白；《夜審潘洪》同 1929 年蓓開唱片出版之郝壽臣唱片。李白水《平劇歌譜》合訂本中收錄的第三冊，其中《史可法》唱段亦與 1933 年百代唱片出版之高慶奎唱片相同。職是之故，此批歌譜收錄之唱段，極可能皆由唱片翻製而來。此外，《平劇歌譜（初集）》、《平劇歌譜（第二集）》，或日後以此爲底稿翻製的合訂本，尚有出版單位與編輯人兩個未解之謎。在出版單位方面，《平劇歌譜（初集）》、《平劇歌譜（第二集）》雖然有出版項差異，但極可能爲同一家出版社之出版品：《平劇歌譜（初集）》封面將印製出版社列爲「文光」，參酌第二集編輯特色與設計風格，應同爲文化圖書公司出版，「文光」爲「文化」二字之訛誤。而在編輯人的考證上，則仍然難解：《平劇歌譜（初集）》、《平劇歌譜（第二集）》之編輯人爲程寅伯（或「程伯寅」），但日後文化圖書公司以之爲底稿翻製合訂本時，編輯人卻列爲李白水，考察其間編輯行爲有其延續性，編者應爲程、李二人之一，且以李白水編纂的可能性較高，但仍有待未來發掘更多資料予以核實。

出版徵獎之獲獎作品，因此勢必受到徵獎辦法與主事者的意向左右，並帶有印行推廣的想像。爲政黨出版京劇劇本的單位，即爲出版文獎會機關誌《文藝創作》月刊的文藝創作社，而選輯劇本則清一色爲文獎會獎金作品，屬於親近文獎會文人之作。目前可考的劇本出版有二，包括 1951 年《現代平劇選第一集：征衣緣、新送京娘、新打城隍》，以及 1952 年《勾踐復國》：其中《新送京娘》、《勾踐復國》曾刊登於《文藝創作》，前者爲齊如山友人創作、齊如山潤色，〔註145〕後者爲齊如山以舊作《西施》改編；〔註146〕《新打城隍》未曾刊登，《征衣緣》則是四十年元旦平劇劇本獎金第一獎，〔註147〕以上各齣皆爲不附曲譜的劇本出版。討論出版品的排演想像，大致有兩個方面可推定：其一，在文獎會補助的劇作中，上述四齣劇作皆曾引介爲顧劇團或大鵬劇團演出，相較其他作品有更高曝光率，或更適合學習排演；其二，劇本出版本就帶有演、唱想像，且齊如山之作除《征衣緣》外，皆爲舊劇新編性質，在故事熟悉的前提下，即使未標明曲譜，似乎仍更具出版推廣的優勢。誠然，國民黨確實運用出版行爲，期望進一步將徵獎作品予以推廣，但或許是多數劇作未能排成，而排演成功者市場反應冷淡，實際出版者極少：依據《文藝創作》中刊登之廣告考證，曾被策畫出版劇作僅前述兩本齊如山作品集，與張大夏《金釵記》，而目前可找到的僅有齊如山作品集兩本，加上此批徵獎作品備受冷落，報刊中也難以尋找銷路與市場等相關資訊。此後，隨著徵獎機制實質效益低落，文獎會在 1950 年代中期結束，國民黨似乎再無京劇出版品推出。

　　政府推動的京劇劇本出版，源自於抗戰以前對戲曲宣傳效益的認知，以及抗戰以來的戲劇教育發展，具體化爲個案式修編的出版，以及修訂劇本選輯叢書兩項，都是順應政策發展而生的配套措施。

　　個案式修編的出版，即爲 1955 年大鵬劇團出版之《新四郎探母》，是張大夏執筆修訂之作，在前章已有探討。《新四郎探母》著重於四郎形象的改寫，係以舊作爲底本抽換語詞並加場而成，並因舊本《四郎探母》被禁、政府下令搬演新作所致，使得《新四郎探母》在一時間爲多個劇團搬演，但考量新

---

〔註145〕齊如山，〈序〉，《現代平劇選第一集：征衣緣、新送京娘、新打城隍》（臺北：文藝創作社，1951 年）。
〔註146〕齊如山，〈勾踐復國〉，《文藝創作》第 19 期（1952 年 11 月），頁 1～28。
〔註147〕文藝創作社，〈中華文藝獎金委員會得獎作家芳名錄〉，《文藝創作》第 8 期（1951 年 12 月），頁 110～113。

作曾爲關鴻賓《國劇戲考》編入，大鵬劇團出版品在劇作傳播過程中究竟具備何種意義，實在有待商榷。

　　修訂劇本選輯叢書出版，是源自於 1939 年以降，教育部教科用書編輯委員會劇本整理組至國立編譯館的業務，此際出版品中延續此傳統者，即是 1959 年臺一版的《修訂平劇選》。《修訂平劇選》的修訂出版過程，相較於其他政府、政黨出版品更爲保守：考察選集前所列〈修訂經過及其要旨〉與〈凡例〉可知，修訂出版的最高指導原則爲社會教育意義，因此儘量蒐集既有傳統劇目之通行劇本或名伶秘本，透過參照與取捨，在最小幅度的改動下，完成合乎情理與表演性的劇作，務求使劇界容易接受，看似是種兼顧戲劇性與政策性的修編。也正因爲如此，在劇作出版中，除去既有的唸白、唱詞、板式與舞臺指示外，劇作前安排引言，劇作後加入註釋，並以專文記敘修改經過。值得注意的是，《修訂平劇選》出版十二冊，每冊平均收錄三、四齣本戲，雖然有劇界接受的考量，看似能夠對此際戲考缺乏有所彌補，但根據報刊資料查考，此際運用《修訂平劇選》排演的訊息極少。

　　透過以上探討可知，支持此際京劇劇本出版的主要力量，包括商業出版與政府、政黨兩個群體，並出於視角的不同，由此分化出娛樂／藝術以及政策／宣傳兩條路數，進一步產生選輯方向的歧異。事實上，綜觀此際的選輯行爲，娛樂、藝術與政策、宣傳兩條脈絡並非毫無交會，反而由於京劇的娛樂性與普及性，被政策注意並賦予任務，遂造成兩條路線中處處可見相互妥協的跡象，亦即下面要提出的兩個現象：其一爲編輯中的「經典」樹立；其二則是選輯、出版中的「政策」影響。

## 二、編輯中的「經典」樹立

　　根據筆者對此批作品的查考，無論是政府、政黨或商業導向的出版，爲了遂行劇作出版背後的推廣目的，無一不採行運用「經典」的策略。體現在政府與政黨的編輯行爲中，是奠基於傳統劇目上，修編創作並取而代之的意圖；在商業出版方面，是借用經典並再強化的過程，涉及了作品與演員的「經典性」。

### （一）借用經典創造「新經典」

　　在政府與政黨的出版策略中，與其所發動的修訂及徵獎創作具備相同原則，是借用傳統劇目的「經典性」，以修編劇目創造「新經典」，而參酌此際

的禁戲措施來看，相關行為背後尚具備傳演並以新作取而代之的意圖。

所謂的借用「經典性」，係指對傳統劇目的運用，主要發生於整舊、創新之中。整舊的方面，是《修訂平劇選》選取傳統劇目修訂，出於編輯者預想中的劇界接受度，因此整體來說並未改動故事走向，至多考量文詞、轍口得宜予以修編，並刪去如《奇雙會》上太白金星、鴉神或桂枝頭暈等具備迷信色彩情節，整體來看似乎更貼近劇作本身排演樣貌。創新作品則集中於文藝創作社出版品，是批劇作除《征衣緣》外，皆取用既有題材與故事架構改寫，性質上為舊劇新編，並且足以使觀眾或讀者有熟悉感。兩批作品透過政策禁止或鼓勵，都被期望用於傳演：以《修訂平劇選》而言，雖然無確切的運用命令可考，但迎合劇界接受度本就隱含著傳演的期望；而《新四郎探母》方面，則明確利用禁演舊本以為配套措施，使劇作在一時間確實得到傳演。可惜的是，政府與政黨的出版品，在實用性與命令執行方面仍有缺陷，對其「經典樹立」的意圖十分不利。

政府與政黨出版品的缺陷，即是出版品體裁與配套措施的雙重失誤。根據前面討論可知，多數戲迷抱持相對傳統的審美觀，會否購買此批出版品尚有疑慮，即便購買也極有可能僅用於參考，並未依照出版單位預期照本排演，反而是較無強烈審美意向的初學者，才有可能消費甚至依樣畫葫蘆。不過，或許是出於「劇作熟悉」的前提，出版品中並未特意編入曲譜，根據學習或演、唱方面考量，實用性實在大打折扣。至於《新四郎探母》的演出，在前一章中已討論過其「禁而未絕」的現象，足見當局頒訂的禁令，無論由短期或長期來看，都無以促成審訂之作的傳演。

## （二）實用性帶來的「經典」強化與辯證

在商業出版方面的「經典」運用與強化，則緊扣前面討論的「商品」特質與「娛樂」用途設計，最終導致傳統劇目的經典性被反覆辯證與確認。出於營利目的，出版社在出版企劃中應已初步擬訂預設讀者群，並根據其使用方式編輯，在編輯過程中大量繼承「經典」遺緒，使其更具有演、唱普及的實用性，而在持續演、唱的過程中，反覆強化傳統劇目的經典地位。

出版品的實用性，體現於務求詳盡、方便學習的編纂體制中，包括全齣戲考、曲譜，以及唱片與廣播戲考的出版。以全齣戲考為例，多為單本收錄一劇，並在連續出版多齣／本下成為叢書，如第一文化社《國劇集成》、梅花館主《平劇腳本》，與關鴻賓、林萬鴻編訂《國劇戲考》皆屬此類。此批出版

品與政府出版《修訂平劇選》的不同之處在於：商業出版的戲考類叢書，在唸白、曲詞、板式與舞臺指示外，並標示有唱腔曲譜，學習或排演較為便利。曲譜類出版品，以唱段為基本單位收錄，則以前述《平劇歌譜》為此中代表，體裁上包括唱詞與曲譜，運用上也相對便利。唱片或廣播戲考類，則是以此前流行唱片或電臺播放唱段為材料，在編訂中依據行當、演員為原則，分別收錄唱段。因此，此際的商業京劇出版品，實際上是顧及多種用途、觸及多種群體的編輯，若以使用者角度而言，相較於政府或政黨出版品，應當更具吸引力且更容易為市場接受。

在出版品中折射出的「經典」遺緒，大致包括劇目與演員兩個方面。

劇目的「經典」遺緒，係指出版品以收錄傳統劇目與流派劇目為基調，僅偶有因應政策刪改之舉，可分別由全齣戲考、曲譜，以及唱片或廣播戲考兩個類別做討論。以全齣戲考或曲譜為例，其間收錄劇目相對中性：此批劇目收錄時皆未標示流派，或為沒有特定流派，或多個流派皆曾演繹的劇作，若非確實運用、考訂聲腔，光由文字閱讀實在難在一時之間察覺流派的存在。而在唱片或廣播戲考編纂中，由於將出版品預設為收聽之參考，以唱片為主要材料，因此編輯過程中雖記錄唱段唱詞，但不收錄曲譜，全書必須規劃索引，且標明唱片公司與演員兩項，俾利讀者收聽對正。整體觀之，「經典」是商業出版的主旋律，而前述政策下的整舊創新意圖幾乎無以在商業出版中插足：之於舊本，編者通常照單全收；但新編作品或審訂之作則並未編入，雖曾有依據教育部審訂本修編者也屬孤例；在特定劇目為當局明令禁止時，部分唱片與廣播戲考內容雖有「開窗」遮去之舉，但其他出版品又刊登如常。誠然，出版品中的禁弛原則落實由此可見一斑，但出於政策觀照屬於相對繁瑣的課題，因此擬在第三點中以多個個案呈現，此處暫且按下不提。

演員的「經典性」，則是唱片與廣播戲考編纂中所反映出的現象。唱片與廣播戲考預設為唱片、廣播聆賞之用，背後應當具備依據電臺播放唱片或學生演員與票友唱段編排的考量，但在出版品索引編列時，僅列有流派宗師或前輩伶人、名票，反而不見此際票友或學生演員。誠然，此際票友以其業餘性不被注意或可理解，但學生演員為何不見於其中便十分值得討論：唱片、廣播戲考編纂背後雖有以唱片為主要材料的考量，但此種考量之外，似乎還隱含著對演員「經典」與否的認同，且無論從情感或藝術成就面向來看，學生演員都屈居下風。

　　針對較為淺顯的情感方面考察，此種分別或與戲迷對「演員」的定義歧異有關：透過報刊閱讀可知，之於戲迷、票友而言，流派宗師與先輩伶人才是值得學習的「經典」，是過去的美好回憶，而學生演員反而被視為應當呵護的後輩，是新奇的觀察對象。而在情感之外的深層原因，則是時空條件變動下帶來的京劇環境整體變動，在市場、教育與藝術成就的交互作用中造就的藝術成就落差。在市場方面，出於腹地狹小與市場需求日減的緣故，舞臺展演機會與創作數量已然無法與大陸時期相比，而流派宗師皆留在大陸，連帶使得真正能在演員、票友間自然發酵的劇作，或是此前的經典之作，或是透過錄音翻製而來，流派宗師在兩岸分治後演唱的部分劇目。教育制度與藝術成就的認同，事實上具備強烈的因果關係：此際無論訓練班或藝專皆採取新式教育，與過去科班之中相對嚴苛的訓練方式相比，連帶影響演員的能戲多寡、成就高低，而學習中不間斷地模仿流派宗師，更使先輩伶人成為無以推倒的豐碑。職是之故，無論在唱片或廣播戲考中標示學生演員或中生代演員，皆為毫無意義之舉。

　　參酌以上討論可知，雖然不同出版群體皆選擇以「經典」為基調，但出於不同考量下相異的出版策略所致，在運用上勢必有所出入，連帶使出版品本身的實用性受到影響。整體而言，商業出版在對經典劇作的選擇之外，同時繼承了長期以來的民間出版模式與經驗，具備體裁完善、合乎票友使用需求的特點，產出一批相對實用的出版品，而政府、政黨雖然因為遂行政策性的緣故，選取較為成熟的作品意圖創造新經典，但此間本就相對背離戲迷慣習與審美，出版品該當如何推廣便成為難以避免的課題。有鑑於此，筆者擬在下方以政策為出發點，討論在出版品的編輯行為中，政策介入是否對出版品有確實影響。

## 三、「政策」對出版品的實際影響

　　此際壟罩在京劇出版業務中的政策指導原則，事實上即為前章所提及的創編緣由，包括號召以文藝反共與對「匪方」作品的抵制等原則，並在整舊與創新兩條路線並進下，最終形成此間出版品的樣貌。實際考察此批出版品可以發現，「政策」對出版品的影響不僅包括編輯過程中所運用的整舊創新原則，還包括「附匪」考量下對特定演員與劇作關係的處理，而以部分出版品為線索，甚至能觀察到作者對自身劇作的看法。為此，以下便就整舊創新、「附匪」考量對出版品的實際影響，以及出版品折射出的作者意向三項，分別做

出討論。

### （一）整舊創新原則在出版品中的實際運用

　　綜觀此際的整舊創新作品運用原則，或許因為前述藝術審美的考量，事實上未能在出版品中得到完全落實，僅在全齣戲考以及唱片與廣播戲考中較為明顯。考量出版品中相關事例之多寡，以及相關文獻之豐富程度，此處擬以《新四郎探母》與《明末遺恨》兩個劇目為個案查考。

　　就《新四郎探母》與其舊本《四郎探母》而言，由於此前已有政策引導，要求禁演舊本、改演審訂之作，因而此間新、舊本分別面臨出版推廣與刪減出版的抉擇，並體現於全齣戲考、唱片與廣播戲考類出版品中。在目前可考的全齣戲考中，確實可見選編新作、不用舊作的現象：新本《新四郎探母》可見演出單位大鵬劇團出版單行本，民間出版品中則有關鴻賓依據審訂本編纂戲考、近乎照單全收的孤例，而舊本《四郎探母》則未見選編。在唱片與廣播戲考中，反而完全不見新作刊登，而舊作唱片或有面臨刪減出版的情況。在 1957 年新陸書局出版《無線電流行京戲考》中，舊本《四郎探母》相關唱片刊出如常，包括馬連良為高亭唱片錄製的《四郎探母（坐宮）》，譚富英與雪艷琴為蓓開唱片錄製的《探母坐宮》，以及梅蘭芳與蕭長華為勝利唱片錄製的《探母回令》三個條目。而在《大戲考》正編索引合訂本十九版中，目錄、戲劇故事與檢戲表都可見影響：目錄中，戲劇故事一類在《四五花洞》後即見空白；戲劇故事中，《四五花洞》後之劇目被撤下，改列反共口號；檢戲表當中，《四五花洞》之後多個劇目被刪去、餘下一片空白，參酌之後所接小字《雁門關》推斷，此間刪除者應即舊本《四郎探母》相關唱片。此外，曲譜類出版品如《平劇歌譜（二集）》則未受影響，可見《四郎探母》收錄其中。由此可知，不僅《四郎探母》禁而不絕，出版品中也未能統一落實，假若再由唱片、廣播的線索查找，目前可見 1958 年時曾有電臺播放譚鑫培《坐宮》唱片事例，〔註148〕足見此一禁令並不能明確落實於所有演、播途徑。

　　《明末遺恨》的禁令頒訂始於 1952 年，是「恐足以影響軍心、頹喪士氣，不合反共抗俄之精神」的考量，〔註149〕目前未見全齣戲考收錄，但在唱片與

---

〔註148〕〈中廣今播送，譚鑫培唱片〉，《聯合報》第 2 版，1958 年 5 月 18 日。

〔註149〕事由中央改造委員會第一組所提。同份文件並提出禁止《白門樓》之議，但為康樂總隊駁回。參看國防部史政檔案影像借調閱系統文件號 0410001648號。

廣播戲考出版品中，卻可見刊登之有無。同樣以《無線電流行京戲考》爲例，其中便收錄麒麟童、劉韻芳爲蓓開錄製的《明末遺恨》。而在《大戲考》正編索引合訂本十九版中，目錄中戲劇故事條目被刪去二字，戲劇故事內容改列反共標語，唱片唱詞雖留有「明末遺恨（蓓開） 麒 、劉韻芳」字樣，但內容也被改列反共標語。不過，或許是《明末遺恨》帶有的國家敗亡指涉，以及爲麒派獨有劇目的特點，目前尚未在報刊中見到電臺唱片播放資訊刊登外，演出資訊亦極爲缺乏，〔註150〕參酌戲考中對其有所刪減，且可見電臺播送爲檢舉事例，〔註151〕或是政策在展、演途徑中落實相對完備的劇目。

與此同時，假若利用王安祈在〈兩岸京劇禁戲〉中提及的禁戲劇目，〔註152〕以及報刊中所見個別劇目的查禁訊息爲線索，同樣可以在出版品中見到禁弛不一的現象。歸根結柢，應是劇目禁／准演的不確定所致，〔註153〕終使出版品與展演途徑一般，皆感到無所適從。

## （二）對「附匪伶人」與其作品之態度

在京劇劇本出版品的編輯中，以唱片與廣播戲考的編輯，最能呈現對「匪」的疑慮：當社會大眾皆以流派宗師與先輩伶人爲「經典」，商業出版的編輯中應當如何面對此批留在大陸的「附匪伶人」與其作品。根據目前對出版品的考察可知，編輯的處理方式大致有二：其一，是面對劇目時以保留爲原則；其二，是對「附匪伶人」的遮蓋，以下分別就兩項討論之。

對劇目採保留原則，或是出於選取既有的經典劇作，兼顧藝術性、實用性以達到營利目的性的考量所致。在此選輯原則下，除去特定劇目爲當局禁止，在編輯時必須注意之外，出版品中仍具備濃厚的，爲藝術、娛樂服務的特質，尤其此前既有的傳統劇目與流派劇目即爲爭取戲迷購買的誘因，自然是不可能將其刪去。職是之故，選編原則中相對「就戲言戲」，而演員是否滯

---

〔註150〕香港影劇人大公演時，報刊預告有麒派名票袁仁觀的《追韓信》、《明末遺恨》等劇，但演出隔天的活動報導中僅見《追韓信》爲記錄，或是《明末遺恨》臨時被撤去。〈公演節目硬紮，港星全部登場〉，《聯合報》第 3 版，1956 年 11 月 8 日。〈影星歌星勞軍會串，平劇滬劇樂韻幽揚〉，《聯合報》第 3 版，1956 年 11 月 9 日。

〔註151〕參看國防部史政檔案影像借調閱系統文件號 0410002048 號。

〔註152〕王安祈，〈兩岸京劇禁戲〉，《性別、政治與京劇表演文化》（臺北：臺大出版中心，2011 年），頁 235～285。

〔註153〕虞君質，〈評「八義圖」〉，《聯合報》第 7 版，1961 年 6 月 1 日。

留大陸，實際上並不會對戲考選編造成影響。因此，唱片與廣播戲考都仍維持以行當爲大分類，演員爲小分類的編纂模式，儘量蒐集經典唱片之唱詞編入。

　　針對「附匪伶人」的處置，僅在唱片與廣播戲考所獨見，是出於演唱者與版本標示需求所致。出版品中對演員標示的處理，目前以《大戲考》正編索引合訂本十九版最爲明確：在出版品編纂時，各唱片之劇目與唱片公司資訊照列不誤，但梅蘭芳、馬連良與麒麟童三人名字皆爲隱去，僅留下姓氏。參酌報刊資料推測，其中似乎隱含著對「匪區」訊息接收時，演員與中共中央親疏之考量：在抗戰時期，麒麟童已與中共合作、向被視爲左翼劇人，在兩岸分治後則更爲中共中央重用，任戲劇學校校長、人民大會代表以及上海京劇院院長等職；〔註154〕梅蘭芳其人，在兩岸分治後以劇界地位屢爲中共當局文化部門所用，亦有任戲劇學校校長、人民大會代表訊息，以及任中國京劇院院長訊息見報；〔註155〕馬連良雖在兩岸分治後滯在香港，但未幾即轉投匪區，報刊中也曾見針對其藝德有所臧否。〔註156〕相較於此批身居高位的演員，其他演員雖然也有訊息見報，但多描寫生活苦況、帶有憐憫色彩，〔註157〕或是因此在出版品中不受影響，姓名刊出如常。此外，前述《無線電流行京戲考》編纂時，上述三人姓名編列如常，參照編輯方式中禁戲仍然照常編列，出版社與有關當局對出版品的把關機制如何遂行，實在十分值得探究。

　　整體而言，編輯中對「附匪伶人」與劇目的處理，無論是劇目篩選或姓

---

〔註154〕張冠，〈共匪利用老藝人■飾太平〉，《聯合報》第 6 版，1955 年 12 月 2 日。〈鐵幕觀察〉，《聯合報》第 6 版，1956 年 9 月 23 日。〈鐵幕觀察〉，《聯合報》第 6 版，1956 年 10 月 6 日。

〔註155〕張冠，〈共匪利用老藝人■飾太平〉，《聯合報》第 6 版，1955 年 12 月 2 日。李湘芬、張語凡述，〈紅朝伶人淚（八）〉，《聯合報》第 3 版，1958 年 1 月 15 日。

〔註156〕鏘鏘，〈近一年來的香港影劇界〉，《聯合報》第 6 版，1954 年 11 月 18 日。秋柳，〈伶票群像：馬連良此馬不良（上）〉，《聯合報》第 6 版，1954 年 11 月 22 日。秋柳，〈伶票群像：馬連良此馬不良（中）〉，《聯合報》第 6 版，1954 年 11 月 23 日。秋柳，〈伶票群像：馬連良此馬不良（下）〉，《聯合報》第 6 版，1954 年 11 月 24 日。

〔註157〕李湘芬、張語凡述，〈紅朝伶人淚（五）〉，《聯合報》第 3 版，1958 年 1 月 12 日。李湘芬、張語凡述，〈紅朝伶人淚（六）〉，《聯合報》第 3 版，1958 年 1 月 13 日。李湘芬、張語凡述，〈紅朝伶人淚（七）〉，《聯合報》第 3 版，1958 年 1 月 14 日。

名編列，都帶有極高的不確定性，但之於戲迷而言皆無異於掩耳盜鈴的行為。以戲迷角度觀之，被刪去劇目仍為戲迷所熟悉，假若真有任何政治不正確之思想在戲迷間生根，此時意欲拔除也顯得為時已晚；而隱去演員名字之舉，戲迷在閱讀上仍能一眼看出演唱者為何人。因此，無論是受政策指導所致，或者出版社自發性地回應政策，對編輯行為所做的把關，實質上皆是相對寬鬆且消極的管理，再參酌此前報刊中對禁戲的輿論，以及對滯在大陸伶人的追憶性質報導與劇照刊登，此種出版品編輯方式應該不具任何實質意義，根本無法撼動戲迷讀者已然建立的藝術觀點。

### （三）出版品所折射的創作者觀點

出版品折射出的創作者觀點，主要見於政府、政黨主持出版的出版品中。此批出版品的形成，是政治氛圍下文藝為政策服務的業務之一，是創編行為的配套措施，因此無論是劇作創作、修訂者或出版品編輯者，在其間勢必服從於特定的寫作原則或意識形態。可惜的是，在此批出版品中雖能直接讀到政治觀點，卻無以了解創作者、修訂者對出版品的觀感。為此，筆者擬以劇本出版品與作者傳記為材料，從中發掘創作者對其創作「被出版」的觀感。

發掘出版觀感的可靠途徑，是以出版品中創作者所寫序言為研究對象，目前可滿足此一條件者，僅有國立編譯館出版之《修訂平劇選》，以及齊如山《現代平劇選第一集：征衣緣、新送京娘、新打城隍》兩項。以《修訂平劇選》為例，每冊前皆刊有〈修訂經過及要旨〉與〈凡例〉，不過由於其為政府出版品，為政策服務色彩濃厚，修訂者自身的意向完全被排除在外，遂使此一線索無法繼續追尋。齊如山《現代平劇選第一集：征衣緣、新送京娘、新打城隍》一書，則在書前刊有齊如山所做〈序〉〔註158〕，直接為筆者提供齊如山對「被出版」的觀感，同時可據此觀察出版業務主事者與創作者的觀點有何歧異。根據齊如山所寫〈序〉可知，齊如山本人以為此批劇作可以演出，但無印刷行世的價值，而之於主持出版的張道藩而言，則認為印行出版本就具備宣傳作用，反而覺得齊如山「尚值不的」之說實屬多慮。由此看來，在齊如山的創作觀中，為政治或藝術創作並無扞格之處，兩種創作類型都能寫作，但在創作過程中始終保有傾向藝術的審美觀，對作品中的工具性與藝術

---

〔註158〕齊如山，〈序〉，《現代平劇選第一集：征衣緣、新送京娘、新打城隍》（臺北：文藝創作社，1951年）。

性有所覺察。

　　值得注意的是，此際的其他創作者可能也具備此種創作觀。以創作《弒父獻妹》的演員周正榮爲例，雖然劇作未曾出版，但在其傳記中或能折射出對創作的看法：綜觀傳記《寂寞沙洲冷──周正榮京劇藝術》全書，對周正榮之創作僅提出《西門豹治鄴》，而根據參與該案的李元皓回憶，〔註159〕周正榮在訪談時也未曾提及《弒父獻妹》之創作與獲獎，或是有意迴避之。由此推斷，周正榮與齊如山一般，心中都有一把爲政治與藝術剪裁創作的尺，兩者互不相誤，但孰輕孰重已有定見。

# 第四節　小　結

　　回顧本章開篇時，筆者擬定創作與運用爲兩條線索，意圖將之置於京劇活動脈絡中參照討論，期望透過相對俯瞰的視角，考察創編之於市場的意義。透過本章回顧可知，每一場京劇演出的背後，事實上具有相對成熟而龐大的體系支撐，影響選戲原則的因素，包括創編劇作／展演場合／運用媒體／展演單位／出版品等諸多環節，而此時意欲加入其中的政策指導，不過是京劇既有的展演傳統外，被強加的額外任務，本就沒有穩固的市場著力點，也無抗戰時期足以發酵的外在條件。職是之故，綜觀此間的政策指導舉措，雖然意圖貼近京劇藝術特質，但出於對市場與娛樂轉向後知後覺，配套措施又相對消極而寬鬆，遂使此際的京劇產業仍能維持相當的商業、藝術與娛樂特質。

　　在京劇創作的變異方面，除去前一章討論的政策創編外，主要呈現爲藝術、娛樂的分流。綜觀遷臺後的京劇創編發展，創編經驗主要繼承自大陸京班而非本地京班，並經歷了在繼承中反覆實踐、逐漸淘汰特定創作與風格的過程：無論創作者爲藝術娛樂或政治宣傳服務，其在寫作中對選材與演出形式已有定見，因此無論劇作最終爲商業演出或政治宣傳目的使用，都能保有貼近京劇自身審美的藝術風格。值得注意的是，此種順應藝術的創作風格，在此間呈現爲向京朝派靠攏的過程，是創作過程中對京劇體裁、歷史故事、情節安排等環節的選擇所致，使得作品相對典雅、工整而簡練，此一現象並普遍地發生在商業劇場與多數回應政策的創編劇作中。至於相對具有娛樂性的海派風格，或是出於意識形態、角色齊整與物質條件的顧慮，反而多爲創

----

〔註159〕2016 年 9 月 12 日訪問李元皓於中央大學。

作者與劇團所放棄。而政治性的一端，雖然出於創編機制相異，出現部分依循抗戰時期創編方式的現代戲、玩笑小戲創作，但也在既有的藝術、政治價值觀下，使得難以覓得實際運用紀錄。換言之，此時的政治氛圍改換下，雖然將京劇推上至高無上的表演藝術地位，但同時也為其套上一面枷，暫時壓抑了京劇創作中其他表現的可能性。

劇作運用的抉擇，則是時空條件與政治氛圍的雙重影響下，此間京劇藝術、京劇市場與媒體的多重變動所致，在京劇「經典」、「新經典」的不斷辯證與重塑中形成的最終結果。在演員、票友與觀眾的審美觀中，京劇確實有其特定的樣貌，既有的傳統劇目、流派劇目，以及滯在大陸的流派宗師與先輩伶人皆有其無以撼動的地位，但出於時空分隔所致，過去的一切僅能留在唱片與記憶中，戲迷的觀賞對象限縮於寶島舞臺上的演員、學生或票友，因而促使戲迷在此時此地重新尋找認可的觀賞對象，如重複聆賞、貼演傳統劇目與流派劇目，特定「匪戲」受到歡迎，乃至於從觀賞角兒顧正秋，到欣賞軍中劇團，都是此間時空變換下無以避免的改換。而媒體如電視、廣播，雖然也選擇「經典」為社會教育或娛樂服務，但參酌此際其他娛樂形式的興盛，實際效益實在有待商榷。整體而言，無論是演員、票友、學生，或是著重娛樂性、藝術性的創作與演出，甚至具有強烈政治宣傳意味的創編與演出，都參與了此間「經典性」的反覆辯證，而最終真正能夠留存於劇場中，取得相對長期發展的「新經典」，反而並非由政策推出，而是京劇發展中已為常態的精彩劇目與成熟演員發掘，是拋卻一切政治言說、回歸藝術自身的抉擇。

誠然，此際的新編、修編之作對於今日舞臺的影響確實不大，但其間創編嘗試、京劇教育、劇團變遷與媒體運用，甚至於京劇出版業的旁證意義，則都不能抹滅。之於創編嘗試而言，作品的實際運用與報刊輿論無異於一記警鐘，給予有關當局與後世作者前車之鑑。在京劇教育而言，則在此時確立由小學開始京劇教育的可行性，並在專科、軍中訓練班等學制中，確實為此後的臺灣京劇發展培育人才，使軍中訓練班與復興劇校成為日後軍中劇團演員的主要來源。以劇團發展而言，軍中劇團以其穩固的大、小班演出與傳習體制，結合團內的復興劇校畢業生，在市場衰微後接棒民營劇團，成為日後商業演出、巡迴勞軍等場合中，演員與劇團的主要提供者，儼然成為臺灣京劇發展之主力。至於媒體運用而言，雖然沒有十分特出且歷久彌新的作品，而電視與電影中所做的嘗試，也不見得適用於日後的演出，但其中已然奠定

日後舞臺紀錄片形式的京劇節目攝製基調。而在出版品的規劃中，則再一次旁證了「經典」的定義。

　　透過本次研究，筆者利用劇本與演出資訊相互參照，重新檢視對此一年代貼上的「政策戲」或「政策規範創作」標籤，並就短時間內的演出、出版，以及長時間影響下的傳演做出分析之後，發現此間創編其實是「娛樂藝術」與「政治宣傳」相互妥協的過程，並以市場賣座與歲月沉澱為最終篩選機制，無論何者都無法避免此中淘洗。站在此時此地，再回顧遷臺之初的京劇創編作品，何者被留存、以甚麼型態留存，何者銷聲匿跡，都已對創編作品的影響力做出有力解答。職是之故，「政策戲」、「政治介入藝術」、「藝術為受害者」或「政策為加害者」，這種在今日看來十分想當然的命題，細究下來未免淺薄：以長遠來看，政策與藝術確實在一時之間相互妥協，但藝術與娛樂才是戰勝時間的最終贏家。

# 第六章　結　論

　　透過本次研究的探討可知，在梳理一個世代的創作形成時，事實上包括了時空變換下的產業變動追尋：京劇在何處演，由何人演出，貼演甚麼劇目，而劇目從何而來，之於不同時空下的觀眾，出於與觀賞經驗、劇種的對比，導致觀感完全不同，連帶促成各異的想像。職是之故，此處討論京劇的劇本創作時，擬由劇場出發，帶著文本走進時光隧道，透過對市場、演員、政局或媒體等諸般因素的考察，了解其變異與創作之關係，相信能使劇作創作機制更加立體。

## 一、那些不同年代的京劇戲迷們

　　在討論遷臺後的京劇發展前，筆者希望首先建立一個時光隧道的模型，透過對京劇發展想像的描摹，梳理各個時代的京劇供需原則。根據本篇所擬定的遷臺後京劇發展為主軸，採用京劇創編演資源的匯流與篩選為參照，討論此間的臺灣京劇發展時，事實上應當顧及日治時期的臺灣經驗、二十世紀初的大陸經驗，以及本文所欲探討的遷臺初期至 1964 年間，了解京劇究竟給予不同時代的觀眾何種體驗，參與此間的觀眾究竟有何想像參照。

　　做為二十世紀初的臺灣仕紳，對京劇演出的想像或是華麗而時尚的。與此前廟臺演出的北管戲、酒樓中藝姐演唱的南管相比，劇場中的京劇演出不僅服飾華麗，舞臺聲光效果炫目，而且技藝精湛、劇情結構嚴謹，極度地精緻化且富娛樂性。此種劇種甚至成為「流行音樂」，不僅日本人以其商機而販售京劇唱片，在酒樓裡推杯換盞時，藝姐也以此為餘興節目，偶爾在廣播電臺中可以聽見，民間也多有票房組織。

二十世紀初至 1930 年代末期的大陸民眾，則見證了京劇在現代化與媒體發展下，與文化交流相互激盪，走向極度商品化的興盛過程。若是一個輾轉於京、津、滬等地的商人，除了追逐名伶外，踏遍大江南北總可聽聞「楊延輝坐宮院」，家裡唱機可能播著《四五花洞》，巴望著每期《戲考》與戲曲小報的出刊，也可能定期去到票房裡吊上一段，或與同好們交流對演員的看法，偶爾講講八卦、交換小道消息。

時至 1930 年代末期至 1940 年代末期，由於抗日戰爭與國共戰爭的因素，京劇開始變得「不一樣」，在表演藝術的藝術性與商品特質之外，工具性也大幅提升。假若身為一個獻身於抗日救亡的青年，隨著戰事推進走遍大江南北，恐怕很難再有頻繁地觀看商業演出的機會，反倒是部隊裡不乏票友自娛自樂，偶爾還用舊劇改出點新意思，罵罵鬼子、出出鳥氣；而一些文工團、藝工隊也會巡迴演出，貼演或改編一些舊劇目、創作一些新劇目，看著也十分有意思；不過，有些風聲說，某些劇團背後是「土八路」領導的，甚至還聽說過劇團因此被扣留，不知道究竟怎麼回事。

在 1950 年之後的大陸，政治正確成為一切文藝發展的最高指導原則，在左、右間來回擺盪後，至 1966 年時，更被特定意識型態推進名為「文化大革命」的畸形發展當中。身為一個中型劇團的青年京劇演員，或許開始被政府集中上課，教育、培養藝術家的自覺與政治觀，與此同時，劇團中的所得重新分配，部分名角前輩開始無所適從。此後，上面又陸續派給團裡一些新編劇目，從歷史題材到現代題材不一而足，但適合演出的沒幾個，舞臺上演員力不從心、舞臺下觀眾昏昏欲睡。十數年之間，雖然曾經一度指示、組織青年演員向老藝人問藝，發動國家力量整理各地方劇種，為表演藝術與劇本做出紀錄，但到了 1966 年後，前輩演員成為國家的重點批判對象之一，舞臺上再不見京劇「經典」，反而只見富含濃厚政治意味的劇目，文武場加入更多西洋樂器，身段與聲腔都與過去受到的訓練大異其趣。

在 1950 年代的臺灣，京劇發展模式大體上仍為抗戰前的商業劇場模式，只是在其中愈見衰頹。如果是一個 1950 年代初期，住在臺北城內的戲迷，想聽精彩的唱腔，就去永樂戲院捧捧顧正秋；想看火爆奔放的表演，就去新民戲院觀賞戴綺霞的演出；就算阮囊羞澀，也有觀賞軍中康樂隊與票友演出的機會。可惜就在不久之後，戲票愈來愈貴，戴綺霞離開臺北舞臺，過不了多久顧正秋也散班，之後再有演員整班也維持不久。可喜的是，許多演員都進

了軍中，軍中幾個大劇團陸續成立，偶爾軍中競賽時還能蹭點戲看，而這些劇團也多有對外的售票演出；此外，幾乎每年都有香港影劇界人士組織勞軍團來臺，雖然多是明星票友，但看著也是挺有意思的；而在臺的一些有名票友，偶爾也會尋求軍中劇團著名演員搭配演出，此時也有軍中劇團附設訓練班、劇校公演可觀賞；至於廣播與後來設置的電視臺，都持續播放京劇節目。整體而言，劇目只是減少，但還不至於無戲可看。比較令人倒胃口的是，為了貫徹反共抗俄的政策，當局開始著手徵求書寫民族氣節與意識形態的劇作並嘗試將其搬上舞臺，但說句實在話：即使有顧正秋或金素琴演出，這些戲看一次就夠了，實在沒有再看一次的興趣。

　　透過以上考察可知，假若以 1949 年兩岸分治為起點，以 1965 年演員進入軍中，僅能以劇團為單位演出，受軍中規範、不再配合票友演出為界，此間的京劇創作與改編，實際上皆為政治、社會條件與藝術自身轉變所影響，不僅形成此中的獨特發展樣貌，也為日後臺灣京劇發展打下良好基礎。根據於此一脈絡持續發掘，筆者以為遷臺後至 1964 年間的京劇創編活動，主要受到以下幾個因素影響，皆環繞著京劇在此時此地遭遇到的變革開展：市場變遷促成演出力量、展演途徑的整合與開拓，政治變局使得創編原則增添與修正，以及最為核心的藝術價值判斷，即是京劇創作中的工具性與藝術性整體消長。

## 二、市場變遷促成演出力量、展演途徑的整合與開拓

　　市場變遷，以及演出力量、展演途徑的整合與開拓，事實上是一個互為因果的過程，並在此間不斷循環。參與此間的，包括演員、劇團、觀眾、教育與媒體，為此時的京劇發展帶來加分或扣分的作用。

　　以加分方面而言，包括京劇展演途徑的開拓，演出力量體制化及京劇教育紮根三個主要面向。京劇展演途徑的開拓，是針對此時此地的娛樂需求或政策需求，隨著媒體發展與軍中體制而生，並且在相形縮小的腹地與市場中，提供可使京劇穩固傳播的途徑，延續戲迷的觀賞、聆賞可能。演出力量體制化，與前述發展腹地及市場縮小有關，透過政府與軍方力量支持京劇發展，給予一定的演出場合與固定薪資，並在此間容許向外營業演出，同時逐漸精實團隊，為日後市場衰微後、軍中劇團時代全面來臨做出良好準備。而在京劇教育紮根的方面，則是公辦劇校、新式教育原則的確立：在政府辦理的藝

專國劇科與軍方的訓練班之外，雖然復興劇校一度以私人辦學，但最終仍因經營問題轉由教育部接手；也是在環境大不如前的現實考量下，要持續培植京劇的表演生力軍，唯有依靠此際軍中劇團附設訓練班、復興劇校以及國立藝專等專門校系。可惜的是，這些因應時空變換所產生的相應舉措，畢竟與過去商業劇場全盛時期的經驗有所歧異，之於演員與觀眾都難免感到落差，甚至有不利於京劇發展之處，亦即下面要討論的扣分所在。

在扣分的方面，主要體現於市場萎縮，失去流派宗師、名伶與著名文人，以及教育訓練落差三點。市場萎縮的緣故，也是多個面向交互作用所致：雖然此時的京劇仍保有一定的外省、本省觀眾群，但此際所有娛樂花銷皆為稅捐抬高，而在娛樂風向的改變下，部分民眾在多種消費性娛樂間，轉而選擇了西洋電影或臺語片，京劇觀眾開始流失。失去流派宗師、名伶與著名文人，是指被戲迷視為經典的流派宗師，以及多數功底深厚的名伶，乃至於為這些宗師、演員服務的創作者，多數皆滯在大陸。誠然，以朱琴心與齊如山為個案考察可以發現，在此時的臺灣環境下，即便這些宗師、演員來臺，極可能也無法有過去在大陸時，活躍於商業劇場或個人全盛時期的發展，而帶給觀眾的意義，也以情感上的歸屬感為主，但失去流派宗師與名伶，加上島內無法發掘出堪與田漢、歐陽予倩等人匹敵的創作者，不僅政策上強調的藝術正統地位感到缺憾，舞臺場面的調配也失色不少，在創作上的實用性與批判力度更是低落。藝術教育的成敗，或帶有個人主觀的判斷：參照過去的演員培育模式，此際以新式教育，兼顧學科、術科的課程安排，確實為臺灣菊壇培養出一批沒有舊日梨園習氣的演員，但此種安排也排擠了學生對劇目的學習時間；而國立藝專國劇科的設置，則可能出於社會大眾對專科學生的想像，反而少見畢業生長期活躍於舞臺。凡此種種，都隱藏有斲傷藝術的可能，或是不利於臺灣京劇持續發展的狀況。

## 三、時空變換下創編傳統的繼承與選擇

透過前面對市場變遷的評述，此時可以再向本文主軸推進一步，討論創編傳統的繼承與變遷。綜觀此時創編模式的根源，分別為來自於商業劇場、體察觀眾喜好的，為娛樂藝術而創編的傳統，以及由政治工作出發、為政治集團服務的政治宣傳創編傳統，並且在發展中互相借鑒與妥協，逐漸形成著重藝術性而典雅的創作風格。

　　為娛樂藝術而創編的傳統，與商業演出緊密關聯，以觀眾喜好為根本，無論是雅正的京朝派風格或華麗奇巧、求新求變的海派風格都屬於此類。在商業劇場中，營利是創作的根本，因此劇團必須體察風尚改變做出因應，盡量尋找新的出頭並推出創作，作品為地方劇種移植或移植自地方劇種，此種模式也是京劇發展中，乃至於民間戲劇傳統中長期以來的規律。以臺灣經驗而言：日治時期京劇進入臺灣後，本地社團以其有利可圖，透過經驗複製而組建本地京班；歌仔戲、客家戲向大戲過渡的過程中，也對京劇藝術有所借鑑；甚至在藝術混血的狀況下，本地京班與演員促成了「國臺語平劇」以及加演京劇的合作模式。在光復以後，兩岸重啟交流，來臺的大陸京班仍維持日治時期跑碼頭時，演出經驗「複製、貼上」的過程，而 1949 年兩岸分治後的臺灣菊壇，則傾向於大陸時期商業劇場的創編傳統，但已隨著外在條件限制而使規模更為限縮，並且偶爾為政策所影響。

　　在為政治宣傳工作而創編的傳統上，則體現為政治言說意圖促成的禁戲或創編。京劇為政治言說，其傳統可追溯至戲曲的教化作用，而此際京劇政治宣傳工作最直接的繼承，則來自於抗戰時期形成的社會教育與抗敵宣傳工作，並且在軍中文康系統裡持續成長。在抗日戰爭期間，出於為抗日救亡服務，無論國民黨、中共或各方勢力，都注意到京劇之普及程度與可塑性，發動文化界、戲劇界與軍方勢力，共同思索與實驗何為抗戰需要的京劇作品，尤其在文化康樂的前提下，除去被額外賦予的強烈任務性之外，尚具備一貫的娛樂用途。相較於抗戰時期國、共兩黨一「國」各表，政治立場與救「國」想像歧異的狀況，遷臺後的政治宣傳創編相對單純，是此前經驗的累積，並且偏向國民政府、國民黨一脈，著重社會教育與反共國策兩個方面。此間最主要的指導原則多被投射於劇作之中，主要體現為禁戲、劇本修訂、劇本創編與固定活動演出，致力於思想詮釋、劇作改寫以正視聽，或以歷史題材折射反共思想，不過創作者與當局皆有意識地減少現代戲的創作。

　　整體而言，此時的創編傳統繼承皆以「經典」為根本，但在策略上有所出入。在政府與政黨為政治宣傳而設置創編機制中，無論是傳統劇目的修訂，或是選擇京劇以創作歷史故事，事實上皆為遷就藝術形式的創編方式，而新作演出或針對禁戲修訂的配套，更能顯現藉助「經典」樹立「新經典」的意圖，尤其以修編與創作為政治言說服務的特性，更使劇作具備文宣的性質。而在以藝術規律、市場風向為原則的娛樂藝術創編傳統中，則呈現「經典」

的再強化，以及因地制宜、尋找「新經典」的過程：無論是演出或編排，劇團更習慣以京劇本質出發，排演適合演出、觀賞的劇作，因此更容易尋求舊作重編，使得「經典」反覆被搬上舞臺、強化印象；而在此際菊壇缺乏宗師、名伶的狀況下，滯在大陸的名伶新作成為轉譯對象，而戲迷也多著眼於臺灣舞臺，發掘、追捧此中佼佼者，劇校甚至延聘名票以為教師，是順應藝術規律建立「新經典」的過程。但值得注意的是，或是歷史題材、民族氣節的指導原則給予一定想像，以及此際演出條件與市場不若以往所致，此中的創作多凸顯雅正的藝術性，至多加入政策正確性，而具備海派強烈娛樂性格的靈活創作反而在此間逐漸絕跡於舞臺。在此一現象背後，事實上反映著此際的娛樂創編傳統中，以娛樂性掛帥的海派，與側重藝術性的京朝派，已然出現一番消長，且是自身藝術特質與衰退的外在環境碰撞後「被選擇」的結果：海派表演、創作與商業市場及觀眾相對密切，當外在環境持續衰退，此種表演與創作模式自然首當其衝被拋棄；另一方面，京朝派雖然也對市場感到吃力，但藝術上的雅正風格卻恰巧適合當局文化正統的言說需求，並且以此受到扶植，留存於舞臺至今。

## 四、無以撼動的藝術價值判斷

藝術價值無法撼動，係指前述「經典」價值觀的強化與傳承，主要體現於劇團演出與戲迷品味之中，並在劇校教育中得到傳承。根據本文討論可知，從二十世紀初以來，京劇的政策言說性質雖然受到注意，並隨著政局變動為各方所用以創編新作，但在戲迷審美與演員技藝主導的市場機制影響下，為政治服務的創作仍須具備京劇的基礎形式，而在新作演出之外，既有傳統劇目與流派劇目仍然無可代替，兩者雙線並進而互不相誤。換言之，當戲迷仍為觀眾群中的主要組成，演員又為技藝的演出、傳習核心，政策就必須對藝術有不同程度的妥協，運用藝術特性包裝政治言說的工具性。

觀察遷臺後的臺灣京劇發展可以發現，或因遷臺後的中華民國政府以「自由中國」自詡，相較於中共對京劇的統制改革，中華民國政府面對京劇則採用較為順應藝術規律、市場機制的方式，使京劇工具性、藝術性的價值判斷議題得以持續發酵，在創編工作與京劇教育中都可見嘗試與繼承。針對創編中工具性、藝術性認知的繼承，可由民營劇團、軍中劇團與創作者三方面討論。在民營劇團方面，營利是其主要目的，而此際逐漸萎縮的環境，無異於

加強其創編的必要性，但此時的創作多由演員在有餘裕時琢磨而成，完全服從於戲迷審美與演員經驗，演出政策作品僅是政府引介下的孤例，政策作品也無法成為劇團保留劇目。在軍中劇團，則因其置身於軍方體制之中又能對外營生，具備相對明顯雙線結構：在軍方籌劃的特定演出場合當中，主要依據軍方指示而行，偶爾可見政策新作運用；在平時的部隊巡演與對外營業中，則以劇團意向為原則，多演出演員拿手劇目，包括既有傳統劇目、流派劇目，或新排有利可圖、觀眾喜愛的作品，是以藝術性為優先考量的創編體制。而在創作者方面，根據齊如山對回應政策之作被出版的看法，以及周正榮傳記裡對個人作品的選擇性回憶，並參酌魏子雲對抗戰時期演出經驗的紀錄，恰好證明了劇作家、演員與劇評家觀念中，工具性創作可為常態但不值一提的心理。

而在此時此地的劇團、創作者選擇之外，此種涇渭分明的工具、藝術考量，也透過學校傳習深植於每個新生代演員思想中。此時的教育體系中，執教者雖然兼有舊式科班與早年戲曲學校的畢業生，是經歷商業劇場磨練成熟的一群，但軍中訓練班、復興劇校同時邀請對流派藝術有深入鑽研的票友任教，以演員提供紮實的基本功訓練與劇目學習，名票則用以指導個別的流派劇目。透過演員與名票的指導，其在審美中具備的強烈藝術考量，也在教學、演出當中傳承給學生，並且日漸根深蒂固，不僅影響此時的劇校學生，甚至影響了下一代的臺灣學生、觀眾與票友。

整體而言，當本篇論文以京劇創編脈絡出發，並將劇本置於展演體系中的同時，便在創編傳統之外，開啟描摹產業體系輪廓的可能。透過本次研究，歷經以臺灣／大陸、國民黨／中共、娛樂藝術／政治宣傳為線索的重重追尋，終能理解工具性、藝術性創編傳統的特質與消長，發掘真正跨越時空、屹立不搖的創作方式，並著眼於遷臺之初至 1964 年間，以京劇力量的匯流為線索，針對京劇教育、展演途徑、媒體發展與出版事業做出初步整理。誠然，由於筆者功力與時間等諸般因素，寫作上難免有未竟之處，如國劇欣賞研究會、平劇地方劇委員會等資訊未及補正，但根據目前的研究成果而言，對遷臺之初京劇發展中的創作塊面建構應已粗具規模。透過本次研究，相信可為日後研究遷臺之初京劇發展者做出借鑑，以此持續發掘遷臺之初臺灣京劇發展史的其他課題，填補相對缺乏的 1950 年代臺灣京劇發展研究。

# 參考文獻

## 專　書

1. 《軍中文藝創作集第二集》（臺北：軍人之友社總社，1955 年）。
2. 《國軍政工史稿（上）》（臺北：國防部總政治部，1960 年）。
3. 丁秉鐩，《孟小冬與言高譚馬》（臺北：大地，1989 年）。
4. 丁秉鐩，《青衣花臉小丑》（臺北：大地，1989 年）。
5. 丁秉鐩，《國劇名伶軼事》（臺北：大地，1989 年）。
6. 中央委員會秘書處編，《中央改造委員會會議決議案彙編》（臺北：中國國民黨中央改造委員會，1952 年）。
7. 中國大百科全書總編輯委員會編，《中國大百科全書‧戲劇》（北京：中國大百科全書出版社，1989 年）。
8. 卞韻良，《粉墨江湖：卞家班暨杭嘉湖水路京班紀略》（上海：學林，2012 年）。
9. 文天行，《國統區抗戰文學運動史稿》（成都：四川教育，1988 年）。
10. 文天行，《國統區抗戰文藝運動大事記》（成都：四川省社會科學院，1985 年）。
11. 方懷瑾，《無線電流行京戲考》（臺北：新陸，1957 年）。
12. 毛家華，《京劇兩百年史話（上）》（臺北：行政院文化建設委員會，1995 年）。
13. 毛家華，《京劇兩百年史話（下）》（臺北：行政院文化建設委員會，1995 年）。
14. 王元富，《國劇藝術輯論》（臺北：黎明文化，1993 年）。
15. 王安祈，《性別、政治與京劇表演文化》（臺北：臺大出版中心，2011 年）。

16. 王安祈，《金聲玉振：胡少安京劇藝術》（宜蘭：傳藝中心，2002 年）。

17. 王安祈，《臺灣京劇五十年（上）》（宜蘭：傳藝中心，2002 年）。

18. 王安祈，《臺灣京劇五十年（下）》（宜蘭：傳藝中心，2002 年）。

19. 王安祈、李元皓，《寂寞沙洲冷──周正榮京劇藝術》（宜蘭：傳藝中心，2003 年）。

20. 石玲編，《平劇考（第三集）》（臺北縣：啓源，1957 年）。

21. 朱獻武、王俊芳，《國統區的文化與文化人》（天津：天津人民，2009 年）。

22. 何貽謀，《臺灣電視風雲錄》（臺北：臺灣商務印書館，2002 年）。

23. 吳佩芳，《軍中歌仔戲之研究：以康總歌仔劇隊爲例》（臺中：白象，2010 年）。

24. 呂訴上，《臺灣電影戲劇史》（臺北：銀華，1961 年）。

25. 李元皓，《不辭遍唱陽春──京劇鬚生李金棠生命紀實》（宜蘭：傳藝中心，2014 年）。

26. 李白水，《平劇歌譜》（臺北：文化，1980 年）。

27. 李白水，《平劇歌譜》（臺北：文化，1989 年）。

28. 李白水，《平劇戲考》（臺北：文化，1964 年）。

29. 李浮生，《中華國劇史》（臺北：李浮生，1969 年）。

30. 李浮生，《春申梨園史話》（臺北：李浮生，1980 年）。

31. 李浮生，《寶島百伶圖》（臺北：李浮生，1975 年）。

32. 李紫貴，《憶江南》（北京：中國戲劇，1996 年）。

33. 李殿魁、劉慧芬，《露華凝香：徐露京劇藝術生命紀實》（宜蘭：傳藝中心，2006 年）。

34. 空軍康樂大隊大鵬平劇團，《新四郎探母》（臺北：空軍康樂大隊大鵬平劇團，1955 年）。

35. 邱坤良，《舊劇與新劇：日治時期臺灣戲劇之研究（1895～1945）》（臺北：自立晚報，1992 年）。

36. 姜作棟、林柏年、李效厂修訂，《修訂平劇選》（臺北：國立編譯館，1958～1959 年）。計 12 冊。

37. 待考，《大戲考》正編索引合訂本十九版（待考）。

38. 政治作戰學校敵情系編撰，〈毛澤東思想〉，《共黨理論釋評》（臺北：黎明文化，2003 年）。

39. 胡平生，《抗戰前十年間的上海娛樂社會（1927～1937）──以影劇爲中心的探索》（臺北：臺灣學生書局，2002 年）。

40. 倪偉，《民族想像與國家統制──1928～1949 年國民黨的文藝政策及文

學運動》（臺北：人間，2011 年）。

41. 徐亞湘，《日治時期中國戲班在臺灣》（臺北：南天，2000 年）。

42. 徐亞湘，《日治時期臺灣戲曲史論：現代化作用下的劇種與劇場》（臺北：南天，2006 年）。

43. 徐亞湘，《史實與詮釋：日治時期臺灣報刊戲曲資料選讀》（宜蘭：傳藝中心，2006 年）。

44. 徐亞湘，《客家劇藝留真：臺灣的廣東宜人園與宜人京班》（桃園：桃園縣政府文化局，2007 年）。

45. 徐亞湘、高美瑜，《霞光璀璨——世紀名伶戴綺霞》（臺北：臺北市政府文化局，2014 年）。

46. 留香館主編，《全齣京戲考（第二集）》（上海：春明書店，1946 年）。

47. 留香館主編，《全齣京戲考》（上海：春明書店，1946 年）。

48. 馬少波等，《中國京劇史》（北京：中國戲劇，1999 年）。

49. 高郁雅，《國民黨的新聞宣傳與戰後中國政局變動（1945～1949）》（臺北：國立臺灣大學出版委員會，2005 年）。

50. 國防部總政治部編，《國軍政工概況》（臺北：國防部總政治部，1959 年）。

51. 國軍政工史編纂委員會編，《國軍政工史稿（上）》（臺北：國防部總政治部，1960 年）。

52. 國軍政工史編纂委員會編，《國軍政工史稿（下）》（臺北：國防部總政治部，1960 年）。

53. 張啟豐，《涵融與衍異——臺灣戲曲發展的觀察論述》（臺北：國立臺北藝術大學，2011 年）。

54. 教育部社會教育司，《第三次增訂准演國劇劇目》（臺北：教育部社會教育司，1981 年）。

55. 梅花館主編，《平劇腳本》（臺北：東海，1957 年）。計 26 冊。

56. 第一文化社編輯部編，《國劇集成》（臺北：第一文化社，1956 年）。計 8 冊。

57. 陳宏，《陳宏看戲》，（臺北：有容文化，2011 年）。

58. 傅謹，《新中國戲劇史》（長沙：湖南美術，2002 年）

59. 曾白融主編，《京劇劇目辭典》（北京：中國戲劇出版社，1989 年）。

60. 焦桐，《臺灣戰後初期的戲劇》（臺北：臺原，1990 年）。

61. 程寅伯編，《平劇歌譜（初集）》（臺北：文光，1954 年）。

62. 程寅伯編，《平劇歌譜（第二集）》（臺北：文化，1961 年）。

63. 溫秋菊，《臺灣平劇發展之研究》（臺北：學藝，1994 年）。

64. 當代中國叢書編輯部編，《當代中國戲曲》（北京：當代中國出版社，1994年）。

65. 葉涵青編，《國劇選集》（臺北縣：紅藍，1956年）。

66. 趙友培，《文壇先進張道藩》（臺北：重光文藝社，1975年）。

67. 齊如山，《勾踐復國》（臺北：文藝創作，1952年）。

68. 齊如山，《現代平劇選第一集：征衣緣、新送京娘、新打城隍》（臺北：文藝創作社，1951年）。

69. 劉心皇，《現代中國文學史話》（臺北：正中書局，1971年）。

70. 劉嗣，《國劇角色和人物》（臺北：黎明文化，1980年）。

71. 劉嗣，《細說國劇（第一卷）》（臺北：三三書坊，1986年）。

72. 劉嗣，《細說國劇（第二卷）》（臺北：三三書坊，1986年）。

73. 劉嗣，《細說國劇（第三卷）》（臺北：三三書坊，1986年）。

74. 劉嗣，《歌舞遊樂四十年》（臺北：黎明文化，1979年）。

75. 賴澤涵，《臺灣社會、經濟與文化的變遷》（北縣：威仕曼，2008年）

76. 藍海，《中國抗戰文藝史》（山東：山東文藝，1984年）。

77. 魏子雲，《看戲與聽戲》（臺北：貫雅，1992年）。

78. 魏時煜，《東西方電影》（香港：香港城市大學出版社，2014年）。

79. 關鴻賓、林萬鴻主編，《國劇戲考》（臺北：臺灣上海書報社，1955年）。計10冊，缺第7冊。

80. 蘇桂枝，《國家政策下京劇歌仔戲之發展》（臺北：文史哲，2003年）。

81. 黨中行編，《廣播大戲考》（臺北：新陸，1954年）。

82. 顧正秋口述、季季執筆，《休戀逝水──顧正秋回憶錄》（臺北：時報文化，1997年）。

83. 顧正秋口述、劉枋執筆，《顧正秋舞臺回顧》（臺北：時報文化，1976年）。

## 期刊論文

1. 于質彬，〈南派京劇縱橫談〉，《藝術百家》（1990年10月），頁41～46。

2. 王安祈，〈禁戲政令下兩岸京劇的敘事策略〉，《戲劇研究》第1期（2008年1月），頁195～220。

3. 王琳，〈歐陽予倩的《紅樓夢》京劇及其戲曲改革〉，《中國戲曲學院學報》25卷2期（2004年5月），頁48～52。

4. 王瑜瑜，〈略論明代傳奇歷史劇敘事的世俗化傾向〉，《太原理工大學學報（社會科學版）》27卷3期（2009年9月），頁27～31。

5. 王瑜瑜，〈聊向戲場問興亡──試論明代傳奇歷史劇的歷史理性〉，《劇作

家》2015 年 1 期，頁 108～111。

6. 王瑜瑜，〈援將戲筆揚清濁——明代傳奇歷史劇政治理性之勃興〉，《劇作家》2014 年 4 期，頁 83～89。

7. 王瑜瑜，〈試論中國古代歷史劇的尚奇傾向〉，《劇作家》2012 年 2 期，頁 86～90。

8. 王瑜瑜，〈試論中國古代歷史劇的倫理觀念劇作家〉2012 年 5 期，頁 84～89。

9. 朱建明，〈海派京劇表演藝術的觀念更新〉，《黃梅戲藝術》（1991 年 10 月），頁 24～36。

10. 徐亞湘，〈從外江到國劇：論臺灣民間京劇傳統的形成與失落〉，《民俗曲藝》170 期（2010 年 12 月），頁 143～176。

11. 徐亞湘，《戰後初期中國劇作在臺演出實踐探析》，《戲劇研究》第 12 期（2013 年 7 月），頁 121～164。

12. 高美瑜，〈角力與崢嶸：試論顧正秋與戴綺霞對臺爭勝之意義〉，《戲劇學刊》第 20 期（2014 年 7 月），頁 7～37。

13. 高美瑜，〈臺灣民間京劇商業演出研究——以周麟崑與麒麟國劇團爲考察對象〉，《戲劇學刊》第 16 期（2012 年 7 月），頁 57～88。

14. 張煉紅，〈罪與罰:《四郎探母》、《三關排宴》的「政治」和「倫理」〉，《現代中文學刊》（2013 年），頁 83-96。

15. 郭英德，〈明清文學教育與戲曲文學生成〉，《學術研究》2008 年 3 期（2008 年 3 月），頁 123～130。

16. 郭英德，明清傳奇戲曲敘事結構的演化，《求是學刊》31 卷 1 期（2004 年 1 月），頁 90～96。

17. 陳才訓，〈余治的「善戲」創作與清代勸善運動〉，《北京社會科學》（2014 年 10 月）第 3 期，頁 57～66。

18. 黃婉儀，〈《新鐫歌林拾翠》考述 —— 兼論文選型散齣選本〉，《戲劇研究》第 15 期（2015 年 1 月），頁 1～46。

19. 劉乃倫，〈最早對京劇進行改革的「國防劇團」〉，《中國京劇》2003 年第 10 期，頁 34。

20. 蔡世成，〈海派京劇的形成和發展〉，《戲曲研究》52 期（1995 年 12 月），頁 14～28。

21. 龔和德，〈試論海派京劇〉，《藝術百家》（1989 年 3 月），頁 5～12。

## 學位論文

1. 李文卿，《共榮的想像：帝國日本與大東亞文學圈（1937～1945）》（臺北：政治大學中國文學研究所博士論文，2008 年）。

2. 周世文，《國軍一九五○年後音樂發展史概述》（臺北：東吳大學音樂學系碩士論文，2004 年）。

3. 林果顯，《一九五○年代反攻大陸宣傳體制的形成》（臺北：國立政治大學歷史研究所博士論文，2009 年）。

4. 邱乙珊，《臺灣戒嚴時期禁戲初探——以國光劇團禁戲匯演劇目爲例》（臺北：國立臺灣師範大學國文學系碩士專班碩士論文，2012 年）。

5. 哈憶平，《哈元章京劇藝術生涯之探討》（宜蘭：佛光大學藝術學研究所碩士論文，2015 年）。

6. 胡芳琪，《一九五○年代臺灣反共文藝論述研究》（新竹：清華大學中文研究所博士論文，2007 年）。

7. 袁公瑜，《國民黨文工會職能轉變之研究》（宜蘭：佛光人文社會學院政治學研究所碩士論文，2002 年）。

8. 高小仙，《從三民主義文化建設論我國文藝發展——以一九四○至一九九○年國劇發展爲實例》（臺北：政治作戰學校政治研究所碩士論文，1991 年）。

9. 高美瑜，《戰後初期來臺上海京班研究——以「張家班」爲論述對象》（臺北：中國文化大學藝術研究所碩士論文，2007 年）。

10. 張啓豐，《清代臺灣戲曲活動發展研究》（臺南：國立成功大學中國文學系碩博士班博士論文，2004 年）。

11. 傅學敏，《1937～1945：「抗戰建國」與國統區戲劇運動》（成都：四川大學文學與新聞學院博士論文，2008 年）。

12. 曾志誠，《被遺忘的痕跡——軍中話劇團隊發展史》（臺北：國立藝術學院戲劇學系碩士論文，1999 年）。

13. 曾慶華，《國軍新文藝運動之研究》（臺北：政治作戰學校政治研究所碩士論文，1983 年）。

14. 黃怡菁，《文藝創作（1950～1956）與自由中國文藝體制的形構與實踐》（新竹：清華大學臺灣文學研究所碩士論文，2006 年）。

15. 黃慧芬，《臺視「國劇社」電視戲曲研究》（臺北：中國文化大學戲劇學系碩士論文，2012 年）。

16. 劉先昌，《論軍中劇隊在臺灣京劇史上的影響——以陸光國劇隊爲析論範圍》（臺北：中國文化大學藝術研究所碩士論文，1998 年）。

17. 鄭士榮，《抗戰前後中央文化宣傳方略之研究（1928～1945）——中國國民黨中央宣傳部功能之分析》（臺北：國立臺灣大學三民主義研究所碩士論文，1987 年）。

18. 謝昌益，《臺灣本地京調票房之研究—兼論其本地化發展的文化意義》（臺北：國立臺灣藝術大學表演藝術研究所碩士論文，2006 年）。

19. 韓仁先，《平劇四郎探母研究》（臺北：輔仁大學中國文學研究所碩士論文，1990 年）。

20. 韓仁先，《臺灣當代新編京劇劇作藝術之研究（1949～2005）》（臺北：中國文化大學中國文學研究所博士論文）。

## 會議論文

1. 李元皓，〈十九世紀的善戲運動與影響：待鶴齋刻本《庶幾堂今樂》的成書、刊行與搬演〉，發表於《物我相契 —— 明清文學學術研討會》，中央大學中國文學系「古典文學的『物』與『我』」計畫研究團隊、二十世紀中國史學會、中央大學明清研究中心，2014 年 11 月。

2. 李元皓，〈打對臺文化的現代意義：臺灣京劇電影《洛神》、《梁紅玉》研究〉，發表於《第 13 屆國際青年學者漢學會議：華語舞臺的新聲與複調 —— 華語戲劇暨表演研究新趨勢》，國立中央大學英美語文學系戲劇暨表演研究室、國立中央大學黑盒子表演藝術中心，2015 年 10 月。

3. 陸大偉（David Rolston），〈《戲考》中的現代意識〉，發表於《第二屆京劇學國劇學術研討會》，中國戲曲學院，2007 年 5 月。

## 報紙、期刊與其他

1. 《文藝創作》。

2. 《康樂月刊》。

3. 《華報》。

4. 《臺灣省行政長官公署公報》。

5. 《臺灣省政府公報》。

6. 《聯合報》。

7. 香港公共圖書館多媒體資訊系統。

8. 國立公共資訊圖書館數位典藏服務網。

9. 國防部史政檔案影像借調閱系統。

## 網路資料

1. 《四郎探母》，中國京劇戲考：
   http://scripts.xikao.com/play/80000001（2015.07.02）。

2. 《四郎探母》，梨園：
   http://liyuan.xikao.com/play.php?name=%E5%9B%9B%E9%83%8E%E6%8E%A2%E6%AF%8D#play_583（2015.07.02）。

3. 《晶報》：http://jb.sznews.com/html/2014-02/20/content_2782711.htm?v=pc（2016.09.15）。

4. 《戰蚩尤》，中國京劇戲考：http://scripts.xikao.com/play/70005101（2016.09. 15）。

5. 中國京劇老唱片：http://oldrecords.xikao.com（2016.11.02）。

6. 李元皓，〈京劇視聽媒介的演進——物質文化與非物質文化相遇（以京劇為例之一）〉，《超越文本：物質文化研究新視野》： http://thjcs.web.nthu.edu.tw/ezfiles/662/1662/img/1294/THJCS411-5.pdf （2016.05.09）

7. 徐亞湘主持，《臺灣民間京劇傳統之研究》，國科會專題研究計畫： http://ir.lib.pccu.edu.tw/retrieve/46794/992410H034042MY2.pdf （2016.09.16）。

8. 徐亞湘主持，《優娟之間——臺灣藝旦戲研究》，國科會專題研究計畫： http://ir.lib.pccu.edu.tw/bitstream/987654321/942/1/902215E034.pdf （2016.08.02）。

訪談

李元皓

馬渝驤